効果的な
安全衛生教育

指導・講義のコツ

白﨑 淳一郎 著

労働新聞社

まえがき

　私が労働災害で死亡災害を取り扱ったのは50件程度でしたが、実際にご遺体に遭遇したのは7人でした。地方の警察、消防は被災者が亡くなっており災害原因があまりよく分からない等のときは、労働基準監督署の係官が臨場するまでは、死体検案、現場検証は待つということがあります。

　今でも何かの拍子で思い出すのですが、現場は多くの場合、肉片が飛び散り、血だまりの中に脳みそが壊れた豆腐のように散らばっている、そういう凄惨な状況です。合掌してから死体検案に立ち会うのですが、多くのご遺体の顔は恐怖に引きつっていました。

　現場検証（実況見分）後、多くの場合は司法事件として災害原因の特定、構成要件該当性、責任の有無の特定等を行ってから検察庁に送致手続きを行います。特に実際にご遺体を見た場合は、単なる法違反の有無だけでなく、どうしてもご遺体やご遺族の無念などをも背負って捜査しました。送致後、再発防止対策の観点から指導・監督を行います。しかし、指導・監督は法令や通達からあまりかけ離れたことは行えないという限界があります。

　私が労働基準監督署長等の立場になってからは、指導・監督よりも安全衛生教育にシフトを移したのも、災害を発生させた企業の方々は勿論、さらに多くの方々に法令・通達を超えたことを伝えたいという思いからでした。そして、58歳のときに中央労働災害防止協会東京安全衛生教育センターから安全衛生教育の講師を依頼され早期退職をしたのも、管内事業場よりもっと幅広く全国の方々に安全衛生教育の重要性を伝えようと思ったからです。

　私が東京安全衛生教育センターでRSTトレーナー養成講座、各種特別教育インストラクター養成講座等を行ってから10年経過しました。

　最初は先輩講師の見よう見まねで教壇に立ち、受講者からのアンケートや先輩諸兄からの指摘や指導を受け、さらに独自に学習して、ようやく一定の水準に立てることができたのではないかと思っています。そしてここで得た経験・ノウハウをそろそろ文章にして伝えるべき時期に来ているのではないかと思うようになりました。

私が講師になったとき、安全衛生教育の仕方について市販されている教本は、「安全衛生教育のすすめ方」（労働省労働基準局安全衛生部長　野原石松著（社）日本労務研究会）しかありませんでした（現在絶版）。
　同書は第1編総論、第2編各論、第3編安全衛生教育の実施例の3部構成となっていて、大変役立つものではありましたが、昭和52年に発行されたものであり、教育を巡る環境が現在とは大きく異なること、また具体的な講義（プレゼンテーション）の仕方が記載されていないこと等について不十分である感が否めないものでした。
　特に、この時代は教えることに重点があり、育てることについての方法論はなかったと思われます。
　東京安全衛生教育センターのRSTトレーナー養成講座では、教え方についてサブテキストがあるものの十分なものではなく、コーチングなど「育てる技術」や「OJT教育」についてはほとんど記載されていません。各種特別教育インストラクター養成講座ではその教え方のサブテキストすらなく、せいぜい90分程度の講義で終わっている状況にあります。
　そこで本書は前記「安全衛生教育のすすめ方」を単に改訂しただけでなく、具体的な講義の仕方と昨今のコーチング手法を取り入れたOJT教育の仕方、さらにパワーポイント等の資料の作成方法等についても含めることにしました。
　また、東京安全衛生教育センターが現行では教授していない事項も含めて記載していますが、安全衛生教育を実際に行っている方々に必要であろうということで参考までにTEDスピーチなどについても補足的に追加記載しています。
　本書では、現にRSTトレーナー、特別教育インストラクターとして安全衛生教育を行っている方々およびこれから受講を考えている人達を対象にしていますが、それ以外の安全衛生教育、安全講話、人材研修等何らかのプレゼンテーションを行う人も念頭において記述しました。
　講師、話し手、プレゼンター、指導者（コーチ）、受講者、聞き手といろいろな用語を使用していますが厳密に区別しているわけではありません。強いていえば、講師と受講者は40名以下の教室での講義、プレゼンテーションをイメージし、話し手、プレゼンター、聞き手は割と大人数の安全衛生大会や講義以外の講演、講話を行う時をイメージしています。指導者（コーチ）はOJTやコーチングの実施者をイメージしていますが前述したとおり、あまりこだ

わってはいませんので読者のイメージで理解していただきたいと思います。

　何事も、これで完成したといえるものはそう多くありません。完成した瞬間に古くなっていくのです。現場力の強化も現状に満足しない、という精神・態度から始まります。本書もその意味でさらにグレードアップする必要があると考えています。読者の皆様からの忌憚のないご意見、ご指導をお待ちしています。

　教育は、良きものから学び、習得できるまで日々訓練するという、不断の精進が求められます。本書がよりよい安全衛生教育の実施と、その結果、労働災害防止の一助になれば幸いです。

平成 28 年 10 月

白﨑　淳一郎

― 目 次 ―

第Ⅰ編　企業内の安全衛生教育

はじめに……………………………………………………………………… 14
1. 企業における安全衛生教育の意義…………………………………… 16
　　(1) 最近の企業を取り巻く安全衛生上の問題 ／ 16
　　(2) 安全衛生教育のニーズの増大 ／ 17
2. 企業で行う安全衛生教育……………………………………………… 21
　　(1) 法定の安全衛生教育 ／ 21
　　(2) 行政通達によって実施することが望ましいとされている安全又は衛生の教育 ／ 21
　　(3) その他の安全衛生教育（階層別教育） ／ 22
　　(4) 新規採用者に対する安全衛生教育 ／ 27
　　(5) 作業内容に変更があった者に対する安全衛生教育 ／ 32
　　(6) 一定の危険有害業務に就く者に対する特別の安全又は衛生の教育 ／ 32
　　(7) 特別教育実施上の留意事項 ／ 36
　　(8) 能力向上教育（実務向上教育） ／ 37
　　(9) 職長等に対する安全衛生教育 ／ 39
　　(10) 人材育成教育 ／ 44
3. 企業内安全衛生教育のすすめ方……………………………………… 48
　　(1) 3つのニーズを探索する ／ 51
　　(2) 企業内教育の特徴 ／ 53
　　(3) 企業内教育の問題点 ／ 54
　　(4) 教育の必要性と必要点 ／ 55
　　(5) 教育計画のたて方 ／ 56
　　(6) 企業内教育の目的 ／ 57
　　(7) 企業内教育の目標 ／ 58
　　(8) 目標は「ぐ・た・い・て・き」でなければならない ／ 64
　　(9) 企業内教育の内容 ／ 66
　　(10) 企業内教育の方法 ／ 67
　　(11) 企業内教育の領域 ／ 69

第Ⅱ編　教育計画の立案、実施、評価

1. 教育（研修）計画の立案……………………………………………… 72
　　(1) 教育計画の策定手順 ／ 72
　　(2) 計画策定時の留意点 ／ 76

2．教育の実施について……………………………………………… 78
　（1）指導案（学科・実技）の準備　／　78
　（2）プレゼンテーション技術について　／　79
　（3）プレゼンテーションでの表現手段の選択　／　82
　（4）自分がどういうタイプかを見極めてプレゼンテーションを行う　／　85
　（5）話し方について　／　87
　（6）ノンバーバル・コミュニケーションについて　／　92
　（7）プレゼンテーションの7つのポイント（サイモン・シネック）　／　104
　（8）一人ひとりに話しかけて、その場で信頼感を形成　／　106
3．教え方について………………………………………………… 108
　（1）指導技法　／　108
　（2）教えるときの8原則　／　109
　（3）動機づけについて　／　110
　（4）教育の手順4段階法　／　113
　（5）「つかみ（導入）、本論、まとめ（結び）」の3段階法　／　114
4．TEDプレゼンテーションについて…………………………… 131
　（1）アイデアよりプロセス　／　131
　（2）18分以内で伝えきる　／　132
　（3）マイクはヘッドセット、演台は使用しない　／　133
5．教育の効果の把握について（評価）…………………………… 134
　（1）「評価の対象は何か」　／　134
　（2）評価手法、評価尺度、基準等について　／　138
　（3）「評価手段・方法」は何か　／　140
　（4）教育研修のさらなる発展のために　／　142
　（5）よい講師とは　／　143

第Ⅲ編　指導案の作成について

1．教育指導案とは………………………………………………… 150
2．指導案策定の必要性とその合理性……………………………… 151
3．指導案の作成…………………………………………………… 154
　（1）指導案作成の手順　／　154
　（2）指導案の具体的な作り方　／　155
　（3）指導案作成時の留意点　／　165
　（4）指導案を「4段階法」で策定する理由（ねらい）　／　166
　（5）東京・大阪安全衛生教育センター、建災防教育センターが、指導案の作成、役割演技を実施しているねらいについて　／　167
4．実技教育用指導案の作り方……………………………………… 171

第Ⅳ編　講義法、討議法とその他の教育方法

1. 講義法について……………………………………………………… 174
　　（1）講義法の5つの型　／　174
　　（2）講義法の一般的・共通的な留意点　／　178
2. 討議法について……………………………………………………… 181
　　（1）討議法により期待される教育効果（メリット）　／　182
　　（2）討議法のデメリット　／　183
　　（3）討議法の運用に当たり考慮すべき事項　／　183
　　（4）実施段階での留意点　／　185
　　（5）まとめの段階での留意点　／　186
　　（6）グループの人数　／　187
　　（7）討議法における指導者の指導の仕方　／　188
　　（8）実際の運用にあたって　　　　189
3. それ以外の教育技法（OJT、コーチングを除く）……………… 190
　　（1）動機づけ法による教育　／　190
　　（2）役割演技法（ロールプレイング）による教育　／　191
　　（3）事例研究法による教育　／　192
　　（4）見学による教育　／　193
　　（5）調査活動による教育　／　193
　　（6）感受性による教育　／　194
　　（7）プロジェクト法による教育　／　194
　　（8）課題による教育　／　196
　　（9）練習法による教育　／　196
　　（10）追指導　／　197
　　（11）プログラム学習法（eラーニング）　／　197
4. 教育効果をあげる質問技法と問題解決手法……………………… 199
　　A．質問技法
　　（1）発問の種類　／　200
　　（2）質問の主な目的　／　201
　　（3）良い（効果的な）質問の特徴　／　203
　　（4）質問の仕方　／　204
　　（5）質問の種類　／　204
　　（6）してはいけない質問　／　205
　　（7）質問の仕方　／　206
　　（8）質問の受け方（優れた聞き手の条件）　／　206
　　B．問題解決手法
　　（1）事実の把握（確認）　／　208
　　（2）問題点の抽出　／　209
　　（3）原因の確定　／　211
　　（4）対策案の検討　／　212
　　（5）実施計画の策定と実施　／　212

第Ⅴ編　OJTについて

1. 教育と学習·· 214
   - （1）欧米と日本の教育の概念の違い　／　214
   - （2）教えるとは　／　214
   - （3）育てるとは　／　215
   - （4）学習とは　／　218
   - （5）知識と知恵　／　219
2. OJT教育について·· 220
   - （1）OJT法による教育　／　220
   - （2）OJTをめぐる状況　／　221
   - （3）新人世代の課題　／　221
   - （4）OJTをめぐる課題　／　223
   - （5）これからの人材教育のあり方と課題　／　223
   - （6）現状のOJTの問題点　／　224
   - （7）不況と震災による懸念　／　224
   - （8）長期的視点に立つコーチング手法を取り入れたOJTの実施　／　225
3. OJT教育の仕方·· 226
   - （1）準備と心構え　／　226
   - （2）動機づけ　／　226
   - （3）目的　／　227
   - （4）目標　／　228
   - （5）手段（OJT教育計画の策定）　／　229
4. OJT教育成功のポイント··· 231
   - （1）最初の基礎教育が重要　／　231
   - （2）価値観を押しつけない　／　232
   - （3）充実感を承認する　／　232
   - （4）優しさは極力控える　／　233
   - （5）達成度の評価を適切に行う　／　233
   - （6）承認することが更なる人材育成につながる　／　234
   - （7）指導上の留意点　／　235
5. OJT指導者の育成について·· 236
   - （1）OJTの指導者になることの意義を明確にする　／　236
   - （2）研修の概要　／　237
   - （3）OJT指導者（職長）研修の内容　／　237
6. フィードバックについて··· 239
   - （1）フィードバックとは　／　239
   - （2）フィードバックの6原則　／　240
   - （3）フィードバックの一般的な手順　／　242
   - （4）ほめ方、アドバイスの仕方の留意点　／　244
   - （5）効果的な（優れた）フィードバックの特色（まとめ）　／　245

7．具体的なOJTのすすめ方（例） ………………………………… 248
　（1）「原理・原則と判断基準」と「なぜ」を教える　／　248
　（2）始めは繰り返し、納得してスムーズにできるまで、丁寧に教える　／　249
　（3）応用できるように、考えさせる　／　249
　（4）確認すべきは「理解できたか」ではなく「理解した内容」である　／　250
　（5）あいまいなまま、仕事を進めさせない　／　250
　（6）ホウレンソウは待っているだけではダメ　／　251
　（7）OJTの仕上げは、作業手順書を自分で（本人に）作成させる　／　252
　（8）まとめ　／　252

8．Why から始めよ！ ……………………………………………… 253
　（1）サイモン・シネックのゴールデンサークル　／　253
　（2）5W1Hの順番について　／　254
　（3）職長教育ではどう教えているか　／　255

第Ⅵ編　コーチングについて

1．コーチング導入の必要性とねらい ……………………………… 258
　（1）企業の置かれている状況　／　258
　（2）職長の役割・機能と職長教育　／　260
　（3）これからの職長教育や企業内教育に求められるもの　／　261

2．（狭義の）コーチングについて ………………………………… 262
　（1）ピグマリオン効果　／　262
　（2）コーチングの語源　／　263
　（3）コーチングとは　／　263
　（4）コーチングが有する3つの顔　／　265
　（5）今、なぜコーチングなのか　／　265
　（6）コーチングの前提　／　266
　（7）コーチングスキルの要素　／　266

3．コーチングの基本プロセス ……………………………………… 268
　（1）ラポールの構築　／　268
　（2）会話へ導入　／　268
　（3）現状の確認　／　268
　（4）問題・課題の特定　／　269
　（5）「望ましい状態」をイメージする　／　269
　（6）解決方法の検討　／　269
　（7）課題を達成するための計画書を作る　／　270
　（8）プランの確認　／　270
　（9）力づける　／　270

4．コーチングをしやすく継続的に発展させるために …………… 272
　（1）実施体制の整備　／　272
　（2）コーチングに必要な環境　／　273

5．コーチングの人間観……………………………………………… 277

  （1）育つ環境を整えるのが仕事（自らもバージョンアップを） ／ 277
  （2）忍耐と柔軟性を持つ ／ 278
  （3）指導される者にあわせたコーチングを ／ 279
  （4）切磋琢磨・崖から突き落とす厳しい心も必要 ／ 280

6．コーチングのスキル……………………………………………… 281

  （1）ペーシング ／ 281
  （2）聴く ／ 282
  （3）訊く…視点を変えるスキル「質問」 ／ 283
  （4）リクエストと提案…前進させるスキル ／ 284
  （5）承認 ／ 285

7．コーチングの具体例……………………………………………… 290

  （1）バックトラッキング ／ 290
  （2）否定（BUT）から肯定（AND）の例 ／ 292
  （3）感情への応答例 ／ 293
  （4）意味への応答例 ／ 293
  （5）コーチングで使う気づきを引き出す質問法 ／ 294
  （6）沈黙を恐れない ／ 295
  （7）沈黙を待つための方策 ／ 296

第Ⅶ編　危険体感訓練（教育）について

1．危険体感訓練（教育）の現状……………………………………… 298

2．訓練か教育か……………………………………………………… 301

  （1）避難訓練はあるが避難教育はない ／ 301
  （2）危険の認識や感覚は個人毎に異なり、教育しても原則変わらない ／ 302
  （3）脳の情報処理と教育の関係 ／ 302
  （4）危険の認識、敢行性はどこからくるのか ／ 304

3．危険体感訓練が必要となった背景と課題………………………… 305

  （1）取り巻く環境の変化 ／ 305
  （2）コンピュータによるバーチャル体験教育と疑似体験教育の実施 ／ 306
  （3）危険体験訓練の目的と諸課題 ／ 307

4．危険補償行動と危険感受性・危険敢行性………………………… 308

  （1）危険補償行動 ／ 308
  （2）危険感受性と危険敢行性 ／ 310

5．イメージ・トレーニングについて………………………………… 313

  （1）擬似的な体験に基づくイメージの形成 ／ 313
  （2）関連づけのイメージから災害発生のイメージへ ／ 314
  （3）継続的なイメージの連鎖（H・Hの活用とＲＡ） ／ 315

6．効果的な危険体感訓練をするために……………………………… 316

（1）実施する上での留意事項　／　316
　　　（2）指導案の作成　／　316
　　　（3）指導案の各段階ごとの必須記載事項　／　319
　　　（4）危険体感訓練トレーナーの養成　／　320
　　　（5）危険体感訓練を外部に委託した場合等　／　320

第Ⅷ編　プレゼンテーション用の教材の作り方

1．教材の準備……………………………………………………… 324
2．主要なツールの特性…………………………………………… 326
　　　（1）テキストの特性と使用法　／　326
　　　（2）レジュメ　／　327
　　　（3）実物資料　／　327
　　　（4）パソコン（ＰＣ）　／　328
　　　（5）書画カメラ（ＯＨＣ）　／　328
　　　（6）ホワイトボード／黒板　／　329
　　　（7）映像メディア（ＤＶＤ／ＶＴＲ）　／　330
　　　（8）パネル／ポスター　／　331
　　　（9）視聴覚教材使用上の評価と留意点（まとめ）　／　332
3．ツールの活用の仕方…………………………………………… 333
　　　（1）ツールは「さしすせそ」で提示するが原則　／　333
　　　（2）目的に応じた演出　／　334
4．ビジュアル化について………………………………………… 336
　　　（1）ビジュアル化の必然性　／　336
　　　（2）ビジュアル化の目的とメリット　／　337
　　　（3）ビジュアル化時代に求められる能力　／　339
　　　（4）ビジュアル化（教材作成）の注意点　／　340
5．ＰＰＴ資料（スライド）作成の基本事項…………………… 342
　　　（1）メディア特性を理解する　／　342
　　　（2）スライド作成の基本　／　343
6．効果的なプレゼンテーション資料の作成…………………… 346
　　　（1）キーワード化　／　346
　　　（2）図解にする　／　348
　　　（3）シンプル化する　／　355
7．チャートの作成について……………………………………… 356
おわりに…………………………………………………………… 362
参考・引用文献…………………………………………………… 379

第 I 編

企業内の安全衛生教育

はじめに

　労働安全衛生法（以下「安衛法」という。）が制定されてから、労働災害が激減したことはよく知られている（図表1－1）。その理由は大きく3つあるといわれている。

　1つめは、条文の大幅な増加である。労働基準法（以下「労基法」という。）第5章安全衛生の章に規定されていたのはわずか14箇条であったのが、安衛法では123条と約9倍となっている。安衛法制定後に策定された省令は、粉じん則（昭和54年4月）、石綿則（平成17年2月）、除染則（平成23年12月）の3規則のみであるが、従来からあった各省令の充実も図られ規制の内容も強化された。

　2つめは、責任体制が明確となったことである。労基法では使用者という概念が安衛法では事業者という概念に変更となっている。使用者とは「事業主のために行為をするすべての者をいう」（労基法第10条）という規定から、社長にとどまらず部長、課長、係長、主任までもが使用者となりえるため、あってはならないことではあるが責任が下位の職制に移行され曖昧になることがままあった。そのため安衛法では「事業を行う者で、労働者を使用するもの」（安衛法第2条第3号）を事業者とし、法人なら法人そのものを指すことから、責任体制の安易な下位委譲を認めなくなったのである。

　3つめが、安全衛生教育の充実である。労基法では、安全衛生教育は雇入れ時教育しか規定していない（労基法第50条）。それ以外の労働者は作業主任者による教育（労基法第49条）と安全管理者による「安全作業に関する教育及び訓練」（労働安全衛生規則（以下「安衛則」という）第6条）と衛生管理者による「衛生教育」（安衛則第19条）しかなかった（労基法第53条）。

　一方、安衛法では、後述するように、作業転換時教育、特別教育、職長教育、能力向上教育を規定し、さらにその講師も安全衛生教育センターで統一テキストの使用のほか教育技法も含めて一定水準をみたしたトレーナー、インストラクターを養成し、安全衛生教育水準の維持、向上を図ることとしたのである。特に、特別教育は多数の危険有害業務を対象とし、職長教育も多くの製造業を

はじめとする工業的業種が対象とされた。

また、作業主任者も23作業から32作業（現在37作業）に拡大したほか、10人以上50人未満の事業場に対して安全衛生推進者、衛生推進者の選任を義務付け、この者による小規模事業場の安全衛生教育の充実が図られるようになった。

安衛法制定後の労働災害激減の最大の理由は、3つめの安全衛生教育の機会の拡大、講師のレベルの向上と各企業の安全衛生意識の向上にあると筆者は考えている。したがって本書では安全衛生教育の重要な手法である「安全衛生教育のすすめ方」について、東京安全衛生教育センターでのノウハウを中心としてそのとりまとめを行ったものである。

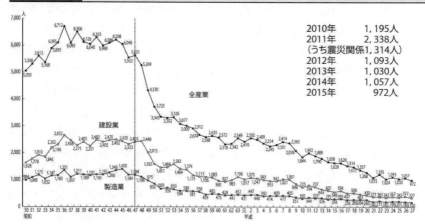

図表1-1　死亡災害の動向

労働基準法第5章　安全衛生	
42条　危害の防止	49条　有害業務の就業禁止
43条　健康、風紀及び生命の保持措置	50条　安全衛生教育
44条　労働者の遵守義務	51条　病者の就業禁止
45条　命令への委任	52条　健康診断
46条　安全装置	53条　安全管理者及び衛生管理者
47条　性能検査	54条　監督上の行政措置
48条　有害物の製造禁止	55条　建設物等の使用停止等の命令権

1．企業における安全衛生教育の意義

（1）最近の企業を取り巻く安全衛生上の問題

　社会問題として、行為の結果がどのような影響を与えるのか熟慮することなく、衝動的に行動を起こす傾向があり、倫理観の欠如がみられる。何か問題が起こってもゲームのようにリセットが効くと考える者が増加傾向にあるように思われる。

　少子化に伴い、安全な生活環境の中で育つと、危険に遭遇する機会も少なく、危険を察知し、危険を回避する知恵を持てなくなる。危険に対する感性の低下も最近の安全問題のひとつの要因である。

　価値観の多様化という問題も指摘できる。高度成長期には活躍の場が種々あり、多くの人が同じ価値観をもって、我が社のために懸命に働いてきたが、成熟期においては活躍の機会も少なくなり、組織の中で与えられた役割を果たすことだけを強く求める企業が現れるようになった。そのため、アフターファイブに自分の人生の生きがいを見出そうとする人が増えてきている。

　一方、産業の高度化、多様化、グローバル化、取り扱う物質、プロセス、システム等の複雑化に伴い、潜在危険は増大している。また、作業の分化、専門化が進み、コンピュータの導入により、全体像や中身が分からないためBB（ブラックボックス）化、トラブルへの対応が困難となってきている。団塊世代のリタイヤによる世代交代や合理化等により中身を熟知していたベテランが退職することにより、技術・技能の伝承も十分に行われないことも問題である。

　さらに、危険有害業務では、法令等によって、資格の取得や一定の教育を修了しなければ就労できないものも少なくないこと、職場の合理化が進み、一人ひとりの業務範囲が広くなり、多能工化が求められるようになってきている。

（2）安全衛生教育のニーズの増大

　企業内で活用されている生産設備や機器、作業環境には、一般社会の生活環境では想像のつかない危険性や有害性の高い要素が数多く存在しており、さらに、自動化、大型化、専門化、ＢＢ化なども進んできている。その取扱いや操作を誤ったり、手抜きしたりすると、危険な目にあい、有害物にばく露されることによって、作業者が負傷したり、メンタルヘルス不調を含む疾病を発症したりする。これらの労働災害を防止するためには、設備、機器等の安全な取扱方法や操作方法などについて、必要な知識・能力を備えさせることが必要となる。

　安衛法第59条第1項に定める雇入れ時、第2項では作業転換時に安衛則第35条の項目について安全衛生教育を行わなければならないという趣旨は、このことによるのである。

雇入れ時教育、作業転換時教育の内容（安衛則第35条）
1号　機械等、原材料等の危険性又は有害性及びこれらの取扱い方法に関すること。
2号　安全装置、有害物抑制装置又は保護具の性能及びこれらの取扱い方法に関すること。
3号　作業手順に関すること。
4号　作業開始時の点検に関すること。
5号　当該業務に関して発生するおそれのある疾病の原因及び予防に関すること。
6号　整理、整頓及び清潔の保持に関すること。
7号　事故時等における応急措置及び退避に関すること。
8号　前各号に掲げるもののほか、当該業務に関する安全又は衛生のために必要な事項

　前述した業務範囲の拡大、多能工化の作業特性に見合うよう個人特性を伸ばすことが企業における安全衛生教育の基本理念であり、このことは災害防止につながるだけでなく、個々人の能力開発にもつながりモチベーションがアップ、結果として企業の生産性の向上にもつながりうるのである。

　企業における安全衛生教育は、職場で必要とする安全および衛生の知識を理解させるだけでなく、その理解した安全衛生知識を職場で活用し得る技能と態度を身につけさせることが必要である。

また、本人の気づかない能力を引き出し、工夫、改善を行い、現場力の強化につなげることも必要である。
　したがって、安全衛生教育は、単に理論的な知識の教育だけでなく、職場の生産活動として具体化された行動として、作業行動に活用されなくてはならないものである。
　企業とは、生産活動を最も効率的に、経済的にすすめ、より多くの利潤を求めて、自社の発展を図ろうとする生産活動体といえる。そのためには、作業者は、企業が要求する作業能力者であることが前提条件となる。すなわち作業面において、ムダ、ムラ、ムリ[1]のない正しい作業能力を身につけて、積極的に作業することが求められているだけでなく、創意工夫、改善を通じて現場力の強化につなげることも求められている。
　しかし、職場の現状をみると、すべてがこのような作業能力者ばかりとは限らない。一般に、職場の作業者には、作業能力に個人差があり、経験の程度、作業の種類などにより、作業不適応者が存在するものである。また、新入者や配転者などにもこのことがいえる。これらの作業者をそのまま職場に参加させると、生産を妨げるだけでなく労働災害発生の原因となることは明らかである。
　このような特性をもった作業者に対して、作業不適応の原因要素を排除し、正しい作業能力をつけさせるために安全衛生教育を行うのも企業の責任である。
　作業者に行う安全衛生の教育・訓練は、作業に必要となる安全衛生の知識の理解にとどまらず、それを作業に活用する技能と、この技能を積極的に生かす意欲を身につけさせなければならない。さらには、創意工夫、作業改善を通じて現場力の強化につながるものでなくてはならない。
　なお、最近の安全衛生教育は、自社の職業スキルの修得だけでなく、転職

1　ムダ、ムリ、ムラ：ムダとはモノを探す、やり直しをするなど今すぐやめても問題のない作業のこと(非能率、非効率)。ムリとは長時間立ちっ放し、中腰のままなど、他にもっと安全、効率的な作業があるにもかかわらず、現在のやり方に固執していること。時間の余裕がない、もしくは安全な作業手順等を無視してケガをしたり疾病になったりする作業のこと。ムラとは、手待ちがある、手順や工程に変動があり出来映えや出来高に変動があること。一般にムダ、ムリ、ムラを「ム」を取って「ダラリ」と称している。

したり、他の職種についたり、言い換えれば生涯働き続ける能力も企業は労働者に与えるべきであるという、エンプロイアビリティという考え方が導入されつつある。

エンプロイアビリティとは、Employ（雇用する）と Ability（能力）を組み合わせた言葉で、直訳すると「雇用されうる能力」となる。一般的には転職できる能力を指すが、広くは企業で継続的に雇用される能力も含むとされている。つまり、労働市場における価値であり、それを付与することを「人材育成」ともいっている。1980年代以降、米国でダウンサイジング[2]やリストラクチャリングが進み、企業が長期的雇用を保障できなくなったため、長期雇用に代わる発展的な労使関係を構築するために考えられた概念である。

エンプロイアビリティは、その概念の善し悪しは別にして、労働者が、自社内だけで通用するための知識・技能だけでなく、広くビジネスの世界（労働市場）で必要とされる、知識、行動様式を教育の中に取り込み、判断力、創造力、リーダーシップ、思考力など業種が違っても役立つスキルのことで、企業はその教育の機会を与え、労働者は主体的に努力しようという考え方である。これがキャリア形成でもある。

人手不足も重なり、昨今ではこのような人材育成の機会を与えることや、支援しない企業に対しては、労働者の側から転職が願い出されたりしている。貴重な労働力の確保の観点からも、企業としては重要な施策となってきている。

社員が自社だけでなく他の労働市場で認められるようにするためには、①企業は人材育成の機会を与え、②労働者も自ら積極的に学習し、知識・技能・態度だけでなく全体としての作業能力を高めることが必要であり、そのような仕組みを社内教育制度で確立していくことが望まれる。

このことに関して、職業能力開発促進法が改正され、平成28年4月1日施行となっているので紹介しておく。

2　ダウンサイジング：元々は大型オフコンから安価で小型のコンピュータに置き換えシステムを再構築すること。今ではサイズを小さくするなど様々な用法で使用。

> **職業能力開発促進法　平成28年4月改正・追加**
>
> 第2条第5号　この法律において「キャリアコンサルティング」とは、労働者の職業の選択、職業生活設計又は職業能力の開発及び向上に関する相談に応じ、助言及び指導を行うことをいう。
> 第3条の3　労働者は、職業生活設計を行い、その職業生活設計に即して自発的な職業能力の開発及び向上に努めるものとする。
> 第10条の3第1号　労働者が自ら職業能力の開発及び向上に関する目標を定めることを容易にするために、業務の遂行に必要な技能及びこれに関する知識の内容及び程度その他の事項に関し、情報の提供、キャリアコンサルティングの機会の確保その他の援助を行うこと。

　ここで注目しなければならないことは、労働者にキャリア開発の努力義務を求めていることと、事業者は労働者の自発的な職業能力開発および向上を促進するため、情報の提供、キャリアコンサルティングの機会の確保その他の援助を行うことを促進するものとするとして、キャリア開発を事業者の責任としたことである。

　これは「1億総活躍」の方針に基づくものであるが、その根底には、企業を成長させるキャリア支援、労働者も努力する「キャリア自律」という考え方があるものと思われる。

　リストラを前提とした制度の場合、ロイヤリティ、つまり企業に対する忠誠心がなくなり、ひいては現場力の低下につながりかねない。

　あくまでも、キャリア形成の一環として、ワーク・エンゲイジメントを形成する中で取り入れられるべきだと考える。

2．企業で行う安全衛生教育

（1）法定の安全衛生教育

安衛法では、企業で行う安全衛生教育を次のように規定している。
① 新規採用者に対する安全衛生教育（第59条第1項）
② 作業内容に変更があった者に対する安全衛生教育（第59条第2項）
③ 一定の危険有害業務に就く者に対する特別の安全又は衛生の教育（第59条第3項）
④ 新たに職務につくこととなった職長等に対する安全衛生教育（第60条）
⑤ ①～④以外で危険有害業務に現に就いている者に対する安全又は衛生の教育（第60条の2）
⑥ 安全管理者・衛生管理者・各種作業主任者（技能講習修了者）等有資格者に対する能力向上教育（第19条の2）
⑦ 労働者に対する健康教育（第69条）
（なお、①～④の安全衛生教育の詳細は以下（4）～（8）で示す。）

（2）行政通達によって実施することが望ましいとされている安全又は衛生の教育

行政通達によって事業者に実施を求めている教育として、例えば有機溶剤業務従事者、VDT作業従事者、腰部に著しい負担の係る作業従事者に係る労働衛生教育、熱中症予防特別教育、騒音作業従事者に係る労働衛生教育、チェーンソー、チェーンソー以外の振動工具取扱い従事者、丸のこ盤作業従事者に係る労働安全衛生教育、特定粉じん以外のアーク溶接作業者等に対するじん肺法第6条に基づく労働衛生教育、さらに局所排気装置等定期自主検査者、同検査者養成インストラクターコースなど数多くある。

さらには、飲食業、小売業、介護施設等第3次産業での労働災害の多発傾向から、安衛法施行令第2条第3号に掲げる業種（衛生推進者の選任でよい業種）についても、安全の担当者（安全推進者）を配置するとされた（平

26.3.28 基発0328第6号）が、これら安全推進者に対する教育の実施なども追加されている。カリキュラムは（平24.3.22基安安発0322第2号、基安労発0322第5号「小売業及び社会福祉施設の安全衛生管理担当者に対する安全衛生教育について」の別添1および別添2）にある。

　また、昨今のメンタルヘルス不調者の増加傾向もあり、「労働者の心の健康の保持増進のための指針」（以下「メンタルヘルス指針」という。）では、産業保健スタッフに対する専門的なメンタルヘルス研修を行うほか、「メンタルヘルスケアが継続的かつ計画的に行われるよう、教育研修・情報提供を行う」、セルフケアの推進に関して「セルフケアに関する教育研修、情報提供を行う」と規定し、法定外の安全衛生教育の実施を求めている。

（3）その他の安全衛生教育（階層別教育）

　安全衛生教育の推進について、「安全衛生教育推進要綱」（平3.1.21基発第39号）では次のように記載している。なお、要綱自体は昭和59年に作成されたが平成3年1月21日に大幅な改正がなされ、その後平成9年2月3日基発第66号、平成12年3月28日基発第179号、平成13年3月30日基発第236号、平成13年7月12日基発第623号と小規模な改正が行われている。

「安全衛生教育推進要綱」（要旨）
1．趣旨・目的
　　基本的な立場（教育の今後の在り方、進め方）
　(1) 体系化：各種の教育は、相関連して総合的な観点から実施されることが効果的であることから、法定及び法定外の教育全般について体系化を図る。
　(2) 階層別教育の実施：労働者の生涯を通じた教育、経営首脳者・管理監督者・労働者等企業内における各層に対するそれぞれの立場に応じた教育に留意する。
　(3) 安全衛生専門家の研修の充実：機械設備の安全化を促進するための設計技術者等に対する教育及び事業場の安全衛生水準の向上のための

技術面での指導援助を担当する安全衛生専門家の研修を充実する。
- (4) 教育の種類・内容等：技術革新、労働者の高齢化、就業形態の多様化等近年の労働環境の変化に対応したものとする。
- (5) 教育水準の向上：教育内容の具体化、教材の整備、講師の養成、教育実施機関の育成等を通じ、教育水準の向上を図る。
- (6) 指導・援助：教育の促進のため、企業、安全衛生団体等に対する指導・援助を行なう。

2．教育の対象者（抜粋）
- (1) 作業者（危険有害業務に従事する者、それ以外の業務に従事する者）
- (2) 管理監督者等（安全管理者、衛生管理者、安全衛生推進者及び衛生推進者、作業主任者、職長及び作業指揮者、元方安全衛生管理者、安全衛生責任者等）
- (3) 経営首脳者等（事業者、総括安全衛生管理者、統括安全衛生責任者等）
- (4) 安全衛生専門家（産業医、労働安全コンサルタント及び労働衛生コンサルタント、作業環境測定士、運動指導担当者、運動実践担当者、心理相談担当者、産業栄養指導担当者及び産業保健指導担当者等）
- (5) 技術者等（特定自主検査に従事する者及び定期自主検査に従事する者等、機械設備及び建設物の設計技術者等）
- (6) その他（季節労働者、海外派遣労働者、就職予定者等）

3．教育の種類、実施時期及び内容
- (1) 就業制限業務又は特別教育を必要とする危険有害業務に準ずる危険有害業務に初めて従事する者に対する特別教育に準じた教育………（後述）
- (2) 就業制限業務又は特別教育を必要とする危険有害業務に従事する者に対する危険再認識教育
- (3) 一定年齢に達した労働者に対する高齢時教育
- (4) 職長等に対する能力向上教育に準じた教育
- (5) 作業指揮者に対する指名時の教育
- (6) 安全衛生責任者に対する選任時の教育
- (7) 交通労働災害防止担当管理者教育
- (8) 特定自主検査に従事する者に対する能力向上教育に準じた教育

(9) 生産・施工部門の管理者、設計技術者等に対する技術者教育
(10) 経営首脳者に対する安全衛生セミナー
(11) 労働安全コンサルタント、労働衛生コンサルタント等の安全衛生専門家に対する実務向上研修
(12) 季節労働者に対する教育
(13) 海外派遣労働者に対する教育
(14) 就業予定の実業高校生に対する教育

4．教育の実施体制（抜粋）

講師の養成、教材の整備等を図る。国は、必要に応じ教育のカリキュラムを策定するほか、教育を実施する企業及び安全衛生団体等に対して教育用資料の提供等の指導・援助を行う。

(1) ～ (3) 省略

(4) 教育内容の充実

教育内容の充実のため、講師の養成・選定、教材の作成・選定等については次の点に留意する。

イ　講師は、当該業務に関する知識・経験を有する者であることはもちろんのこと教育技法に関する知識・経験を有する者であることが望ましい。このため、安全衛生団体等は、指導者に対する研修等の実施により講師の養成を図る。

ロ　教材は、カリキュラムの内容を十分満足したものであることはもちろんのこと労働災害事例等に即した具体的な内容とする。また、VTR、OHP等の視聴覚機材を有効に活用することが望ましい。

ハ　教育技法は、講義方式のほか、教育の対象者、種類等に応じ、受講者が直接参加する方式、例えば、事例研究、課題研究等の討議方式を採用する。

(5) 安全衛生教育センターの活用

国においては、教育水準の向上を図る観点から安全衛生教育センターを設置し、中央労働災害防止協会及び建設業労働災害防止協会に運営を委託しているところである。同センターにおいては、教育の講師となる人材の養成のための講座を開設しているので積極的な活用を図る。

5．教育の推進に当たって留意すべき事項（概要）

法定教育の実施を徹底することはもとより労働災害の発生等の実情に応じて次による教育の推進が肝要である。

(1) 中小企業（略）

(2) 第三次産業

第三次産業においては、パートタイム労働者、派遣労働者の増加等多様な就業形態がみられるとともに、製造業等の第二次産業に比べ安全衛生管理体制の整備が遅れていること等から、雇入時教育の充実・強化を図るとともに、経営首脳者及び安全管理者等の管理監督者の教育を促進する。

(3) 高年齢労働者

高年齢労働者については、高年齢向けの機器の開発、職場環境の改善、適正配置とともに、高年齢労働者自身の安全衛生に対する意識付けが重要である。

このため、経営首脳者、管理監督者等に対する教育の実施に当たっては、高年齢労働者の労働災害の現状と問題点、高年齢労働者の労働災害防止対策、高年齢労働者の能力に応じた適正配置に関する事項を含めて実施する。機械設備の設計・製造を担当する者に対しては、高齢者の心身機能等に配慮すべき事項を含めた教育を実施する。

また、一定年齢に達した労働者に対しては、加齢に伴う心身機能の低下の特性、心身機能に応じた安全な作業方法に関する事項についての教育を実施する。

(4) 就業形態の多様化

従前からの季節労働者に加え、最近ではパートタイム労働者、派遣労働者等多様な就業形態がみられ、こられの労働者に対しては、就業時に従事する作業に関する安全衛生の知識等を付与すること、すなわち雇入時等の教育を徹底することが重要である。

また、経済の国際化に伴い急増する海外派遣労働者については、海外生活での安全衛生を確保するため派遣元の企業において当該労働者の派遣前に現地での職域及び生活環境における安全衛生事情に関する知識を付与することが重要であり、そのための教育の推進を図る。

なお、安全衛生教育推進要綱では（参考）「労働者の生涯を通じた安全衛生教育の例」を記載しているが、それを踏まえて、現在実施されている教育を加味して、その概要を図表1－2、図表1－3にまとめてみた。

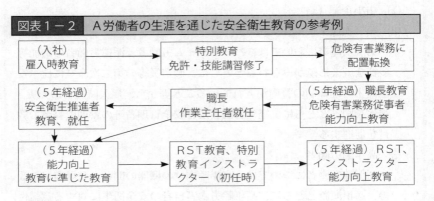

図表1－2　A労働者の生涯を通じた安全衛生教育の参考例

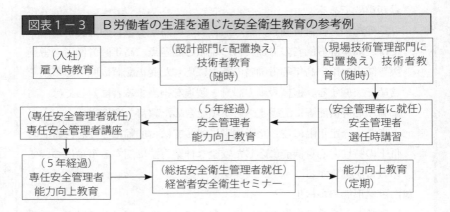

図表1－3　B労働者の生涯を通じた安全衛生教育の参考例

（4）新規採用者に対する安全衛生教育（以下「雇入れ時教育」という）
　　（安衛法第59条第1項、安衛則第35条）

　安衛則第35条に定められている教育事項の内容は、17頁記載の事項である。

　安全管理者を選任すべき事業場（工業的業種）では、新規採用者には、安衛則35条（17頁）記載の8項目すべてについて教育をしなければならないが、安全管理者を選任しなくてもよい非工業的業種の事業場では、1号～4号の事項は省略することができる。なお、3号は、現場に配属後、ＯＪＴ等で作業見習の過程において教えることが原則となっている。

　雇入れ時教育は、季節移動労働者、臨時労働者、パートタイマーなどにも実施する必要がある。新規採用者が1名でも行わなければならない。行わない場合は50万円以下の罰金という強行法規となっている。ただし、中途採用者などで他社において教育を受けた者等で、科目について十分な知識及び技能を有していると認められる労働者については、当該事項についての教育を省略することができる（安衛則第35条第2項）。

　また、教育内容、教育時間、教育担当者などについては、その事業場の種類、規模、必要性の程度などを十分考慮して効果的な計画を立てることが望まれる（一般には、安全管理者、衛生管理者、安全衛生推進者、衛生推進者、作業主任者、ＲＳＴトレーナー、特別教育インストラクター等が安全衛生委員会等の承認を受けて教育を行っている。）。

　教育時間については法令、通達等に特段の定めがないが、中央労働災害防止協会発行の「新入者安全衛生教育－指導者用－」では、集合教育に2日間（延べ12時間）、ＯＪＴに2週間ないし1カ月をあてるのが一般的である、としてカリキュラムの例（目安時間）を記載している（図表1－4）。

　なお、項目は中央労働災害防止協会発行「新入者安全衛生教育」のテキストと同じであるが、この内容なら法定事項を十分満たしていると判断される。しかし、実際にこの時間どおりに実施してみると分かるが、ほとんど座学中心とならざるを得なくなり、かなり強行軍で講師の側も受講者の側も疲労する。

　安衛則第35条に関係する項目はアンダーラインを引いた項目であるので、

もしも1日での雇入れ時教育の場合やこのテキスト以外の項目を実施したい場合はアンダーラインの項目を必須（それでも休憩時間を考えると7時間程度はかかる）として他は取捨選択して差し支えない。

また、労働基準協会などで集合研修を行っているところもあるが、必ずカリキュラムを確認し、不足の部分があれば自社で補足教育を実施すべきである。

現場からは1日でも早く配置して欲しいとの要望があるとは思われるが、教育を受ける者にとっては、あってはならないが一生に一度の機会とも考えられるので、多少の犠牲は払っても職場配置前の安全衛生教育を十分に実施する必要がある。

「新入社員教育」について

安衛法第59条第1項、安衛則第35条の「雇入れ時教育」実施時に、マナーとかコミュニケーション等の研修を付加して「新入社員教育」として実施している企業もある。その際は、新入社員教育の目的を「社内外におけるコミュニケーションのあり方を学ぶ」「限られた時間の中で会社にとって有意義な人材になるためのスキルを学ぶ」「新入社員のためのビジネス基本動作と心構え、社会人としての意識変革」などと捉えている。

このこと自体は悪くはないが、安衛則第35条の内容を含んでさらにそれを上回る教育ならば問題はない。しかし、新入社員教育を外部に委託している場合に多く見られるが、その受託した新入社員教育機関が法定の項目を実施しているかどうか確認しておく必要がある。図表1－5の場合、5Sが法定事項であるが、それ以外は法定外事項である。法定の項目を実施しないで、労働災害が発生した場合には、雇入れ時教育の未実施という安衛法違反の他、民事では安全配慮義務違反として損害賠償の請求を受けかねない。

2．企業で行う安全衛生教育

図表1－4　新入者に対する安全衛生教育（集合教育）の時間表（例）

項目	所要時間	項目	所要時間
・はじめのことば	10分	・火災の防止	｝60分
・職場に入ったら	40分	・危険物	
・家庭と職場のつながり		・有害物の取扱い	
・仕事と安全のつながり		・安全衛生標識	40分
・ケガはどうして起こるか	40分	・危険有害場所への立入り	
・安全のルール		・リスクアセスメント	30分
・仕事と健康のつながり	60分	・危険予知訓練（KYT）のすすめ	30分
・病気はどうして起こるのか		・交通安全	
・衛生のルール		・災害が起きたら	40分
・作業に対する心得	60分	・救急処置	
・服装		・疲労と休養	20分
・保護具		・健康診断	50分
・通行	40分	・病気に対する注意	
・整理整頓		・VDT作業	
・安全装置	40分	・心とからだの健康づくり（THP）	60分
・健康を確保するための防護設備（装置）		・健康づくり運動（ウォーキング）	
・感電	20分	・食生活と健康	
・正しい作業	60分	・メンタルヘルス	
・運搬中のケガ		・質疑応答	30分
・正しい運搬のやり方		・むすびのことば	
・手工具	20分	計	750分

図表1－5　一般的な新入社員教育カリキュラム（例）

1．ビジネスマナー
　　身だしなみ、正しい言葉遣い、座順、電話の受け答え方、名刺の交換、挨拶の仕方等の基本動作と心構え
2．ビジネスマインド
　　社会人とは、組織とは、新しい人間関係を築くためには、クレームとは、お客様とは、コミュニケーションの取り方
3．ビジネススキル
　　報告・連絡・相談とは、メール文書の書き方、案内書・稟議書等の社内文書の書き方、案内状・紹介状・依頼状などの対外向け文書の書き方、受取文書の処理、発送文書の取扱い、個人情報保護、ダ・ラ・リと5Sについて、品質管理とは

　なお、eラーニングで行う教育機関もあるが、これも法定項目を具備しているか、具備していない場合は自社で補強できるか等、十分に内容を検討してから導入するのがよい。

　（参考）筆者が依頼された、新入社員教育のカリキュラムを参考までに図表1－6に記載する。これは地方の約3千人規模の製造業の工場で本社は東京にある。3日間の研修で、筆者は3日目を担当した。新入社員は高卒（20名）、短大卒（9名）、大卒（7名）で合同研修。

図表1－6　新入社員教育のプログラムの例

1日目	・工場長挨拶、社長からの手紙の紹介を含む（10分）	工場長
	・研修の日程の説明と研修の心得説明（15分）	総務係長
	・会社を取り巻く情勢と会社が取り組んでいること（60分）	総務部長
	・安全標語、スローガン、安全衛生活動と安全管理規程等の説明（90分）	安全衛生部長
	・工場内見学（90分）	4班に分かれて
	・健康管理室から健康管理、メンタルヘルスについて（60分）	保健師
	・就業規則、賃金規程、服務規程、福利厚生制度の説明（60分）	人事係長
	・労働組合について（30分）	支部書記長
2日目	・副工場長あいさつ（5分）	副工場長
	・（図表1－4アンダーラインの項目について）テキストとPPTスライド（420分）	安全課、衛生課の担当職員

2. 企業で行う安全衛生教育

3日目	・工場長挨拶、講師紹介も含む（5分）	工場長
	・「イントロダクション」（PPTスライド）（20分）	以下、筆者
	・グループ討議1（15分） 　1．「雇入れ時時教育の根拠」（テキスト輪読、PPTスライド）（30分） 　2．「社会人生活を送るにあたって」（PPTスライド）（30分） 休憩5分	グループ討議は安全課、衛生課の担当職員が補助
	・グループ討議2（10分） 　3．「組織の中で自分を活かす」（PPTスライド）（25分） 　4．「新しい人間関係を育てる」（PPTスライド）（20分） 休憩5分 　5．「会社とは」（PPTスライド）（20分） 　6．「顧客意識とコスト意識」（PPTスライド）（25分） 休憩5分	PPTは配付資料として全スライド配布
	・グループ討議3（60分） 　7．「品質意識と時間意識」（PPTスライド）（25分） 　8．「安全の意識」（PPTスライド）（45分） 休憩5分	
	・グループ討議4（KYTと指差し呼称の実技も含む）（90分） 　9．「常にプロを目指す」（PPTスライド）（25分）	
	・グループ討議5（10分） 　10．「自分で自分を伸ばす努力」（PPTスライド）（25分） 　11．「仕事を楽しむ」（PPTスライド）（25分） 休憩5分 　12．「その他知って欲しいこと」（PPTスライド）（25分） 　13．「会社が皆さんに期待すること」（PPTスライド）（25分） 休憩5分	
	・グループ討議6（宿題）1週間後に提出（5分）	
	・「まとめ」（2分）	
	・「質疑応答」（3分）	

　かなり盛りだくさんの内容であったが、講義は原則1単元25分（最大で45分）とし各単元ごとにまとめを入れる。連続は2単元まで、グループ討議の前に休憩5分を入れる、とした。

　グループ討議はホワイトボード、パソコン、プロジェクターを使用した。指差し呼称の実技指導は安全衛生担当職員が「やってみせ、言って聞かせて、させてみせ………」の方針で行った。

　研修も3日目になると、やはり新入社員はかなり疲れているので、グループ討議を入れて気分転換させる必要がある。3日目研修最後に打ち上げ（懇親会）を開いたが、未成年者もいるのでアルコールには気を付けていた。

（5）作業内容に変更があった者に対する安全衛生教育（以下「作業内容変更時教育」という）（安衛法第59条第2項、安衛則第35条）

新規採用者の教育事項と同じであるが、一般に従前の作業について教育を受けているから、全項目について教える必要はない（安衛則第35条第2項）。また、「作業内容に変更があった」とは、「異なる作業に転換をしたときや作業設備、作業方法等について大幅な変更があったときをいい、これらについての軽易な変更があったときは含まない」（昭47.9.18基発第602号）とする。

安衛法第59条第2項の作業内容変更時教育についても、安衛法第120条で罰則がついているので注意されたい。

（6）一定の危険有害業務に就く者に対する特別の安全又は衛生の教育（以下「特別教育」という）（安衛法第59条第3項、安衛則第36条）

クレーンの運転など就業が制限されている安衛法第61条の業務に準ずる危険、有害業務に就く者に対し、安全又は衛生の知識、技能を事前に身につけさせるための教育を事業者に義務づけたのが特別の教育である。それぞれの業務について教育事項および教育時間が、学科、実技について具体的に示されている。

なお、特別教育には、フォークリフトの運転、再圧室の操作など、操作者個人が教育を受けなければならないものと、酸素欠乏や特定粉じん作業、圧気工事などその場で作業する全員に対して行うものがある。なお、特別教育の未実施については、6月以下の懲役または50万円以下の罰金という罰則がある（安衛法第119条）。

学科だけでなく実技教育の実施もある。実技は、個々の作業者に対し、正しい方法をやって見せ、やらせてみるといったマンツーマン方式でないと教えることは困難である。したがって、実技は、決められた教育時間を満たすだけでなく、実際に身につくまで繰り返し教えることが大切である。

法的に定められている特別教育は、（安全関係）42業務および（労働衛生関係）の13業務である（安衛則第36条）。

2．企業で行う安全衛生教育

特別教育を必要とする業務（安全関係）―安衛則36条

法第59条第3項の厚生労働省令で定める危険又は有害な業務
1　研削といしの取替え又は取替え時の試運転の業務
2　動力により駆動されるプレス機械（以下「動力プレス」という。）の金型、シヤーの刃部又はプレス機械若しくはシヤーの安全装置若しくは安全囲いの取付け、取外し又は調整の業務
3　アーク溶接機を用いて行う金属の溶接、溶断等の業務
4　高圧（直流にあつては750ボルトを、交流にあつては600ボルトを超え、7千ボルト以下である電圧をいう。）若しくは特別高圧（7千ボルトを超える電圧をいう。）の充電電路若しくは当該充電電路の支持物の敷設、点検、修理若しくは操作の業務、低圧（直流にあつては750ボルト以下、交流にあつては600ボルト以下である電圧をいう。）の充電電路（対地電圧が50ボルト以下であるもの及び電信用のもの、電話用のもの等で感電による危害を生ずるおそれのないものを除く。）の敷設若しくは修理の業務又は配電盤室、変電室等区画された場所に設置する低圧の電路（対地電圧が50ボルト以下であるもの及び電信用のもの、電話用のもの等で感電による危害の生ずるおそれのないものを除く。）のうち充電部分が露出している開閉器の操作の業務
5　最大荷重1トン未満のフォークリフトの運転の業務
5の2　最大荷重1トン未満のショベルローダー又はフォークローダーの運転の業務
5の3　最大積載量が1トン未満の不整地運搬車の運転の業務
6　制限荷重5トン未満の揚貨装置の運転の業務
6の2　伐木等機械（伐木、造材又は原木若しくは薪炭材の集積を行うための機械であつて、動力を用い、かつ、不特定の場所に自走できるものをいう。）の運転の業務
6の3　走行集材機械（車両の走行により集材を行うための機械であつて、動力を用い、かつ、不特定の場所に自走できるものをいう。以下同じ。）の運転の業務
7　機械集材装置（集材機、架線、搬器、支柱及びこれらに附属する物により構成され、動力を用いて、原木又は薪炭材（以下「原木等」という。）を巻き上げ、かつ、空中において運搬する設備をいう。）の運転の業務
7の2　簡易架線集材装置（集材機、架線、搬器、支柱及びこれらに附属する物により構成され、動力を用いて、原木等を巻き上げ、かつ、原木等の一部が地面に接した状態で運搬する設備をいう。）の運転又は架線集材機械（動力を用いて原木等を巻き上げることにより当該原木等を運搬するための機械であつて、動力を用い、かつ、不特定の場所に自走できるものをいう。）の運転の業務
8　胸高直径が70センチメートル以上の立木の伐木、胸高直径が20センチメートル以上で、かつ、重心が著しく偏している立木の伐木、つりきりその他特殊な方法による伐木又はかかり木でかかつている木の胸高直径が20センチメートル以上であるものの処理の業務（第6号の2に掲げる業務を除く。）
8の2　チェーンソーを用いて行う立木の伐木、かかり木の処理又は造材の業務
9　機体重量が3トン未満の令別表第7第1号、第2号、第3号又は第6号に掲げる機械で、動力を用い、かつ、不特定の場所に自走できるものの運転（道路上を走行させる運転を除く。）の業務

9の2　令別表第7第3号に掲げる機械で、動力を用い、かつ、不特定の場所に自走できるもの以外のものの運転の業務
9の3　令別表第7第3号に掲げる機械で、動力を用い、かつ、不特定の場所に自走できるものの作業装置の操作（車体上の運転者席における操作を除く。）の業務
10　令別表第7第4号に掲げる機械で、動力を用い、かつ、不特定の場所に自走できるものの運転の業務
10の2　令別表第7第5号に掲げる機械の作業装置の操作の業務
10の3　ボーリングマシンの運転の業務
10の4　建設工事の作業を行う場合における、ジャッキ式つり上げ機械（複数の保持機構（ワイヤロープ等を締め付けること等によつて保持する機構をいう。以下同じ。）を有し、当該保持機構を交互に開閉し、保持機構間を動力を用いて伸縮させることにより荷のつり上げ、つり下げ等の作業をワイヤロープ等を介して行う機械をいう。）の調整又は運転の業務
10の5　作業床の高さが10メートル未満の高所作業車の運転の業務
11　動力により駆動される巻上げ機（電気ホイスト、エヤーホイスト及びこれら以外の巻上げ機でゴンドラに係るものを除く。）の運転の業務
13　令第15条第1項第8号に掲げる機械等（巻上げ装置を除く。）の運転の業務
14　小型ボイラーの取扱いの業務
15　次に掲げるクレーン（移動式クレーンを除く。）の運転の業務
　イ　つり上げ荷重が5トン未満のクレーン
　ロ　つり上げ荷重が5トン以上の跨こ線テルハ
16　つり上げ荷重が1トン未満の移動式クレーンの運転の業務
17　つり上げ荷重が5トン未満のデリツクの運転の業務
18　建設用リフトの運転の業務
19　つり上げ荷重が1トン未満のクレーン、移動式クレーン又はデリツクの玉掛けの業務
20　ゴンドラの操作の業務
20の2　作業室及び気こう室へ送気するための空気圧縮機を運転する業務
21　高圧室内作業に係る作業室への送気の調節を行うためのバルブ又はコツクを操作する業務
22　気こう室への送気又は気こう室からの排気の調整を行うためのバルブ又はコツクを操作する業務
23　潜水作業者への送気の調節を行うためのバルブ又はコツクを操作する業務
24　再圧室を操作する業務
24の2　高圧室内作業に係る業務
30　ずい道等の掘削の作業又はこれに伴うずり、資材等の運搬、覆工のコンクリートの打設等の作業（当該ずい道等の内部において行われるものに限る。）に係る業務
31　マニプレータ及び記憶装置（可変シーケンス制御装置及び固定シーケンス制御装置を含む。）を有し、記憶装置の情報に基づきマニプレータの伸縮、屈伸、上下移動、左右移動若しくは旋回の動作又はこれらの複合動作を自動的に行うことができる機械（以下「産業用ロボツト」という。）の可動範囲（記憶装置の情報に基づきマニプレータその他の産業用ロボツトの各部の動くことができる最大の範囲をいう。）内において当該産業用ロボツトについて行うマニプレータの動作の順序、位置若しくは速度の設定、変更若しくは確認（以下「教示等」という。）又は産業用ロボツトの可

動範囲内において当該産業用ロボットについて教示等を行う労働者と共同して当該産業用ロボットの可動範囲外において行う当該教示等に係る機器の操作の業務
32　産業用ロボットの可動範囲内において行う当該産業用ロボットの検査、修理若しくは調整若しくはこれらの結果の確認(以下この号において「検査等」という。)又は産業用ロボットの可動範囲内において当該産業用ロボットの検査等を行う労働者と共同して当該産業用ロボットの可動範囲外において行う当該検査等に係る機器の操作の業務
33　自動車(二輪自動車を除く。)用タイヤの組立てに係る業務のうち、空気圧縮機を用いて当該タイヤに空気を充てんする業務
39　足場の組立て、解体又は変更の作業に係る業務(地上又は堅固な床上における補助作業の業務を除く。)

特別教育を必要とする業務(労働衛生関係)―安衛則 36 条

法第 59 条第 3 項の厚生労働省令で定める危険又は有害な業務
25　令別表第 5 に掲げる四アルキル鉛等業務
26　令別表第 6 に掲げる酸素欠乏危険場所における作業に係る業務
27　特殊化学設備の取扱い、整備及び修理の業務
28　エックス線装置又はガンマ線照射装置を用いて行う透過写真の撮影の業務
28 の 2　加工施設、再処理施設又は使用施設等の管理区域内において核燃料物質若しくは使用済燃料又はこれらによつて汚染された物を取り扱う業務
28 の 3　原子炉施設の管理区域内において、核燃料物質若しくは使用済燃料又はこれらによつて汚染された物を取り扱う業務
28 の 4　東日本大震災により生じた放射性物質により汚染された土壌等を除染するための業務等に係る電離放射線障害防止規則)第 2 条第 7 項第 2 号イ又はロに掲げる物その他の事故由来放射性物質より汚染された物であつて、電離則第 2 条第 2 項に規定するものの処分の業務
29　粉じん障害防止規則第 2 条第 1 項第 3 号の特定粉じん作業に係る業務
34　ダイオキシン類対策特別措置法施行令別表第 1 第 5 号に掲げる廃棄物焼却炉を有する廃棄物の焼却施設(以下「廃棄物の焼却施設」という。)においてばいじん及び焼却灰その他の燃え殻を取り扱う業務(第 36 号に掲げる業務を除く。)
35　廃棄物の焼却施設に設置された廃棄物焼却炉、集じん機等の設備の保守点検等の業務
36　廃棄物の焼却施設に設置された廃棄物焼却炉、集じん機等の設備の解体等の業務及びこれに伴うばいじん及び焼却灰その他の燃え殻を取り扱う業務
37　石綿障害予防規則第 4 条第 1 項各号に掲げる作業に係る業務
38　除染則第 2 条第 7 項の除染等業務及び同条第 8 項の特定線量下業務
40　高さが 2 メートル以上の箇所であつて作業床を設けることが困難なところにおいて、昇降器具(労働者自らの操作により上昇し、又は下降するための器具であつて、作業箇所の上方にある支持物にロープを緊結してつり下げ、当該ロープに労働者の身体を保持するための器具(第 539 条の 2 及び第 539 条の 3 において「身体保持器具」という。)を取り付けたものをいう。)を用いて、労働者が当該昇降器具により身体を保持しつつ行う作業(40 度未満の斜面における作業を除く。以下「ロープ高所作業」という。)に係る業務

(7) 特別教育実施上の留意事項

① 特別教育の科目の省略（安衛則第 37 条、昭 48.3.19 基発第 145 号）

科目の省略が認められる者には、次の者が該当する。

イ　その業務に関連し上級の資格を有する者

例えば、免許又は技能講習修了者、インストラクターなど。

ロ　他の事業場において当該業務に関し、すでに特別の教育を受けた者

ハ　当該業務に関し職業訓練を受けた者

② 特別教育の記録の保存（安衛則第 38 条）

特別教育を実施した場合には、受講者、科目などの記録を作成し、これを 3 年間保存しなければならない。

これに関する通達はないが、一般には、実施日、受講者名、年齢、科目（省略科目があればその科目と理由）、時間数、担当インストラクター名、インストラクター修了番号を記録として残していることが多い。

なお、記録の保存は 3 年間であるが、本人が修了証を毀損、紛失等をすることもあり、他社へ就職した際に修了年月日等の確認を求めてくる場合もあるので、電子データにして 3 年以上の保存が望ましい。

③ 特別教育の講師

特別教育の講師については、資格要件を定めていないが、学科、実技の教習科目について十分な知識と経験を有する者でなければならない（昭 48.3.19 基発第 145 号）。なお、このことに関し、「安全衛生教育の推進に当たって留意すべき事項について」（昭 59.3.26 基発第 148 号、改正平 6.2.17 基発第 82 号）では次のとおり規定している。

「安全衛生団体が行う特別教育等については、引き続きその適正化が図られるよう実施内要、方法等について必要な指導を行うこと。特に当該教育を担当する講師（以下、「インストラクター」という。）については、十分な知識、能力、経験等を有する者を当てさせること。また、資質の向上については必要に応じ特別教育等に必要な知識等を付与するための研修（特別教育インストラクター養成講座）を安全衛生教育センター又は安全衛生団体の本部が主体となって実施することとする。なお、企業自らが実

施する場合の教育担当者についても、当該研修に積極的に参加するよう勧奨すること。」

これを受けて、東京・大阪安全衛生教育センターや建設業労働災害防止協会（以下「建災防」という。）等では特別教育の講師を養成する各種インストラクターコースを設けている。

（8）能力向上教育（実務向上教育）

このことに関し、安全衛生法第19条の2に規定による「労働災害の防止のための業務に従事する者に対する能力向上教育に関する指針」（平元年5月22日能力向上教育指針公示第1号、改正平18年3月31日能力向上教育指針公示第5号）では次のように述べている。

「事業者が労働災害の動向、技術革新の進展等社会経済情勢の変化に対応しつつ事業場における安全衛生の水準の向上を図るため、安全衛生業務従事者に対して行う、当該業務に関する能力の向上を図るための能力向上教育について、その内容、時間、方法及び講師並びに教育の推進体制の整備等その適切な実施のために必要な事項を定めたものである。

能力向上教育は、当該業務に従事することになった時に実施する能力向上教育（初任時教育）及び一定期間ごとに実施する能力向上教育（定期教育）及び当該事業場において機械設備等に大幅な変更があった時に実施する能力向上教育（随時教育）とする。」

なお、安衛法第60条の2にある危険又は有害な業務に現に就いている者に対する教育に関して内容等を定めた「危険又は有害な業務に現に就いている者に対する安全衛生教育指針」（平元年5月22日安全衛生教育指針公示第1号、改正平8年3月31日安全衛生教育指針公示第4号）もほぼ同様のことを規定している。

なお、安衛法では2つの能力向上教育を規定している。

① 安全管理者等有資格者に対する能力向上教育（法第19条の2）

現在のところ、能力向上教育のカリキュラムが示されているのは下記のものである。

第Ⅰ編　企業内の安全衛生教育

○安全管理者　　　　　　　　　○衛生管理者
○安全衛生推進者　　　　　　　○衛生推進者
○ボイラー取扱作業主任者　　　○普通第1種圧力容器取扱作業主任者
○化学設備関係第1種圧力容器取扱作業主任者
○プレス機械作業主任者　　　　○足場の組立等作業主任者
○木造組立等作業主任者　　　　○砕石のための掘削作業主任者
○船内荷役取扱作業主任者　　　○木材加工用機械作業主任者
○林業架線作業主任者　　　　　○有機溶剤作業主任者
○鉛作業主任者　　　　　　　　○ガス溶接作業主任者
○乾燥設備作業主任者　　　　　○特定化学物質等作業主任者
○車輌系機械（締固め用）特定自主検査

　能力向上教育の実施時期であるが、最近の技術革新の進展度を勘案して当面5年とすること。なお事業場で機械設備等に大幅な変更があった時は随時行うこと。教育時間は1日程度を目安とし、講義方式の他、最近の機械設備の特徴及びこれらの保守並びに作業の特徴に関する教育、ビデオ、OHP等を用いた視聴覚教育、災害事例研究、グループ討議方式等を用いること。なお、カリキュラムについては引き続き必要性の高いものから順次公表するとしている（労働災害の防止のための業務に従事する者に対する能力向上教育に関する指針の公示について　改正平18.3.31基発第0331023号）。

② **危険又は有害な業務に現に就いている者に対する安全衛生教育（法第60条の2）**

　これは、特別教育修了者、免許・技能講習修了者、作業指揮者など一定の教育を受けている者に対して、ある意味では能力向上教育を行うものである。

　現在のところ、安全衛生教育のカリキュラムが示されているのは下記のものである。

○揚貨装置運転士　　　　　　　○クレーン運転士
○移動式クレーン運転士　　　　○フォークリフト運転士
○ボイラー取扱業務従事者　　　○ボイラー溶接業務従事者
○ボイラー整備士　　　　　　　○林内作業車を使用する集材作業従事者
○チェーンソーを用いて行う伐木等の業務従事者
○機械集材装置運転業務従事者　○車輌系荷役運搬機械等作業指揮者
○ストラルドキャリヤー運転業務従事者
○車輌系建設機械（整地・運搬・積込み用及び掘削用）運転業務従事者
○車輌系建設機械（基礎工事用）運転業務従事者
○ローラー運転業務従事者　　　○玉掛業務従事者
○プレス機械作業従事者　　　　○刈払機取扱作業従事者
○工事用エレベーター組立・解体等作業指揮者
○建設工事に従事する労働者

　なお、ここに記載されていない業務であっても、必要に応じ事業者は安全衛生教育を実施することが望ましい。期間、時間、教育方法等は前記平18.3.31基発第0331023号とほぼ同じである（危険又は有害な業務に現に就いている者に対する安全衛生教育に関する指針の公示について　平8.12.4基発第702号）。

（9）職長等に対する安全衛生教育

　安衛法第60条では、一定の業種に属する事業場について、新しく就任した職長その他作業中の労働者を直接指導または監督する者（以下「職長等」という。）に対し安全衛生教育を義務づけている。

　職長等に、第一線における安全衛生活動の原動力としての活躍を期待するためには、そのために必要な知識を付与しなければならない。これが職長等に対する安全衛生教育のねらいである。

　職長等に対する安全衛生教育のカリキュラムは安衛則第40条第2項で定められている。中央労働災害防止協会発行の「職長の安全衛生テキスト」の第2編には一部内容を分割して収録したり、配置は異なるがこのカリキュラムにそった編集がされているため、参照されたい。

　また、安衛則第40条ではOSHMS（労働安全衛生マネジメントシステム）を職長教育の教科として指定していない。その理由であるが、それは「危険性又は有害性等の調査の結果に基づき講ずる措置」が、結果として、OSHMSの内容と同じくPDCAを行うことにあることによる。

なお、具体的なカリキュラムは安衛則第40条第2項より各項目が安衛則第40条に示される時間を確保するなら、その項目内での時間配分はそれぞれの企業で定めてよいと法文上理解されている。

　なお、カリキュラムの策定権限はRSTトレーナーにある（RSTトレーナー用テキスト2015年版38頁）とはいえ、実態はRSTトレーナーが原案を策定し、安全衛生委員会等公的な機関で決定している。

　中央労働災害防止協会では、地区サービスセンター統一カリキュラムを開発し、それに基づいて職長教育を実施している。

　もちろん、安衛則第40条2項から、全科目平均型カリキュラム、自社弱点補強型カリキュラム、RST講座方式カリキュラム等で行っている企業もある。

図表1－7　職長等に対する安全衛生教育のカリキュラム

安衛則に定める事項	職長の安全衛生テキストの該当章番号	時間
①作業手順の定め方。 ②労働者の適正な配置の方法	第3章、第4章	2時間
③指導及び教育の方法。 ④作業中における監督及び指示の方法	第1章、第2章	2.5時間
⑤危険性又は有害性等の調査の方法。 ⑥危険性又は有害性等の調査の結果に基づき講ずる措置。 ⑦設備、作業等の具体的な改善の方法	第5章、第6章、第8章	4時間
⑧異常時における措置。 ⑨災害発生時における措置	第10章、第11章	1.5時間
⑩作業に係る設備および作業場所の保守管理の方法。 ⑪労働災害防止についての関心の保持および労働者の創意工夫を引き出す方法	第7章、第9章、第12章	2時間

　職長等の教育が、すでに述べた雇入れ時教育、作業転換時教育、特別教育と大きく異なる点は、この3つの教育は原則として知識、経験のない者を対象とするのに対し、職長等教育は、ある程度の知識、経験を有する者が対象

となっているということである。

また、職長等の職務に就くからには、すでに何回かの安全衛生教育を受け、多くのことを体験的に学んでいるはずである。

以上のことから、職長等教育は、討議方式を主体として進めることを原則としている（「安衛則の施行について」昭47.9.18 基発第601号の1）。

討議方式は、後述するとおり、受講者から活発な意見が出されなければ、結局は講義方式に陥ってしまうから、講師はそのことに十分配慮しなければならない。

職長等教育は、次に示す業種について、実施が義務づけられている（安全衛生法施行令（以下「施行令」という。）第19条）。

イ　建設業
ロ　製造業、ただし、次に掲げるものを除く。
　（イ）食料品、たばこ製造業（うま味調味料製造業及び動食物油脂製造業を除く）
　（ロ）繊維工業（紡績業及び染色整理業を除く）
　（ハ）衣服その他の繊維製品製造業
　（ニ）紙加工品製造業（セロファン製造業を除く）
　（ホ）新聞業、出版業、製本業及び印刷物加工業
ハ　電気業
ニ　ガス業
ホ　自動車整備業
ヘ　機械修理業

これらの業種指定は昭和47年当時労働災害の多かった業種を基本的に指定し、中小零細事業の多い業種は除外していた。しかし、現在では、全体として労働災害が減ってきていること、適用除外業種も含め安全衛生教育に力を入れていること、CSR[3]の観点からも職長教育をせざるを得ない環境が醸

3　CSR（Corporate Social Responsibility）企業の社会的責任：企業が社会の一員として存続していくために、企業を取り巻くステークホルダー（従業員、下請等取引関係者、消費者、地域社会など）に対して社会的公正性の実現や環境への配慮を経営活動の中に組み込んでいく責任。具体的には法令遵守、消費者保護、環境の重視、労働安全衛生、人権擁護、社会貢献などが対象。

成されていること、そして何よりもRSTトレーナーによる安全衛生教育の効果が労働災害防止に限らずコミュニケーションづくりや動機づけ、ひいては現場力の強化にもつながるということで、例えばサービス業、交通運輸業や第3次産業など、対象業種以外の業種でも職長教育が広く行われている状況にある。

「職長教育講師養成講座（RST講座）」について

改訂前「安全衛生教育推進要綱」（昭59年2月16日基発第76号）では次のように述べていた。

「職長等教育については、その適正な実施を図るものとし、当該教育を担当するトレーナーについては、一定規模以上の事業場ごとに確保するよう勧奨するものとする。また、法定以外の業種においても労働者を直接指揮監督する者に対し、『職長等教育』に準じた教育を実施するものとする。職長等教育を担当する者に必要な知識能力を付与するための『R・S・T講座』については、その内容の充実を図るとともに、技術の進展等に対応した安全衛生に関する知識を付与するため、その修了者に対し、一定期間ごとに実務向上教育を実施するものとする。

なお、中小規模事業場であって、自ら職長等教育の実施が困難な事業場については、『R・S・T講座』を修了したトレーナーを有する安全衛生団体が実施援助するものとする。」

この安全衛生教育推進要綱の該当部分は改訂後削除されているが、内容的には削除すべきような事柄ではないので、東京安全衛生教育センターでは従来の推進要綱を前提に現在もRST講座を実施している実態にある。

このことから、職長教育も他の能力向上教育と同様、おおむね5年ごと又は機械設備等に大幅な変更があったときに再教育することが望ましいとされている。再教育の講師は安全管理者、衛生管理者、RSTトレーナー、各種特別教育インストラクターが望ましい。

職長等教育講師養成講座（RST[4]講座）のカリキュラムは図表1－8のとおりである（平18.5.12基発第0512004号）。

4　RSTとは、当時の呼称である「労働省方式現場監督者安全衛生教育トレーナー（Roudosyo Safety and health education Trainer）」の頭文字を取ったものである。

なお、RSTトレーナーについては、東京・大阪安全衛生教育センターで、法令講座、メンタルヘルス講座、現場指導力講座、安全心理講座、安全衛生教育指導者レベルアップ現場実践コース等のいわゆる能力向上教育が実施されている。

また、建設業労働災害防止協会でも「新CFT」として職長教育講師養成講座を設置・運営している。

図表1－8　職長等教育講師養成講座（RST講座）のカリキュラム

科目	範囲	時間（分） 講義	時間（分） 演習
1．トレーナーおよび職長等の役割と職長教育の進め方	（1）トレーナーの役割	30	
	（2）職長の役割	30	
	（3）職長等の教育の進め方	60	
2．作業方法の決定および労働者の配置に関すること	（1）作業手順の定め方	30	80
	（2）労働者の適正な配置の方法	50	
3．労働者に対する指導又は監督の方法に関すること	（1）指導および教育の方法	40	60
	（2）作業中における監督および指示の方法	40	60
4．危険性又は有害性等の調査およびその結果に基づき講ずる措置に関すること	（1）危険性又は有害性等の調査の方法	180※	
	（2）危険性又は有害性等の調査の結果に基づき講ずる措置		
	（3）設備、作業等の具体的な改善の方法	100※	
5．異常時における措置に関すること	（1）異常時における措置	60	
	（2）災害発生時における措置		
6．その他現場監督者として行うべき労働災害防止活動に関すること	（1）作業に係る設備および作業場所の保守管理の方法	80	
	（2）労働災害防止についての関心の保持および労働者の創意工夫を引き出す方法	80	
7．教育技法に関すること	（1）指導案の作り方	60	
	（2）教材および指導案の作成		360
8．役割演技	（1）個人発表等		13／回
	（2）全体討議		20
9．災害事例研究		40	120

（注）※は必要に応じて演習が含まれる講義であることを示す。

(10) 人材育成教育

　企業が業績を伸ばし、成長するためには、人材は不可欠な要素である。より優秀な人材を採用するとともに、人材を育成し従業員全体のスキルを向上させ、現場力を強化していかなければ企業間競争には勝てない。

　人材教育には、様々な理論があり、それに基づいて、リーダーシップ、管理能力、営業力、販売力、思考力、集中力、行動力、発言力、アサーション[5]、ビジネスマナー、コミュニケーション、マインド力、創造力、提案力等々沢山の有料・無料の研修が行われている。エンプロイアビリティを高め、企業や個人の生産性・価値を高めるためにも、また貴重な労働力を保持（確保）・発展させるためにも、多くの企業がその意義を認め取り組んでいる。

　しかし、人材教育を考えるためには、エンプロイアビリティや生産性を高めるという観点の他、安全衛生の観点と、後述するカッツの理論を踏まえた階層別教育にすべきだと考える。

① 安全衛生の観点を踏まえた教育であるべき

　東京・大阪安全衛生教育センターで開設されている法令に基づかない階層別（職制）研修講座（専任安全管理者コース、安全衛生担当者コース、経営者安全衛生セミナー等）の一部も、この人材育成教育の一環と位置付けることができる。しかし前述した民間の人材教育とは、安全衛生教育というベースの有無で異なる面がある。

　アメリカの心理学者A．H．マズローの唱えた「人間の欲求5段階」によれば、第1段階の「生理的欲求」、第2段階の「安全の欲求」が満たされなければ、上位の第3段階「社会的欲求」、第4段階「自我の欲求」、第5段階の「自己実現の欲求」は生まれにくいとしているのであるが、まさに「人材教育」とは、第4段階、第5段階に属する教育であると考えることができる。

　ということで、重要なベースの「安全衛生」を常に意識した上での、人材教育の実施が望まれる。言い換えれば、「過重労働対策指針」、「心のメンタルヘルス指針」、「快適職場指針」等に反する研修は認められないとい

5　アサーション：「自分も相手も尊重した主張をする表現技法」で、良い人間関係を構築するためのコミュニケーションスキルの1つである。

う意味である。

　その観点からすると、ブラック企業で行われているような「頭で考えずにまず命令に従う研修」「労働時間を無視した生産性向上研修」「24時間、死ぬまで働け」「軍隊式スパルタ研修」等の「人材育成研修」は論外ということになる。

　昨今では、ダイバーシティ[6]に対応した、ワークライフバランスを意識した「人材育成研修」が増加してきているのは良い傾向といえる。

② カッツの理論を踏まえた研修

　ハーバード大教授、ロバード・カッツが1995年発表した、管理職の人材評価システムや人材育成理論は、様々な人材育成理論の中で基盤的な役割を担っているということができる。

　カッツの理論では、管理職に求められるスキルとして「テクニカルスキル」、「ヒューマンスキル」「コンセプチュアルスキル」をあげており、経営層になるに従って「コンセプチュアルスキル」の割合が多くなり、トップでは「テクニカルスキル」はゼロとなっている。一方、管理者層より下位にある監督者層は「テクニカルスキル」の割合が大きくなり、最下位の監督者（例えば「職長」等）は「コンセプチュアルスキル」がゼロという考え方を示している。

6　ダイバーシティ（Diversity）：人種（国籍）、宗教、性別、年齢等様々な違いを尊重して受け入れ、「違い」を積極的に活かすことにより、変化し続けるビジネス環境や多様化する顧客ニーズに最も効果的に対応し、企業の優位性を作り上げること。多様性の受容ともいう。

図表1-9 カッツの理論とマネジメントの関係

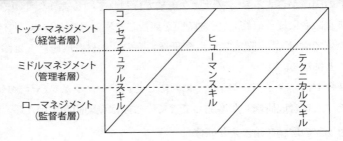

ⅰ)「テクニカルスキル」とは、「業務遂行能力」とよばれ、自らが担当する業務を遂行するのに必要な専門的知識や技術のことであり、問題解決能力のことである。
ⅱ)「ヒューマンスキル」とは、「対人能力」とよばれるスキルで、上司や部下、同僚、顧客、得意先などの相手方と上手にコミュニケーションをとる能力である。言い換えれば、対人関係を円滑に処理する能力である。
ⅲ)「コンセプチュアルスキル」とは、「概念化能力」とか「概念的能力」とよばれるもので、周囲で起きている事象や状況を構造化し、問題の本質を捉える能力のことである。総合的理解力、判断力、構想力を用いて、物事を概念化・抽象化して考えることができる能力のことである。リーダーシップに対してのオーナーシップという概念と同じである。

　監督者層とは、直接業務遂行にあたる一般職層に近い職層であり、確かに専門的な知識や技術、つまり「テクニカルスキル」が求められるが、果たして「コンセプチュアルスキル」が全く必要ないであろうか。
　「職長の安全衛生テキスト」（中央労働災害防止協会編）では、職長に対して、「職場には問題は1つではなく、常に多くの問題が同時に存在するのが一般的である。したがって、それらを計画的に、効率的に解決することも職場のリーダーとして職長には要求される。」（同テキスト20頁）。
　また職長に求められる「6つの監督力」の1つに「状況を総合的に把握・判断し、対応できる問題解決力」を求めている（同テキスト32頁、38頁）が、これも中身は「コンセプチュアルスキル」のことである。
　監督者に、コンセプチュアルスキルがなく、現場で問題が起こったときに解決できない、という事態を回避するためにもこのスキルを身に付かせる必要がある。また、このスキルを持たないまま管理者層に昇格すると、

必要な業務を遂行することができない。

　また、カッツはトップの経営者層には「テクニカルスキル」を求めていないが、松下幸之助や本田宗一郎、孫正義、ビル・ゲイツ等、経営者層であっても一定の、あるいは相当のテクニカルスキルが求められていたし、求められざるを得ない状況にあると考える。

　したがって、カッツの理論は図表1－10のように修正されるべきだと考える。

図表1－10　カッツの理論とマネジメントの関係─修正版

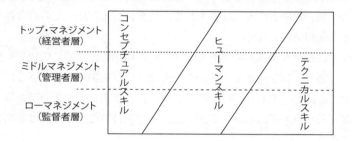

　そして重要なことは、全ての階層にとって、「ヒューマンスキル」が相当の面積を占めているということである。つまり、「ヒューマンスキル」は全階層にとって常に備えていなければならない能力である。ヒューマンスキルは、リーダーシップ、コミュニケーション、ファシリテーション、コーチング、プレゼンテーション、交渉力、調整力などの人材育成教育の目玉になっている。

　これらの人材育成教育を行うには、基本となる安全衛生の土台と、図表1－10にみられる他のスキルについても意識しながら実施すべきと考える。

　またカッツはこの3つのスキルを、監督者以上の者を対象に考察しているが、筆者は一般社員および新入社員も含めた、すべての社員が、軽重の差はあるが身に付けるべきスキルだと考える。

　なぜなら、昨今ではチームを組んで、一定期間内に進行するプロジェクト型業務を行う企業が増えてきており、管理職に就かずとも、何らかの管理業務を行う機会が多くなってきているからである。次世代を担う人材育成には、このことも頭に入れておくべきである。

3. 企業内安全衛生教育のすすめ方

　企業内で安全衛生のための教育をすすめるには、その企業が持っている特質を十分考えて準備し、計画し、実施するよう心がけなければならない。すなわち、その企業の業種、規模、生産方式、生産設備、職場環境および作業者が持っている特性を十分考慮して進めることが必要である。

　また、企業内で安全衛生教育を進めるには順序が大切である。その順序は、まず企業が求めている3つのニーズを探索し、その上で教育上の特徴と問題点を認識し、教育対象者の能力を勘案して、教育目的に向かっての教育目標を定めることが前提条件となる。

　安全衛生教育や安全講話の講師を依頼された場合も、講師は依頼した会社や担当者が受講者に何を伝えてもらいたいのかという意図を理解すべく、事前の打合わせで確認し、それを受け止めて、代弁者となることが重要である。まして、お金をもらうのであれば、お金を払う人の気持ちを知ることは当然のことであると思う。

　次に、その教育目標に到達するためのカリキュラムを設定し、それによって具体的な教育の実施計画を立てて、教育の日程表を決め、各科目に適切な担当講師を依頼することになる。依頼された講師は、自己の担当する科目について、予定時間内に効果的な教育が完了するための指導案（学科・実技）を準備して教育を実施することになる。

　なお、教育が完了した時点で、実施した教育の効果について評価を行い、次回の参考とすることを忘れてはならない。

3．企業内安全衛生教育のすすめ方

図表1－11　企業内での安全衛生教育のすすめ方

1. 企業が持っている教育上の特徴の理解
⇩
2. 企業が持っている教育上の問題点の検討
⇩
3. 教育の必要性と必要点の認識
⇩
4. 教育対象者の選定
⇩
5. 教育目的（必要性）の決定
⇩
6. 教育目標（必要点）の決定
⇩
7. 上記の目標達成のカリキュラムの設定
⇩
8. 具体的実施計画の立案（教材など）
⇩
9. 実施計画から教育日程表作成
⇩
10. 日程表により科目ごとに担当講師の決定
⇩
11. 講師は指導案を準備して教育の実施
⇩
12. 教育（計画―実施―結果）の評価

図表1-12 教育ニーズの把握

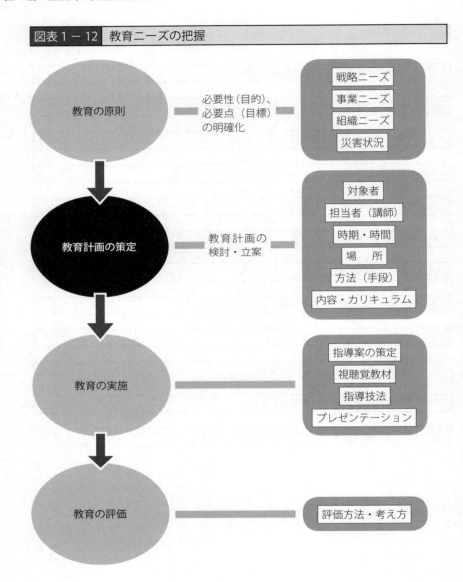

（1）3つのニーズを探索する

　企業が求める3つのニーズとは①戦略ニーズ、②事業ニーズ、③組織ニーズであると中原淳が「研修開発入門」で述べている。

　企業内教育（研修）を企画・立案する者は常にこのことを意識して追求しなければ、事業者や受講者からの賛同を得られず、失敗に終わることが多い。

① 　戦略ニーズとは経営陣からのニーズである。経営陣の口や役員会等組織決定された経営戦略からブレイクダウンされる教育（研修）のニーズである。近年であれば、海外のマーケット開拓ないしは生産拠点移動（新工場建設、稼働等）のための、グローバルに活躍できる人材育成などのニーズである。

② 　事業ニーズとは、現場発の、主に事業に関係する教育（研修）のニーズである。現場のマネージャー（職長）や社員とのコミュニケーションの中で発見されることが多い。このニーズの中には労働災害防止やメンタルヘルス等の安全衛生に関するニーズが含まれる。そしてこのニーズを発掘するためには、組織的にニーズを吸い上げる体制（システム）を確立させるだけでなく、教育（研修）企画者が日頃から現場とどのようなやり取りをして、信頼関係を蓄積しているかが重要なポイントとなる。このニーズには法令等で求められている安全衛生教育のほか、プレゼンテーションや論理的思考など、現場で必要なスキルを習得する研修や、事業方針を現場にきちんと理解してもらうために開く懇談会の企画などが挙げられる。コーチング手法を取り入れたOJT教育実施のための教育などが代表的である。

③ 　組織ニーズとは人事のニーズである。長期的視野に立ち、組織の中核能力を維持し、優秀な社員を惹き付けておくための人材育成を目的とした研修ニーズが主たるものである。製造業における技術教育はいうに及ばず、昨今では、経営理念を理解させる会や、ダイバーシティやワークライフバランス、セクハラ、パワハラに関する研修などもこれに該当する。

　安全衛生教育ニーズの一般的な切り口は、法規制に対する観点が第一にあげられる。例えば、安衛法に定められた有害・危険業務従事者に対する特別

教育、新人職長に対する職長教育がこれに該当する。しかし、教育ニーズは、法令上の観点だけではなく、図表1－12に見られるように、組織（Gr）、個人、作業方法、設備、災害状況等より検討することが必要である。教育は、職場の問題解決の手段であり、職場の実態をよく調査・解析し、職場の問題点・弱点を明確にし、その原因、背景をさぐり教育ニーズを捉えることが重要となる。要は職場の弱点を図表1－12に示す観点より明確にすることである。

組織にどのニーズが存在するか、その優先度はどうなのかは組織の置かれている状態、ＣＳＲ（企業の社会的責任）、企業風土から一概にはいえないが、教育（研修）企画担当者は、これらのニーズが組織内に存在することを頭に入れ、組織内を渉猟し、情報を収集し、自ら仮説検証することが求められている。

すべての業務において、ニーズのないところでいくら計画を立てて実施しても、その効果は期待できない。

図表1－13　教育ニーズ把握のポイント

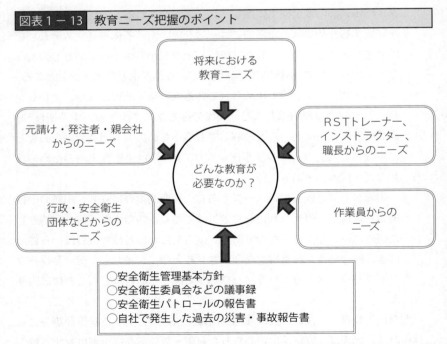

（参考：「教えます！講師のノウハウ　安全衛生教育のすすめ方」建災防）

※「まとめ」
　どのような教育が今求められているのか、その必要とされる教育を洗い出すことを「教育ニーズの把握」と呼んでいる。
　職長や作業員だけでなく、元請けがどのような教育を望んでいるのか、発注者が求めているものは何か、将来必要になると考えられるものは何かなど、様々な観点から情報を取得することが大切である。

（２）企業内教育の特徴

　企業が行う教育は、生産のため必要とする特定の仕事遂行能力をつけたり、高めたりする専門的で具体的な特徴をもっている。その主なものをあげると、次のものがある。
　①　企業目的に沿うよう計画し、実施するものである。
　②　教育（研修）により企業利益が期待される。
　③　入社時から退職までの長期展望に立って行われる。
　④　必要になった時、集中的に実施される。
　⑤　基本的には仕事の能率向上を図るためである。
　⑥　教育の実施は、先輩が後輩を指導する形式が多い。
　⑦　理解することより、仕事ができることがねらいである。
　⑧　教育（研修）の実施に当たっては、経済的に、能率的、効率的にやることが要求される。
　⑨　教育（研修）は、企業内での人事、登用、給与などに密接な関係をもつ。
　⑩　同じ教材で教育（研修）が実施されることが多い。
　⑪　人材育成、エンプロイアビリティをも志向したものもある。
　企業内の教育（研修）は、以上のような特質をもっており、その成果は直ちに企業経営に直接影響をもたらすものである。したがって、どの企業も合理的で効果的な教育（研修）計画を立てて実施することが要求される。

(3) 企業内教育の問題点

　前述した特徴をよく考えて企業内教育（研修）を実施しても、期待した効果が上がらなかったり、仕事にあまり役に立たなかったりすることがある。そこで、その要因を検討してみると、その教育（研修）の進め方に様々な問題点があることが分かる。

　この問題点を事前に十分検討して取り除いてから実施しなければ所期の目標に到達することは難しい。

　一般的な問題点を挙げると、次のものがある。

① 　学校教育の模倣によるため、一般に座学が多く、知識偏重の教育になり、作業者の仕事にあまり結びつかないことが多い。

② 　十分な検討がなされないまま「カリキュラム」（教科課程）が決められるので、教育目標から離れてしまうことがある。

③ 　教育（研修）の目標や、ねらいの認識が不十分のため教育の効果がぼやけた結果になる。

④ 　必要な教材（テキスト・シート・資料など）をよく吟味せず、一般に市販されているものや、既存のもので代用することが多い。

⑤ 　仕事には十分な能力を持った専門家でも、講師（話し方、態度、内容などのプレゼンテーション能力）としては不向きな場合もある。

⑥ 　受講者の学習能力がまちまちであっても、一般に集合させて講義法ですすめることが多い。

⑦ 　ＯＪＴ（on-the-job training）と、ＯＦＦ－ＪＴ（off-the-job training）の関係が効果的に活用されていない。

⑧ 　講師間の打合せが不十分のため、教育内容が重複したり、食い違ったりして、受講者がとまどうことがある。

⑨ 　日程表をよく検討せずに、便宜的に決めることがあるので、受講者の思考過程が混乱することがある。

以上の問題点をよく考慮して、教育を進めることが大切である。

（4）教育の必要性と必要点

　経営者は、教育の必要性と必要点をよく理解して計画し、実施することが大切である。
　この教育の必要性として考えられるものには、当面の必要性と企業の将来の展望にたった必要性とがある。
　また、教育の必要点とは、必要性に基づいて、作業者の、育成したい能力（教育目標）と既に持っている能力（既有能力）の差をいう。
　一般に教育は、この差をなくすために行われる。

○教育必要性……｛当面の必要性 ― 仕事の知識、技能、態度の体得のため
　　　　　　　　将来の必要性 ― 人材の育成、技術革新に対応するため
○教育必要点……仕事に必要な能力と既有能力の差

　教育（研修）の企画にあたって重要なことは、教育ニーズの検討と共に、「目的－目標－手段」の関係を明確にすることである。目的とは、何のために教育（研修）を行うのかという理由であり、前述した教育の必要性に該当する。
　目標とは、どこまで行うか、教育（研修）のゴール、あるべき姿のことであり、前述した教育の必要点に該当する。
　そして、手段とは、研修の目的を達成するためのカリキュラムや教育手順、方法、テキスト、教材等である。
　一般的に安全衛生教育の重要性、必要性が指摘されるが、同時に安全衛生教育上の問題点として時間がない、予算がない、成果が得られない等の意見も度々見られる。なぜこのような問題が指摘されるのであろうか。職場における教育ニーズをはっきりと見据え、職場の特性にあわせて、可能な計画を立てたのであれば、時間がない、予算がない、は単なる言い訳ではなかろうか。では、どのようにしたら教育ニーズを見つける、ないし明確にすることができるであろうか。

(5) 教育計画のたて方（詳細は第Ⅱ篇で述べる）

「段取り8分に仕事2分」といわれるように、教育もその段取り（計画）が大切である。

計画が不十分であると実施面で支障をきたし、その結果期待した効果も上げることができない。したがって、教育計画を立てる際は、事前に必要な資料を調査し、過去の実績や、企業が持っている特質や問題点などを十分検討し、関係者と協議して意見を聞いて、その案を作り上司の了解を得ることが大切である。

教育計画の作成時に明確にしておくべき事項には、次のものがある。

① 教育の対象者を決める。（教育の名称）
② 教育の目的を決める。
③ 教育の目標を決める。
④ 教育のカリキュラムを決める。（内容と時間）
⑤ 教育の方法を決める。（講義、討議、実習など）
⑥ 教育の順序を決める。（日程表、担当講師）
⑦ 教育の時期を決める。
⑧ 教育の場所を決める。（学科、実技）
⑨ 教育の講師を決める。
⑩ 教育の教材を決める。
⑪ 教育の評価方法を決める。
⑫ 教育の経費を算定する。
⑬ その他必要事項を決める。

なおここで、認識を一致させるために、前述してあるが「目的」「目標」「手段」という言葉を改めて定義しておく。

「目的」とは、何のために、理由であり、「目標」とは到達点、あるべき姿、ゴールであり、「手段」とはやり方、カリキュラムということで論を進める。

（6）企業内教育の目的

　企業内で行う教育には、それなりの必要性と理由が存在し、この必要性を満たすことが教育の目的である。その必要性と理由をあげると次のものがある。
　① 新入者に、その企業の作業者として必要な行勤様式等を身につけさせる。
　② 一般作業者には、担当する仕事を完遂できる能力等を育成する。
　③ 新方式の設備、機器などを使いこなせる能力を身につけさせる。
　④ 関係法令、企業内の規程、制度、手続などの変更時には、的確に順応できる能力を育成する。
　⑤ 管理者、監督者に、部下を監督、指導する能力を身につけさせる。
　⑥ 企業の関係者に、その者の持場、立場において必要とするノウハウを身につけさせる。

　以上の事項は、残念ながら学校教育の過程で修得されていないため、企業が必要とする能力は、企業の独自の方法で教育を実施して修得させることが必要である。この教育の目的は、教育目標を規制するものであるから、教育計画を立てるに際し、明確にしておく必要がある。

　このことを大きくまとめるならば、教育目的は、図表1－14にみられるように知識教育、技能教育、態度教育の3つに整理することができる。

　知識教育は「知らない」ことを解決、技能教育は「できない」ことを解決、態度教育は「やらない」ことを解決する。即ち、教育は「教える」「育てる」という二つの内容を持っている。

　「教える」とは、後述する「コーチング」の項でも触れるが、「ティーチング」のことであり、基本的には知識、技術の伝承である。どちらかというと「上から目線」で対応することが多い。

　一方、「育てる」というのはアドバイス等の手法を用いて、本人にどうしたらよいかを気づかせ、自らの意思で実行させるよう促すことである。教育を受けた結果、受講者が自主的に気付いて望ましい方向に変わることを意味し、その結果、職場の状態・レベルが変化、向上して初めて教育効果が生まれ、教育をしたといえる。どちらかというと「支援＝サポート」「応援」と

いうスタンスで対応する。ここにコーチングを意識した実務教育とティーチング主体の学校教育との大きな違いがある。

いずれにしても、教育目的は、「教え・育てる」ところにあり、具体的には、受講者個人（個別的対応）に焦点をあてた「知識・技術の習得」「行動変容への期待」と、職場の状態（集団的対応）に焦点をあわせた「職場の状態・レベル向上」への期待という3つの視点より考えることができ、教育評価の上で重要な意味を持つことになる。

図表1-14 3つの教育（知識・技能・態度）

	種類	内容	教え方のポイント
能力開発	(1) 知識教育	・扱う機械、設備の構造・機能・性能の概念形成 ・有害物の性質と扱い方を知ってもらう ・災害発生の原理を理解させる ・安全管理、作業に必要な法規、規程、基準を知ってもらう	知ってもらいたいことの概念形成を図る。講義法、討議法が中心
能力開発	(2) 技能教育	・作業のやり方、機械、装置、計器類の操作の仕方を身につけてもらう ・点検の仕方、異常時の措置も身につけてもらう	協応能力の育成であり、実技を主体に行うOJT、実習が中心
人間形成	(3) 態度教育	・安全作業に対する身構え、心構えを身につけてもらう ・職場規律、安全規律を身につけてもらう ・意欲づけを行う	価値観づくりの教育であり、心構えづくりのため態度変容を図る。 コーチング、討議法が中心

（7）企業内教育の目標

企業内で行う教育の目標とは、教育を実施した結果、受講者の身につかせ又は到達させるべき能力で、その内容は、仕事に必要な知識、技能、態度をいう。

これは、指導者からみれば「指導の目標」であり、逆に受講者からみれば「学習の目標」となる。

教育の目標には次の種類が考えられる。

① 教育全体を通じて到達させる目標
② 各教科ごとの到達目標
③ 各教科目内の各単元ごとの到達目標
④ 単位時間に対する到達目標
⑤ 単位時間内の学習項目ごとの到達目標

　以上のように教育の目標は、様々の単位で考えることができるが、いずれも、最終目標から下位目標まで構造的につながったものであり、それぞれが独立したものであると同時に連続したものであるといえる。したがって、教育の目標は、それぞれの単位ごとに明確にしておくことが要求される。
　それを明確にしておかないと教育の内容を決めることが困難となるばかりでなく効果的な教育が展開できない。企業内の教育の目標は、仕事を基本にして、どの程度の仕事ができればよいか、仕事ごとに可能な限り実証的な方法で調査分析して決めることが必要である。
　教育目標の検討にあたっては、二つのことが要求される。

● 第一点：教育目標を上述した「知識・技術の習得」「行動変容への期待」「職場の状態・レベル向上」のいずれを重点にするか決めること。
● 第二点：この3つのいずれかを重点に決めたら到達すべき目標レベルを決めること。

　目標とは到達すべきレベル、期待するレベルであり、要は「到達したいあるべき姿」である。
　後述の「(11) 企業内教育の領域」でも述べているが、必ずしもこの3つの観点のどれかに絞らなければならないというものではないのも現場においては当然である。知識技術が70％、実務能力が30％という場合もありうる。しかし、知識教育、技能教育、態度教育をバランス良く行うよりは、メリハリを付け重点を絞り込んで行う方が一般的にいって教育の効果が上がりやすい。

一般的に目標レベルは、図表1－15に示すように「到達すべきレベル」と同時に「現状レベル」を明確にすることが必要となる。二つのレベルを把握することにより、次の3点を明確にすることができる。

第一は、問題点を明らかにすることができること。

第二は、的確な手段の選択ができること。

第三は、達成度の評価ができること。

図表1－15　目標レベルと現状レベル

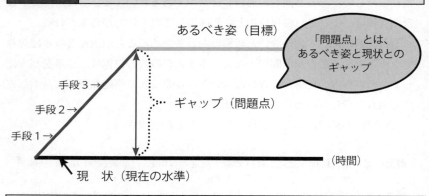

① 目標（あるべき姿）を持たないと、問題点（差）の発見ができない。
② 目標と現実の「差」を認識しないと、手段（カリキュラム、講義手法等）を誤る。
③ 目標と現実の「差」を認識しないと、成果の評価ができない。

ギャップ（問題点）がこの程度なら手段1を実施し、その後習得したことを確認できたら手段2を、さらに一定の時間後手段3を講じるのが良い。しかし、ギャップが大きすぎると手段1を講じることができない。手段を3より多くしなくてはならなくなる。一方、現状のレベルが手段3程度であったなら、手段1、手段2は無駄で必要ない。

なお、ここでいう手段とは、図表1－14でいう知識・技能・態度のどれに重点を置くべきか、あるいはカリキュラム、テキスト等の教材は何を選択すべきかという、後述する教育計画策定の重要な要素のことである。

一般的な目標の考え方について述べたが、具体的レベルのない目標は、目標にならない。なぜなら③に指摘しているように評価ができないからである。

教育においても同様である。教育の目標設定に関して、1つの事例を紹介する。

【事例1】
　　例えば、「部下を育てる」といっても、具体的にどんな部下に育てたいのか、具体的姿がイメージできなければ、養成手段を考えることも困難である。そしてそのレベルはどうなのか、本例でみれば、表1－16に見られるように6のケースが考えられる。
　　また、そのレベルについても図表1－17に見られるようにできるだけ定量化する努力が必要となる。このように目標を具体的に把握すれば、教育内容、教育手段の検討、教育の評価、フォローも容易であり、何よりも当事者自身が到達すべき目標を知ることができ、また努力の方向性も知ることができる。

　目標は図表1－16の1「仕事の基本をマスターできる部下に育てる」とした。この目標に対して、自己評価と上司による評価を5点満点で行ったところ、自己評価では15点（60％）、上司の評価は14点（56％）であった。この場合評価は若干異なるが、本人の判断を尊重して、現状レベルを60％とし、本人と十分に話し合った上で、目標を85％にしようということを本人に決めさせ、その目標を達成するためには、どのようなカリキュラムにするかを上司はアドバイスする。アドバイスにあたっては自己評価の低い「ホウレンソウの仕方の基本」「PDCAを取り入れた仕事の管理方法を具体化できる」を重点配分とするよう、さらに上司の評価が小さかった「知識・技能・態度のマスター」をするためにはどうしたらよいかも、追加したりする。
　ここで大事なことは、目標も手段も本人に立てさせ、上司はあくまでもアドバイスに徹するという態度でいることである（詳細は、第Ⅵ篇　コーチングで述べる）。

図表1−16 「部下を育てる」とは（その目標は⇒どんな部下に育てたいのか）

1．仕事の基本をマスターできる部下に育てる
① 仕事の目的、意味、納期等の重要性をマスターしている ② 指示に対し、「返事、メモ、復唱、質問」をマスターしている ③ 報告要領「結論・結果から報告」をマスターしている 　　　　　　　　　　　⇒（ホウレンソウの仕方の基本） ④ 仕事上の「知識・技能・態度」をマスターしている ⑤ 仕事の管理をマスターしている（PDCAサイクル）
2．自分の仕事上の代行ができる部下に育てる
① 権限を委譲してやりこなせる ② 日常業務で仕事の優先順位が決められる ③ 失敗もひとりで処理できる ④ 外部の会議に出席して、代行としての発言ができる ⑤ 上役の方針を具体化できる
3．職場リーダーができる部下に育てる
① 仕事の原理原則をマスターしている ② 会社・職場の知識に精通している ③ 後輩の心理に精通している ④ 後輩からみて、模範的な行動がとれるようにする ⑤ 上司の目標を理解し、後輩に正しく伝えることができるようにする
4．改善能力を身に付けた部下に育てる
① 問題発見のスキルを身に付けている ② 改善の4原則（排除・結合・順序を変える・簡単にする）を身に付けている ③ 分析能力を身に付けている ④ アイデアがよくでる ⑤ 事柄の観察に問題意識が高い
5．仕事のプロに育てる
① 仕事の手順、急所、ノウハウ、ポイントを理解し、実践できる ② 問題意識のポイントを理解している ③ 仕事の段取りにミスがない ④ 仕事を効率的に進めることができる ⑤ 成果を上げるにはどうしたら良いか常に工夫・改善している
6．対人関係能力を身に付けた部下に育てる
① 挨拶、礼儀作法を身に付けている ② 対話能力、傾聴能力を身に付けている ③ 他者に対する影響力を身に付けている ④ 商談の技術を身に付けている ⑤ 一定のコーチング、アサーションの技術を持っている

3. 企業内安全衛生教育のすすめ方

図表1－17　教育目標の設定事例

目的－目標－手段の関係について、具体的事例をとおして見てみる。

【目的】：部下を育てる

- どのような部下を育てたいのか
- 望ましい「あるべき姿」は
- そのレベルは

⇒ 具体的「姿」をイメージしなければ養成手段は生まれない

【目標】：仕事の基本をマスターできる部下に育てる

【目標とする具体的「姿」とレベル】

具体的イメージ	自己評価	上司評価
①　仕事の目的、意味、納期等の重要性をマスターしている	5	4
②　指示に対し、「返事、メモ、復唱、質問」をマスターしている	3	4
③　報告要領「結論・結果から報告」をマスターしている	2	2
④　仕事上の「知識・技能・態度」をマスターしている	3	2
⑤　仕事の管理をマスターしている（PDCAサイクル）	2	2
	15/25	14/25
	60%	56%

現状レベル	60%
到達レベル	85%

(8) 目標は「ぐ・た・い・て・き」でなければならない

　一般に、計画の目標を立てるときは誰が立てるかは重要な問題である。計画を実行する者が目標を立てずに、その上司もしくはその上部機関が立て、実行者はただそれに従って実行するのみとするならば、意義や目的もイマイチ理解できず、モチベーションも上がらない。

　やはり計画の目標を立てるのは計画を実行する本人、あるいは計画を実行するグループが立てるべきである。上司や上部機関はその目標が適切に立てられるよう支援・サポートに徹するのが人や組織を成長させるための秘訣である。

　その支援・サポート・アドバイスの視点が、目標は「ぐ・た・い・て・き」でなければならないということである。

① 「ぐ」：具体的な目標を立てさせること

　　前述したとおり、上司や上部機関は部下がいつまでに、何を、どうするか、ハッキリした具体的な目標を立てられるようサポートする。そして目標は希望や夢ではなく「宣言」でなければならない。また、決定事項は誰にでも分かるよう「文書化」させることが大切である。

　　希望とは夢や願望に近く、抽象的で、漠然と「実現したらいいなー」程度のものである。「宣言」とは夢や願望よりも具体的で実現可能性が高いもので「実現しなくては」という切実感が異なる。

　　夢は頭の中にあるが、宣言は原則として他人からも見え、確認できるものでなければならない。

宣言の例
　・今年中に、ＴＯＥＩＣで現在の点数プラス100点を達成する。
　・3月31日までに、新車3台を販売する（契約を取る）。
　・6月末まで（夏休み前まで）に、体重を60キロにする。

② 「**た**」：達成可能なものであること

　　達成可能なものならあえて目標を立てる必要はないかもしれない。しかしながらできると分かっていても目標にしない限り、努力をしないのが人間であり、そこに目標設定の意味がある。もし初めて目標を設定するなら、あまり理想的な高いゴール（到達点、あるべき姿）を設定すべきではない。

一里塚（マイルストーン）を設け、「おう、できてる」、「またできた」を確認し、それを重ねることで自信が付き、モチベーションが上がるのであり、そうすることで、さらに高い目標に向かう姿勢が育つ。そのためには、挫折や失敗を誘うあまりに非現実的な目標ではなく、本人やそのグループの実力に見合うものかそれを少しだけ超えた目標を加えさせることが重要である。

③ 「**い**」：意欲の出るものであること

達成に向けて努力や奮闘している姿、あるいはその結果を手にしている姿を思い浮かべて欲しい。その姿がワクワク感を起こしているかどうかが重要である。

もし、たいしてワクワク感、歓喜の姿でなかったなら、目標が低すぎたのかもしれない。

その場合は、ストレッチが必要である。手を頭の上に伸ばしさらにつま先立ちをして、より高いところに手を届かせる必要がある。達成可能な目標であるとともに、自分やグループをストレッチさせるようなものであることが重要である。何よりもそのストレッチの中で人も組織も成長するからである。

④ 「**て**」：定量化できるものであること

数値化することで、達成したか、達成していない場合はその原因等を把握し対策を講じその中でどのような努力をしていくべきかを見える化する。

見える化するためには、目標は夢や願望の「スローガン」であってはならない。目標とスローガンは異なるものである。

安全衛生標語に「今日も元気に声かけ運動」とか「やっていますか？４Ｓ活動」という類いの具体的な実施目標、数値目標が記載されていないスローガンが掲げられている。目標は具体的な実施数値目標が書かれているものである。

例えば、声かけ運動も「今日もします声かけ運動。上司に 10 回、同僚 10 回、部下に 20 回以上」となるとスローガンではなく目標になる。そうすると、毎日どうなっているかの達成率が見える化でき、達成していな

い場合には、その原因は何か、どうすれば達成できるかを考えたり発見できたりする。

⑤ 「き」：記録可能なものであること

努力してきたプロセス（経過）を記録することで、情報を残すことができる。

その情報は、組織にとって財産であるし、一旦記録したものは、原則再現可能である。

例えば、成果を上げた人、グループがあったとしよう。それには必ずそれなりの訳があるはずである。記録を見ることにより成功の法則を見つけ、それを他者と共有し、さらに改善することにより、企業としても効果が上がる。またうまく行かなかった方法も記録されているので、改めて解決策を考えて臨むか回避することもできる。

繰り返すが、目標は実行する本人が作成し、誰にでも分かるものでなければならない。

（9）企業内教育の内容

① 教育訓練の内容の吟味

業務遂行に必要とする能力を向上させるためには、効果的な手段で必要にして十分な教育をすることが必要である。もし、教育の内容が多過ぎたり、不足したりすると、受講者に余計な負担をかけたり、重点を誤ったりして混乱をおこすことになる。

たとえば、仕事の教育に、講義だけ行って実技を行わなかったり、作業者の既有の知識、技能を無視して教育を進めてもその効果は期待できない。

よい教育目標を決めるための必要なことを挙げると次のものがある。

イ　教育の目標をしっかり掴むこと。

ロ　教育目標を支える教材の活用を明解にすること。

ハ　受講者の受入態勢と思考能力を的確に掴むこと。

② 教育内容の決定

教育の内容は、見方を変えれば、受講者に、インプットする内容である

ということもできる。どんなすぐれたコンピュータでもインプットがなければアウトプットが得られないものである。何をインプットするかは、何をアウトプットとして期待するかによって決められる。この意味から目標に対して十分精選された教材（教育内容）を学びやすい順序で、受講者に与えることが大切となる。

そのためには、後述する指導案の作成が重要である。

(10) 企業内教育の方法

教育の必要点に基づいて、教育内容が決まれば、それをどのようにして、学びとらせるかの考え方の手立てが教育の方法である。その方法には、一般に、講義法、討議法、実習法、役割演技法、事例研究法、プログラム学習法、視聴覚的方法など、その種類は多く、それぞれの方法にはそれなりの長所短所がある（図表1－18）。したがって、教育の内容に即して、使いわけをすることが必要である。教育の方法を選ぶ場合には、これらの特色を熟知して、効果的に活用することが要求されることになる。

また、教育の方法には、個別学習、集団学習に分けられるが、個別学習は、受講者が個別に教材に取組む学習をいい、集団学習は、集団で教材に取組む学習をいう。これらには、各々の特色があって、個別学習は、進度は個人の歩調で進むため能率的で効果的である。集団学習は、集団で一つのものを解決しようとするため協働の利点がある。

どのような教育の方法を用いても、受講者に積極的に学習に参加させることができなければ、効率のよい学習指導が展開することができない。そのため、いかにして学びとらせるかの配慮が指導者に要求されることになる。

教育の方法は、受講者および教材に適したものが選択されることが必要であり、これらは単独で用いるよりも、その教育法がもっている長所を生かし、短所を補いながら総合的に組み合わせて用いると一層の効果を発揮するものである。

図表1−18 代表的な教育方法の長所・短所

	長所	短所
講義法	1. 一度に多くの内容を大勢の学習者に示すことができる。 2. 学習者の反応を見ながら臨機応変に学習指導が展開できる。 3. 教育内容の追加，変更等が容易にできる。 4. 指導者と学習者との間に人間的な触れ合いができる。	1. 注入的な指導になりやすく，学習者を受身にしやすい。 2. 言語中心の説明が主となるため，平板になりやすい。 3. 指導技術の巧拙により効果が異なる。
討議法	1. 学習者相互の発言で思考が深められる。 2. 集団で学習するからよい結論が得られる。 3. 学習者が積極的に学習活動に参加できる。 4. 自分の意見をまとめて発表するため，考える力，発表する力がつく。 5. 他人の意見を尊重する態度が養える。	1. 特定の者の意見にひきずられることがある。 2. 時として脱線することがある。 3. 時間が多くかかる。 4. 感情的に対立することがある。 5. 口下手な者は討議に参加しないことがある。
プログラミング学習	1. 個人のペースで確実に学習できる。 2. 積極的な学習ができる。 3. スモールステップで無理なく学習できる。 4. 自学自習が可能である。 5. フィードバックが可能で学習の強化が行われる。 6. 個人差，能力差に応じた指導が可能である。	1. 教育内容が固定化される。 2. 教材の作成に技術と労力，費用がかかる。 3. 学習に多くの時間を要する。 4. 集団思考の機会がない。 5. 教育内容の変更修正に手数がかかる。
役割演技法	1. 活発な学習活動が行える。 2. 対人関係を実際に近い状態で学習できる。 3. 感受性の訓練ができる。	1. 時間が多くかかる。 2. 進行が停滞することがある。 3. 個人批判になることがある。
事例研究	1. 積極的に学習できる。 2. 行動力が育成できる。 3. 現実的なことがらが学べる。	1. 事例作成に手数がかかる。 2. リーダーに指導技術が要求される。 3. 学習に多くの時間を必要とする。

視聴覚的方法	1. 視覚, 聴覚等の感覚を活用して学習できる。 2. 動きのある内容を学習できる(映画, VTR, DVD)。 3. 現場までいかなくても, 実物に近い状態を見ることができる（映画, VTR, スライド）。 4. 繰り返して学習できる。	1. 設備に経費がかかる。 2. 準備に時間がかかる。 3. 機器の取り扱いに熟練を必要とする。 4. 教室を暗くしなければならない（映画）。 5. 注入的な教育になりやすい。
問題解決法	1. 具体的, 実際的に学習できる。 2. 理解を深めることができる。 3. 積極的に学習活動をさせることができる。	1. 学習に時間がかかる。 2. 系統的な学力がつきにくい。 3. テーマの選び方が難しい。
発見学習	1. 理解を深めることができる。 2. 内発的な動機づけが促進され応用力も高まる。 3. 興味深く学習できる。	1. 学習に多くの時間を要する。 2. テーマの設定が難しい。
OJT	1. 日常的に機会をとらえて指導ができる。 2. 個人の仕事に応じた指導ができる。 3. 教育効果が把握しやすい。 4. 個人の能力に応じた指導ができる。 5. 成績の向上に直結する。 6. 費用のかからない経済的教育訓練である。	1. 教育の原理・原則を体系的に指導できない。 2. 指導する上司（リーダー）の見識、性格に左右される。 3. 一度に多数の者に集中的に指導ができない。 4. 習得時間に個人差があり教育訓練期間が長期化しやすい。

(11) 企業内教育の領域

　　企業内の教育の領域としては、一般にその企業での仕事遂行のための（ⅰ）知識（知的……知識に関すること、知性……知的な能力）と（ⅱ）技能（技術）と（ⅲ）態度（感性……外界の刺激によっておこる感受性、生活）の三つのカテゴリーに大別することができる。

　　元来、教育というものは、総合的なものであって「知識」とか「技能」とか「態度」とか別々に考えること自体に矛盾があることを認識すべきである。したがって、企業で実際に教育をすすめる場合には、この三つを教育の目的にあわせて、合理性と柔軟性を考えて、適宜必要なものを組み合わせたり、結合して活用することが必要である。

具体的な活用の仕方には、次の方法が考えられる。
① 教育の内容と対象者をよく考えて柔軟に活用する。
② 教育は、どちらかというと二つ以上を適当に組み合せて行うと効果的である。
③ 教育は、一種の教育の環境作りと考えられる。
④ 教育効果は、常に教育の方法に左右される。

また、認識するための活動を知性の働きとすれば、作業者が作業環境に働きかける活動が技能であるといえる。

一般に、技能とは知覚と運動とを組み合わせることであって、実物に体を触れさせて行動し、動作し、操作させて誤った動作を矯正しつつ訓練することである。つまり、知覚（脳）と運動（肉体）の行動を一致させ、意識せずに円滑に正しい行動ができるよう実技指導することである。

なお、厚労省の調べでは不安全行動の原因ではヒューマンエラーを除けば、「知らなかった」という知識不足が67％、「知っているがやらなかった」という態度・躾にかかわるものが26％であるということから、不安全行動が多い場合は、講義法による知識教育を6割から7割、討議法やOJT、コーチングによる態度教育を3割から4割程度行うのが良いといわれている。

いずれにしろ企業内教育は教育した結果、ⅰ）「わかる感」（現在や将来の情報を把握・予測できる認知力＝把握可能感）、ⅱ）「できる感」（困難を処理するためのリソースを見つけてこれならやれると思う感覚＝処理可能感）、ⅲ）「やるぞ感」（やりがいや生きる意味を見出せる感覚＝有意味感）を高める内容となる研修が望ましい。

第Ⅱ編 教育計画の立案、実施、評価

1. 教育（研修）計画の立案

　教育ニーズを明確にした後に、具体的な教育(研修)計画を立てることになる。「段取り8分に仕事2分」といわれるように、教育も計画が肝要である。計画が不十分であると、実施面で支障をきたし、期待した効果を得ることは困難になる。したがって教育計画を立てる際は、事前に必要事項について、十分検討し作成することが必要となる。

　教育計画策定の手順は、図表2－1に見られるように、6W2Hに従い検討した上で教育を実施する。

図表2－1　6W2H

●**W**hy　　なぜ ●**W**hat　　何を	⇒	ニーズ、目的、目標より決定
●**W**hen　　何時、時間 ●**W**here　　どこで（場所）	⇒	直前もしくは直後
●**W**ho、**W**hom　誰が、誰を	⇒	講師、指導者
●**H**ow to　　どのように・方法	⇒	指導案の策定、教育手段の決定
●**H**ow much　　いくらで	⇒	予算の見積

（1）教育計画の策定手順

　① Why について
　　教育の必要性を明確にする（例：作業員の墜落災害防止のために）。
　　なお、後述する（第Ⅴ編8．Why からはじめよ）ように、Why から考え、計画を立てることが、大変重要である。

　② What（カリキュラム）について
　　教育ニーズ、目的、目標と現状のレベルを踏まえ、手段としてのカリキュラムを決定する。カリキュラムとは、教育目標に沿って選ばれた教育内容

を受講者の発達の程度や能力の程度に応じて系列化したものであって、必要とする科目の構成、その科目の教育範囲と配列および教育時間等を定めたものを総称したものである。

カリキュラムは、教育目的、教育目標、および教育対象が決められると、その対象者が有している能力を基にして、教育目標に到達せしめるために必要な科目とその範囲および時間を効果的に配分して作成するが、法令等に基づく教育ではカリキュラムは定められている場合もある。法定外の教育については、一般に企業が、その教育の目標からカリキュラムを作成することになるが、その斉一性を保つために必要な教育については、行政通達によって示されているものもある[7]。

なお、カリキュラムの内容を実施しやすいように日程を考え、担当講師などを決めたものを、教育スケジュールといっている。実際には、講義は教育スケジュールによって進められることになる。この場合、担当講師は、教育目標を十分認識して、効果的な指導案を準備して進めると効果的な教育ができる。

③ When（時期・期間）

期間とは、どの程度の時間を拘束するのかということである。当然のことであるが、研修期間が長ければ長いほど、現場の負担感は増す。

特別教育等の法令等に基づく教育では、教育時期（就任前もしくは就任直後）、教育時間は基本的に定められており、それに従うが、法令・通達等で講習の一部免除があるので、受講前に本人の資格や受講歴を確認しておくことが必要となる。

一方、事業場独自のニーズにより計画された教育については、教育ニーズ、目的、目標を踏まえ、独自に検討して実施される。

期間と同時に考えなければならないことは、開催期をイベント型にするか反復型にするかということである。イベント型は、単発のイベントとして教育を行うのに対して、反復型とは、雇入れ時教育のように毎年定期的

---

[7] 「設計技術者、生産技術管理者に対する機械安全に係る教育について」（平 26.4.15 基安発 0415 第 3 号）、「小売業及び社会福祉施設の安全衛生管理担当者に対する安全衛生教育について」（平 24.3.22 基安発 0322 第 2 号、基安労発 0322 第 5 号）等

に行うもの、複数回の日を空けて実施し、その間に職場での実践を組み込むような研修スタイルをいう。

　反復型の場合、1回目の開催と次回の開催の間に、インターバルが設けられるので、課題を出したり、現場での実践などを組み込み、そこで得た成果を次回の研修に持ち寄る、といったことが可能となる。

　なお、通達によれば、安衛法第59条、第60条等法令等に基づく安全衛生教育については「労働者がその業務に従事する場合の労働災害の防止を図るため、事業者の責任において実施されなければならない………略………安全衛生教育については所定時間内に行うのを原則とすること。また、安全衛生教育の実施に要する時間は労働時間と解されるので当該教育が法定時間外に行われた場合には、当然割増賃金が支払われなければならないこと。」(昭47.9.18基発第602号)となっているので注意されたい。

④　Where（場所）

　一般に研修は、社内または近隣の社外施設などで行われるが、あえて、日常とは切断するために、企業のマネージャー、上位層研修などでは、人里離れたリゾート（保養所）に入って、研修を行う場合もある。

　研修場所は、コストに最も影響を与えるものであるが、予算が限られている場合、オフィス内の会議室や工場内の打合せルームであっても、現場の工夫次第で、場の雰囲気を変えることができるので検討することが大切である。

⑤　Who（担当者）について

　特別教育等の法令等に基づく教育では、通達等で「十分な知識・技能を有する者が実施」することになっている。特別教育等では「特別教育インストラクター」が、職長教育では「RSTトレーナー」が、それ以外の教育では、安全管理者、衛生管理者、産業医、産業保健スタッフや職長教育を終えた作業主任者、作業指揮者、特別教育インストラクター、RSTトレーナー等が行うことが多い。

　もし内部に適切な講師がいない場合は、労働安全衛生コンサルタント等外部の講師を依頼するなど、教育（研修）の効果の上がる講師を選任することが求められている。その場合は、担当講師と目的、目標、手段等を十

分打ち合わせないと、所期の目標を達成できないことがあるので注意する必要がある。

⑥ Whom（教育対象者）について

教育ニーズを明確にすれば自ずと明らかになる事柄であるが、対象者選出基準が必要な場合もある。

法令・通達等で定められている教育の場合は対象者がほぼ定められているので特定されるが、例えば新規の法令・通達等で対象者がきわめて多くなる場合がある（リスクアセスメント、OSHMS、腰痛予防教育、ストレスチェックチェック制度等）。そのように教育負荷が極めて高くなる場合は、その重要性、緊急性、経済性を勘案し、教育対象者の選定基準を含めた受講計画を策定する必要がある。

それ以外の研修でも、漫然と「中途採用者」などという一般的な対象者の選定でなく、例えば「入社3年以内の、中途採用者で、海外勤務をしていない者」といった具合に、なるべく対象者を絞り込むことが肝要である。「宛先のない教育」ないし、「宛先が不明瞭な研修」は、生まれながらにして、効果が出せない運命にある。

また、従来は公平・公正な研修であったのに、経費削減のためか選抜の名の下での教育訓練の機会の縮小、あるいは転勤奨励のニュアンスの強い日本的エンプロイアビリティ研修は、結果的にはワーク・エンゲイジメントに反し、結局は企業への忠誠心（ロイヤルティ）を失わせマイナス効果を生んでいる。

⑦ How to（どのように）

教育方法は、対象者の特性、教育内容を踏まえ、教育目的・目標を勘案して、的確なものを選択する。

教育方法の種類・特徴等については図表1-18にまとめたが、講義法、討議法については第Ⅳ編で詳述する。

⑧ How much（予算の規模）

市販のテキストを使用する場合、外部の施設を利用する場合、外部の講師を活用する場合は当然費用がかかるので、予算についても確認が必要である。

なお、前記③の通達では、「法第 59 条、第 60 条等の教育を企業外で行う場合の講習会費、講習旅費等についても、この法律に基づいて行うものについては、事業者が負担すべきものであること。」となっている。

多くの企業では、昼食弁当の手配も行っており、予算の計上は研修成功のためには必要不可欠な事項である。

（2）計画策定時の留意点

① 当該教育の教育要件を標準化すること。

社内規定等により教育要件について、標準化することが大切である。標準化の狙いは、次の2点である。

ⅰ）第1に、当該教育の継続性の確保のため

当該教育の継続性を確保するニーズがある場合には、教育要件の標準化は必須条件となる。社内規定などで標準化されていない教育は、教育を計画した担当者の属人性により、その運命は左右されかねない。特に企業独自のニーズにより計画された教育はその傾向が強くなる。当然、単発的な教育も存在するが、継続的に実施したい場合は安全衛生委員会等フォーマルな機関で規定化・標準化を決定すべきである。

ⅱ）第2に、事業場、所属間の整合性確保のため

教育の整合性、均等性の確保の上でも、標準化、規定化は避けて通れない。これらがなされていないと、本来教育がなされるべき所属であるにもかかわらず実施されない、あるいは地域によって実施されない、実施されても内容がバラバラで統一性がないなどの可能性が生まれかねない。

また、講師の教育水準の確保の上からも標準化は重要である。当該教育に法的根拠があっても、教育内容の実効性を確保するためには、社内規定等によりカリキュラムやテキスト、教育方法等の標準化が望まれる。

② 当該教育の権威を高めること。

当該教育の実施に当たり、できるだけ上位者（社長、安全衛生担当役員、工場長等）の参画を求め、当該教育の権威を高める努力が必要である。このニーズは、受講者、講師、教育計画担当者と、当該教育に関係するそれ

それの立場により要請される。

ⅰ）受講者の立場から

　企業の力の入れ具合を感じ取り、受講する意義を高く感じることができるため、受講態度の向上が期待される。

ⅱ）講師の立場から

　企業のトップ等の上位者が参画している場合、例えばそれが開講の挨拶であっても、受講者の動機づけがなされ受講態度が向上するため、講義がきわめてやりやすくなる。

ⅲ）教育計画担当者の立場から

　時間、場所、受講者の募集等、教育（研修）計画立案に際し、担当者の実務的負担が軽減できる。一番大きな効果は、受講者の募集面にある。当該教育の権威について、関係者の認識が高ければ、その実施について反対する者はなく、計画の遂行が容易になる。

　例えば、全社共通の教育をするにあたって、社長名の招集通知と、人事（総務）課長名での招集通知では、いずれがインパクトがあり効果があるかは歴然である。

2．教育の実施について

教育の実施段階で担当講師が考慮すべき事項は次の3点にある。

1 必ず準備・策定しなければならないものとして
「**教育指導案**」と「**教材**」の策定

2 講師が講義中に考慮すべき**プレゼンテーション技術**

3 **指導技法**（8原則、4段階法）

以下、それぞれについて述べる。

（1）指導案（学科・実技）の準備

指導案[8]とは、カリキュラムに決められている教育事項の一単位の科目を、教えやすいようにその内容と方法をよく検討して、予定時間内に教育が完了するように整理してまとめたものである。

言い換えれば、講師が「何を」「どのように」教えるかをまとめた要領書で、一口で表現すれば、講師にとって教育の「アンチョコ[9]＝虎の巻」であり、その作成は必須条件である。したがって、指導案は担当講師自らの手で作成し準備することが原則である。なお、指導案の作り方については、第Ⅲ編で詳述する。

次に指導案作成のための留意事項をあげると、次のものがある。
① 指導案は受講者の既有能力を考えて作成すること。
② 指導案の内容は、学習しやすいように段階的に具体的に作成すること。
③ 講師は自己の教育能力を考えて指導案を作成すること。

---

8 指導案：建設業労働災害防止協会等では指導要領といっている。
9 アンチョコ：〔「安直」の転〕教科書に解説を加え、練習問題の解答を載せた手軽な参考書。自習書。虎の巻（大辞林）

④　教育は教育スケジュールにより時間的な制約を受けるから、その時間内に完了するよう工夫すること。
⑤　教育の内容はできるだけシート、チャート、プレゼンテーションソフトなどを利用して学習者の負担を軽くすること。
⑥　教育にDVD、ビデオなどを用いるときは、事前にその内容の概要と所要時間を解説するよう作成すること。
⑦　作成した指導案は事前に演技（模擬講義）して、その結果によって内容の変更、追加、削減しておくこと。
⑧　指導案は作成者自身のものであるから、自分で活用しやすいよう作成すること。
⑨　指導案の内容は教育の原則（8原則、4段階法もしくは3段階法）を基本にして作成されることが望ましいこと。
⑩　指導案は道路の標識や案内図のようなものであるから、迷わないで活用できるよう作成すること。

　指導案の作成と指導案に基づく講義は大変やりやすいが、下を向いてしまうので、受講者の状況がよく見えない。
　そこで筆者は、ＰＰＴのスライドに、指導案の一部を記載し上映して講義をしている。例えば、テキスト○ページ（1）を通読する。テキスト△ページを輪読させる、等々である。
　しばらくぶりに講義するときは重宝するし、受講者も今何を行うかが分かりまごつかないというメリットもあるので活用されてみたらどうか。

（2）プレゼンテーション技術について

①　プレゼンテーションとスピーチの違い
　　スピーチ（speech）は、スピーク（speak）の名詞形である。まさに「話す」こと自体に重きが置かれている。どちらかといえば「おしゃべり」に近い概念である。もちろん、聞き手（相手）の存在も想定されてはいるが、それ程重視しているわけではない。
　　一方プレゼンテーションの語源は、プレゼント（present 贈り物）をす

ることからきている。「それはまさに聞き手に対する『知のプレゼント』であり、話し手は聞き手のために最高の贈り物を用意しなければならない。品物のプレゼントの善し悪しを決めるのは、それを『もらった人』である。それと同じように、プレゼンテーションは『聞き手』がその成否を決める。このような考え方のもと、とことん『聞き手本位』の姿勢を貫いたスピーチをプレゼンテーションと呼ぶのである。」(大島武「プレゼンテーション概論」)

また、プレゼンテーションをする人を一般にプレゼンターといい、安全衛生教育(研修)を行う講師も、このプレゼンターなのである。

② プレゼンターの心構え

プレゼンターは常に、以下の3つの点について心掛けておかなければならない(大島武「プレゼンテーション概論」を参考にした)。

ⅰ) 聞き手は神様

例えば、RSTトレーナーが社内の新任職長に安衛法第60条に基づく職長教育を実施したが、受講者のアンケートの結果、「よく理解できなかった」という評価を得たとしよう。このとき「私の講義(プレゼンテーション)は完璧でしたが、受講者の知識が不十分で、かつ勉強する意欲がなかったようで………」というような言い訳が、安全衛生委員会等で通るであろうか?

講義(プレゼンテーション)では、聞き手こそがお客様であり神様である。どんなに周到な準備をして臨んでも、聞き手(受講者)に受け入れられなかったら意味はない。知識の足りない受講者にも分かるようにレベル設定を考え、聞く気がない人にも聞く気にさせるような話し方の工夫をしなければならないのである。

失敗の原因を受講者に求めたら、その時点でプレゼンター失格である。受講者に自分に合わせてもらうのではなく、講師が受講者のニーズやプロフィール(現状)にとことん合わせる、この心構えを忘れてはならない。

ⅱ) 目的と条件の確認

講義(プレゼンテーション)には前述(第Ⅰ編3(6)(7))したとおり目的と目標がある。具体的な準備に入る前に、もう一度何のために

講義するのか、どこまで教えるのかという目的・目標をハッキリさせなければならない。それが動機づけに重要な部分でもある。それを指導案の「目標」の欄に記載するわけだが、これはなるべく「ワンフレーズ」の短文の形でまとめると良い。

　目標が明文化できたら、次に、与えられている条件を確認する。講義時間（持ち時間）は何分か？　テキストは使えるのか？　場所はどこか？　グループ討議は可能か？　プロジェクターは使用できるか？　受講者は何人か？　受講者と自分の関係は（初対面か、ある程度知っているか？）。

　こうした種々の状況をはっきりさせ、この状況の下で目標が達成できるかを検討する。すなわち目標と条件を天秤にかけて、成功の可能性を探るのである。

　持ち時間が 30 分で、初対面の受講者が 15 名[10] とする。このような状況で自分の主張、言いたいことをすべて納得してもらうのは難しそうと判断したら、受講者でもある程度予測が可能な教育「目標」については、ワンフレーズで伝えるか、資料として配布しておくなどして短縮をはかる。

　いずれにしろ、無理をしすぎると良い事はない。また、無理かもしれないと不安に思いながら講義すると、緊張感から、失敗する確率が高くなる。この条件でなら、しっかり準備すれば必ず目標を達成できる、そう確信したら、そのことを指導案で整理し、講義（プレゼンテーション）に臨むことが大切である。

ⅲ）時間管理

　与えられた時間を大切にし、過不足なく有効に使う。これも講義（プレゼンテーション）の大事な鉄則である。一般に話慣れていない人が公の場で話をすると、間がもたず短めになる傾向がある。逆に、パブリック・スピーキングや講義に少し自信のある人（中級者）は、あれもこれもと内容を欲張り、全体に長くなり時間内に終わらない傾向にある。

---

[10]　職長教育は通達で「15 人以内の受講者をもって 1 単位とする」（昭 47.9.18 基発第 601 号の 1）とあり、安全管理者選任時教育については「おおむね 30 人以内とする」（平 18.2.16 厚生労働省告示第 24 号）との規定がある。なお特別教育には特段の規定はない。

プレゼンテーションの上級者は決して話を延ばしたりはしない。「60分のお時間を頂きまして、○○の説明をさせて頂きます」と冒頭で聞き手との時間を約束して、必ずこれを守る。

時間はあらゆる人に1日24時間、平等に与えられている。その貴重な時間を使わせてもらうのだから、5分たりともいい加減にしてはならない。「あなたの時間を大切に思っていますよ」というメッセージを発することは、人に対して話すときの基本的なエチケットなのである。

（3）プレゼンテーションでの表現手段の選択

プレゼンテーション（講義）では一般に大きな声でゆっくり話すのが良いとされている。しかしこれは表現技術のほんの一部で、その他にも身ぶりや姿勢、話すときの表情、受講者と講師と距離、資料を出すタイミングなど、多くの要素がある。話す場合は、一つの技術に頼りすぎるのではなく、全体のバランスを考慮することが重要なのである。ここでは、基本の3つの表現手段を整理する。

① 口頭

どのようなツールや技を使おうと、プレゼンテーションの基本は、言葉を使っての「話」である。この話し方は、最もプレゼンターの人格や技術が表れるもので、最終的にプレゼンテーションの上手下手の決め手となるが、話し手本人が「できていない」という自覚、認識を持てない点が問題である。

東京安全衛生教育センターでは、模擬講義をさせた後、コメンテーター（他の受講者）からのコメント、指導教官からのアドバイス等を受けて気づいてもらっているが、上手にプレゼンテーションをするためには、適切な講評、フィードバックが必要となる。

また口頭の表現の中に、テキストの通読がある。テキストを通読する場合は、できるだけ講義室（教室）内を歩き回る方が良い。なぜなら、講師がそばにいると受講者も緊張してテキストを読むだけでなく、居眠り、脇見等が防げるからである。

2. 教育の実施について

　ただし、通読だけでは飽きられるので、時々は受講者を指名して通読させる（これを輪読という）のも緊張感を高める。その際、講師は必ず通読（輪読）している受講者のそばで聞くのがマナーにかなっている。決して、教壇の方から、指差しして指名しないようにしなければならない。なお、受講者に通読（輪読）してもらった場合は、必ず「有り難うございます」とお礼をいうことを忘れてはならない。

② レジュメ

　「あがり性です」と断ってから話す慎重派や、経験と技術の少ないプレゼンターに向いているのが、レジュメを活用した講義である。レジュメは何よりも、事前に十分時間をかけて作成・推敲できることと、レジュメに沿って話をすることでタイムマネジメントがしやすいことが大きな強みである。そして、準備をしたことにより講義に落ち着きを与え、経験不足も一定程度補える。また当日会場で、機器操作も不要であるし、(注)とか（参考資料）の項目を設けてあれば、話し方の不足分や時間の不足分をも補ってくれる（時間があれば説明し、時間がなければ説明をカットすればよい）。

③ パーソナル・コンピュータ（PC）

　PCとプロジェクターを使ったプレゼンテーションはパワーポイント（以下「PPT」という。）等の簡便なソフトができ、従来のオーバーヘッドカメラ（OHC）やオーバーヘッドプロジェクター（OHP）を席巻し、最近のプレゼンテーションの主流を占めている。その長所はアニメーションを駆使することもでき、美しく臨場感があり、聞き手はスクリーンを見るだけで、しかも分かりやすい。

　ただし、人間の記憶力は見るだけでは時間の経過とともに衰えてしまうので、重要なところ、数字、グラフなどは資料として配布しなければ講義の効果は薄れてしまう。

　また、スライドの分量についても、あまり多すぎると、受講者はめまぐるしくスライドが飛ばされていくのを見せつけられるだけとなる。これは、聞き手を無視もしくは軽視した、悪しきPPTの使用方法である。

以上の３つの表現手段をどう使い分けたら良いであろうか。

第1は、時間との関係である。3分程度の自己紹介や簡単な挨拶などはメモか口頭だけで行う方がすっきりする。一方、聞き手の立場からすると、資料も何もなしで長い時間、他人の話を聞き続けるのは辛い。10分以上のプレゼンテーションの場合は、必ず何らかの視覚資料を用意するよう心掛けると良い。また、テキストを使用した場合で配付資料等を用意できない場合は、ホワイトボードや黒板を用意し、重要事項、補足事項を板書するのが良い。

　第2は、目的・目標との関係である。「情報提供型」プレゼンテーションの場合は、聞き手に情報が正確に伝わらなくては意味がない。聞き違いや忘却を防止するのに威力を発揮するのがレジュメと資料である。

　一方、聞き手の心を動かすことが重要な「説得型」には、インパクトのあるＰＰＴ資料が欠かせない。また「好感獲得型」の場合は、プレゼンター自身の人柄をアピールする上手な話し方（口頭表現）が何よりも大切になる。

　また、前述したとおり、ＰＣのスライドを利用しながら、同時にレジュメを配るのが、丁寧で喜ばれるプレゼンテーションといえるだろう。ただし、スライドの枚数が50枚程度を超えるような場合は、もらった方も取扱いに苦慮することがあるので、なるべく50枚程度に収めるよう抜粋し、要点、重要度の高いもの等に絞り組む方が良い。

　ただし、参考資料も含むなら50枚にこだわる必要は無い。

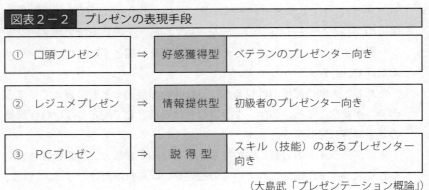

（大島武「プレゼンテーション概論」）

（4）自分がどういうタイプかを見極めてプレゼンテーションを行う

「話すことは人柄である」とよくいわれるが、その人・その立場・その状況・その場に適した話し方をすることは本当に難しい。話し方は、学識と常識、生活態度や生き方そのものを問われることがある。自分の得手・不得手を認識し、自分に合ったプレゼンテーションの技法を選択し活用することが、プレゼンテーションを成功させる秘訣である。

① 得手・不得手

人は誰でも自分が得意なことは上手にできるし、楽しい。一方、不得手なことはあまりしたくないし、上手にできない。これは話し方でも同様である。自分の話し方について、同僚や先輩に、コメントをもらい、得意なこと・上手なこと・よくほめられること・自慢できることを書き出してみるとよく分かる。それをよく何度も読み返して、自分自身で、その得意なこと、上手なことを信じ込み、そしてそれをさらに一層伸ばすように心掛けることが肝要である。

「大きくてよく通る声だ」「歯切れの良い言い方だ」「ゆったりとした話し方だ」「明るい話し方だ」「リズム感のある話し方だ」「間の取り方がいい」など、今まで他の人からコメントされた話し方に対する評価を思い出してメモにしてみると、意外に自分の中の宝物を見逃していることに気づく。良いところを見つけ、それらを強調して活用していけば、自信を持った自分らしい話し方ができるようになる。その話し方にこそオリジナリティがあり、かつアピールする話し方である。

一方、不得手のことも明確に認識しておく必要がある。不得手で上手にできないことは初めから避けておくべきである。マイナスの評価となることを意図的に減らしておくのである。声が小さいなら、どんなに小さな会場でもマイクを使う。滑舌の悪い人は、いいにくい言葉はいいやすい言葉に置き換える。字が下手ならホワイトボードを使わないよう必要な資料を配付しておくなど、自分自身の不得手を知れば、予め対策をとることができる。そして得意なものと組み合わせていけば、不得手の部分はそれほど気にかけないでプレゼンテーションをすることができるようになる。

RST講座で筆者が受講者に役割演技で使用させているコメントのポイントを図表2-3に、話し方のチェックリストを図表2-4に掲載する。

図表2-3　コメントのポイント（肯定形で）

話し方	態度
①簡潔明瞭か、くどいか	①熱意は、力強さは
②ユーモアがあるか、切り口上か	②落ち着きは
③会話調か、講義風か	③親しみ易さは
④声の抑揚（イントネーション）は	④ボディランゲージは
⑤声の大小は	⑤アイコンタクトは
⑥速さ、間の取り方は	⑥目立つクセは
⑦その他気の付いたこと（指導案等について）	

※最初はほめて、それから気の付いたことを述べること。

図表2-4　話し方のチェックリスト

	高さ	大きさ	滑舌	明るさ	速度	リズム感	イメージ
例	高い	中位	やや悪い	やや明るい	やや早口	あまりなし	さわやか
自分							

（大島武「プレゼンテーション概論」）

② 性格

性格によっても話し方が異なる。気が短い人は総体的に早口になる傾向がある。気の弱い人は自信のなさからか、つい小さな声で話をしてしまう。この場合、自分の良い点は大きく前面に出し、マイナス面は何らかの工夫で補うようにするか、できるだけマイナス部分を感じさせないような工夫をすることが必要である。

一般に早口の場合は身体を縮め前屈みで話すので、背筋を伸ばし遠くを見るようにするとか、テキストを使う場合には「ここで一呼吸」とテキストに印を入れたりしておくと良い。

小さな声の場合はマイクを使うという手もあるが、「後ろの方、聞こえ

ますか」と確認し、「もし聞こえなくなったら手を挙げて合図してください」というお願いをしてからプレゼンテーションに入ると良い。

　プレゼンテーションでは、プレゼンターに対する信頼が成果に直結する。だからこそ、誠実で思いやりのある性格など、人柄が自然とにじみ出てくるよう日頃から注意しておかなければならない。

③　表現と表出

　自分の得手・不得手、性格の特徴を把握することが、プレゼンテーションを行う上で重要であることは前述したとおりであるが、もう一つ注意しなければならないことは例え得手・得意な個性・らしさでも「そのまま」出して良いかはTPOによるということである。

　自分の内にあるものをそのまま出すことを「表出」[11] という。例えば「学校で嫌なことがあって、その愚痴を親友に話したら、すっきりした」というのが「表出」である。この場合、話し手が自分の言いたいことをそのまま言ってストレスを解消したわけで、聞き手である親友の立場や気持ちはあまり考えていない。

　しかし、プレゼンテーションの場合は前述したとおり「聞き手は常にお客様であり神様である」から、「表出」は避けなければならない。自分の個性を生かしつつ、相手にどのように受け止められるか十分に考えながら話す「表現」が求められるのである。

(5) 話し方について

①　「ゆっくりめ」を心掛ける

　人が1分間に受信できる情報量は、文字数に換算すると、話す・聞くといった音声による場合300字〜400字であるといわれている（「相手の耳に心地よく聞こえるスピードは、1分間あたり266文字という説もある」佐藤綾子）。したがって、1分間話すためにはこの程度、つまり、全

11　表現と表出は別物で、表現は「自分のアウトプットがどれだけ相手に伝わったか」に基準が置かれるのに対して、表出は「自分がアウトプットすることで自分がどれだけスッキリしたか」に基準が置かれる。ただの表出（自慰行為）を「これが私の表現です」と勘違いしている人は、結構多い気がする（「いばや通信」坂爪圭吾）。

体にややゆっくりめに話すことを心掛け、早口にならないようにする。

特に、自分の得意な分野、よく知っている分野を話すときは、とかく早口になりやすい。一方、聞く側が初めて聞く内容については、頭の中で構成したり、類推したり、解釈したりしながら聞くので情報の処理が遅くなり、早口で言われるとついていけなくなる。

また、スピードが速すぎると、聞き手は話し手に対して興奮、緊張、怒り、騙している、といった感情を抱きやすい。聞き手に対し説得、説明、論証を目的とする伝達の場合は、ゆっくりめの話し方が良い。

ただし、最近の若者の会話はかなり速い。若者が多い雇入れ時教育などでは、普通のスピードでも十分と思われる。ゆっくりだと、老けているように見え、イライラさせる場合もあるから、講義の途中で反応をみながらスピードを変えるテクニックも必要となる。

② 原稿の棒読みは避ける

プレゼンテーションの実施に当たり、絶対にしてはならないことは原稿の棒読みである。原稿を読み上げるプレゼンテーションほど、聞き手にとって退屈で説得力のないものはない。完成原稿をあえて作らず、メモを用いるのは有効な方法である。

テキストの通読でも、抑揚、間がない話し方、コメントや補足のない講義では飽きられる。段落で一呼吸しアイコンタクトを入れたり、板書したり、アンダーラインを引かせたりというメリハリを付けることが大切である。

指導案の「教育実施時の注意」欄に、その旨のコメントを記載しておくのが良い。

③ イントネーション

イントネーションとは、話し言葉での、音の高低を意味する。抑揚あるいは音質といわれる。楽しさを伝えるには明るい高い音質で、悲しく暗い話は、低く哀しそうな音程で話す。イントネーションの違いによって、ニュアンスが変わり、話し手の感情を伝える役割がある。

イントネーションの基本は、上昇調と下降調の2つがある。少しずつ山場を作ったり、だんだん暗く・哀しくしていくやり方が効果的である。

プレゼンテーションのメモや指導案には、赤字で矢印（↑　↓）などの記号をしるすのが良い。

※【聞き手に感情の高まりを伝えたい時】↑または（ ↗ ）
※【聞き手に静かに語りかけ、注意をひきたい時】↓または（ ↘ ）

④　プロミネンス

　話し手が、プレゼンテーションの中で、その気持ちや事項をはっきりと伝えたい時は、その部分をより明確化したり差別化したりしなければならない。それを、プロミネンスといい、日本語では「強調」とか「卓立(たくりつ)」と訳されている。

　身振りや手ぶりなどの非言語的方法（後述）もあるが、話し方におけるプロミネンスの技法を理解しておくことは大切である。スピーチメモや指導案あるいはテキストには、アンダーラインやカラーマーカーを引いておくと良い。

● 声調：強調したい内容を、特に大きな声で話すなど声の調子を変化させる。
● 繰り返し：強調したい内容を繰り返し話す。あるいは、プレゼンテーションの最初と最後の両方で話すなどして、聞き手に印象づける（大事なことは繰り返しが大切）。
● 直接的表現：聞き手に直接語りかけるような表現方法。「これが最も大切な点ですが………」「今から話すことに注意してください。………」などが一般的である。

⑤　ポーズ（間）

　内容の切れ目や聞き手に注意をうながす際、また聞き手に考える時間を与えたいときなどは、ポーズ（間）をとる。ポーズを必要とする場面には、以下のようなものが考えられるので、意識して使用するのが良い。

● 内容的区切りの明確化のためのポーズ
　　話の内容が変化するときや、「しかし」「つまり」「たとえば」などの接続詞を述べた後に意図的に間をとるとよい。いったん言葉が句切れることで、聞き手に話題の変化や内容の展開について予測させることができ、それだけ分かりやすさにつながる。

- ● 聞き手に考える時間を与えるポーズ

　質問的な表現や呼びかけ的表現をしたときにも、間をとる。聞き手に理解を深めたり、判断や思考をうながしたりするための心理的な効果がある。また、聞き手に資料の該当ページを開いてもらったり、スライドに目を通してもらったりするときは、当然、時間的余裕を与えなければならない。このようなときは、聞き手の様子を見ながらペースを決める。

- ● 聞き手の注意を引くためのポーズ

　話の途中で一呼吸の間をとることにより、話し手への注意を喚起し、話の内容に注意させることができる。テキストの通読の場合によく使われる。前述のプロミネンスの技法と組み合わせれば、より効果的である。

- ◎ 少なくとも7秒間

　どれくらいの間をおくのが最も良いかであるが、「7秒間」という説がある（「プレジデントオンライン」矢野香 2016.1.28）。話している人にとっては、黙っている"間"の時間は実際より3倍の長さに長く感じ、聞いている人にとっては3分の1の短さに感じられるという。これを「3分の1と3倍の法則」という。

　たとえば5秒間黙っていると、話し手にとっては3倍の15秒に感じるが、聞き手にとってはほんの1.6秒から2秒程度にしか感じられないということになる。

　だから意識して間をおくためには（間として相手側に感じさせるためには）、7秒間が必要になるというのである。

　そして、強調したいとき、事項の前後に間をおくのが効果的である。句読点の句点である「テンで7秒間黙る」。その時、アイコンタクトをし、場合によっては歌舞伎の「見栄」のように一点を見据えて、我慢して黙ってみることが重要である。

　「ここだけの話ですが、（間）今決めていただければ、（間）半額に値引きいたしましょう」と強調したい「今決める」の言葉の前後に、グッと黙ってみるのである。

　しかし、実際に7秒間の間を持つのは、講義時間に相当のゆとりがある場合に限ると思われる。特に筆者のような年齢では、7秒間も間をと

ると、「言うことを忘れたのではないか」「認知症にかかったのではないか」とあらぬ心配を掛けかねない。やはりこれもＴＰＯと経験で適切な間の時間を自分で探すしかないであろう。

> 間を組み合わせた例
>
> 　「鯨は、馬と同様に、哺乳類なのです。」を話すとき
> 　……まず、「鯨は」と多少絶叫調の大きな声を発する。聞き手の多くは「あれ？」と思う。
> 　そこですかさず、小さくソフトな声でゆっくりと「馬とおなじく」と話す。
> 　もう一度間を置いて、自信に満ちたゆっくりとかつハッキリとした口調で会場をみまわしながら「哺乳類なのです」と断定的にしめます。
> 　そうすることにより、聞き手を妙に納得させることができる。

（安河内哲也「できる人の教え方」）

　しかし、筆者の経験上、講義中に何回もこれを使うのはかなり疲れる。

⑥　アンダーライン、穴開けの活用

　衛生管理者受験準備講習など受験のための講習では、アンダーラインを引かせるのがよい。筆者は、過去問の傾向から、出題確率60％以上の部分を太アンダーライン、確率30〜59％を中アンダーライン、それ以下を細アンダーラインと区別して引かせている。

　また、学生に対する講義では、居眠りや横見、おしゃべりがとかく多くなる傾向にあるので、ＰＰＴスライドを使うときは、アンダーラインを引かせるより、重要事項の単語や文章を白抜きにして、スライドを見ていないと（講義を聞いていないと）資料だけでは試験問題に解答できない、というやり方をとっている。

　20：60：20という原則があるそうである。つまりどんなに立派な講義やプレゼンテーションでも、それを真剣に聴いている人が20％、なんとなく聞いている人が60％、そして白河夜船や講義を事実上聞いていない人が20％いるそうである。筆者の感覚では、自費で参加している研修やセミナーには当てはまらないが、無料の研修・セミナー、会社の経費で参加している人、そして学生にこの原則が適用するのではないかと思う。

そのためには、この後述べる、ノンバーバル・コミュニケーション等を駆使して、面白く興味をわかせるプレゼンテーションづくりに努力すべきであるが、いざというときはアンダーライン、穴埋めというテクニックも活用すべきだと思う。

なお、穴埋めで白紙部分が多いと、受講者が資料に書く時間がかかるので、講義はその分の配慮をしておかなければならない。

⑦ その他、プレゼンテーションで注意すべき事項

話を聞きにくいと思うワースト5は、第1位、「声が小さい」、第2位、「早口」、第3位、「語尾不明瞭」、第4位、「アクセント」（方言）、第5位、「声質」であるといわれている。

どんなに内容の良い話をしても、蚊の鳴くような小さな声でボソボソ話していたら聞いてくれない。発声、発音、声のトーン、スピードに気をつけて、さわやかな声で、ゆっくりめに、歯切れよく話すことが肝要である。

そのためには、自分のプレゼンテーションを録音して聞く、上司、先輩、同僚、場合によっては部下からもコメント等をもらい、受講者のアンケートに謙虚に耳を傾け、学習・訓練していくしかない。

ただし、最初からうまく行くはずもない。多少の失敗にはクヨクヨせずに、次回に向けて努力することが必要である。

（6）ノンバーバル・コミュニケーションについて

コミュニケーションは、（5）で述べたバーバル・コミュニケーション（verbal＝言語によるもの）と、ノンバーバル・コミュニケーション（non verbal＝言語によらないもの）に分けられる。バーバル・コミュニケーションは、声の大小、声の高低を含めた会話、文字、印刷物などのコミュニケーションで、ノンバーバル・コミュニケーションは、顔の表情、身振り、服装、アイコンタクト、対人距離など、言葉以外の様々な要素によるものを意味する。

① ノンバーバル・コミュニケーションの大切さ

講義における講師の態度・アイコンタクト等は、教育効果への影響が大きく、注意を要する。講師が自信なさそうに弱々しく話しているようでは受講者は受け入れず、受講者の関心を引きつけることは困難である。

日常の生活の場面でも、下を向いて小さな声で「君に会えてうれしい」と言ったとしても、相手には言葉どおりには意味は伝わらない。この場合、言葉の表現は「うれしい」であったとしても、実際には「うれしくないんだな」と相手は感じ取るだろう。

　話し手が聞き手に与えるメッセージでは、特に感情を伝えるときはノンバーバル・コミュニケーションの意味と効果が大きい。

　A．メラビアンによれば、相手に自分の好意を伝達するときの影響度は、顔の表情が55％、声の調子など話し方の部分が38％、言語そのものの持つ意味は7％であったという。これをメラビアンの法則（「好意の総計モデル」としている説もある）という。話し方や表情などのノンバーバル・コミュニケーションがいかに重要かを示している。

　メラビアンの法則によれば、ⅰ）話の内容7％、ⅱ）話し方（声・スピード・ボリューム・テンポ）38％、ⅲ）ボディランゲージ（身振り・手ぶり・顔つき・視線・外見・服装等）55％ということであるが、非言語コミュニケーション（ⅱ＋ⅲ）が92％で、話の内容がたったの7％であるといっている。

　つまり、相手に好印象を与えるか否かは、話し方とボディランゲージでほとんど決まってくるということを意味している。「見た目」の印象が第一で、そんなに話し方に気を遣いすぎる必要はない。

図表2－5	メラビアンの法則

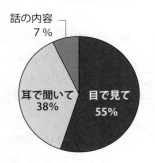

- 声の感じで、「maybe」（かもしれない）といった分がどの程度、「そうかもしれない」か、を判断する実験で、力強い口調の場合は、普通の口調よりも、「そうかもしれない」と感じたということが立証できたという実験だといわれている。
- 感情や態度について矛盾したメッセージが発せられたときの人の受けとめ方について、人の行動が他人にどのように影響を及ぼすかというと、話の内容などの言語情報が7％、口調や話の早さなどの聴覚情報が38％、見た目などの視覚情報が55％の割合であった。この割合から「7-38-55のルール」ともいわれる。
- 「言語情報＝Verbal」「聴覚情報＝Vocal」「視覚情報＝Visual」の頭文字を取って「3Vの法則」ともいわれている。
- アルバート・メラビアン（Albert Mehrabian、1939～）はアメリカ合衆国の心理学者。

なお、メラビアンはその後、「データが完全に独り歩きしてしまった」とカーマイン・ガロに語っている。メラビアンが明らかにしたかったことは、「我々が感情的なメッセージを伝えるときに、声の調子やボディランゲージがメッセージと調和あるいは一致していないと誤解される可能性がある」ということだそうである（カーマイン・ガロ「ＴＥＤ驚異のプレゼン」）。

② ボディランゲージ

身体の動きや表情を視覚的に見せてメッセージを与えることをボディランゲージ（身体表現）という。ジェスチャー（gesture：身振り）がその主たるものだが、歌舞伎の「みえ」のように、動かないまま一定のポスチャー（posture：姿勢）を見せることも一種のボディランゲージである。ジェスチャーについては、以下のように分類できる。

● 例示的………何かを指して聞き手の注意を引く。左右、上下などの方向、位置を示す。背伸びやしゃがんだりする場合もあるし、足踏みする場合もある。

（例）右手で軽い握り拳をつくり左胸の上におく仕草は、約束や誓いを表す「表象動作」（エンブレムズ）といい、「絶対お約束します」「誓いました」「祈っています」というシンボルになっているおり、選挙活動などでよく見られる。

● 写生的………大きさや長さなどを示す。両手を広げたりして表現する。

（例）差し棒を伸ばしてクレーンのジブのイメージを示すなど。

● 数量的………数や量などを示す。指で数字を示したりして表現する。

（例）数を表すときは、指を立てる。指を折り曲げて数え得るのは日本独特の仕草。

● 形態的………形や様子などを示す。空間にその形などを描くようにして表現する。

（例）ＩＯＣ総会委員会での安倍首相のプレゼンテーションで、「原発の汚染水は完全に制御されている」（アンダー・コントロール）といいながら、両手の手のひらで水面を下に押しつけるような動作した。このボディランゲージで「ちゃんと押さえ込んでいる」という言葉を

補強したのである。パフォーマンス心理学では「補助動作」といい、これを上手に使うと、言葉の意味が強まり、まさにメラビアンの法則を地で行く仕草となる。
- 象徴的………間接的にあるものを表象して示す。
　（例）Ｖサインやガッツポーズなど。林修氏の、右手のひらを水平に伸ばして「何時(いつ)やるか？」「今でしょ」や滝川クリステルのＩＯＣ総会での「お・も・て・な・し」もこの部類に入る。

　なお、身体を揺すったり（貧乏揺すりなど）、手を震わせたり、メガネをもてあそんだり、差し棒（指示棒）を伸縮させたりするなどの無意識な身体的動作は、精神の不安定や不快感を聞き手に与えかねないので避けるべきボディランゲージとなる。ボディランゲージは、あくまでも意識的なものであることを自覚すべきである。
　ボディランゲージは、声質や言語的表現を補ってくれる重要なコミュニケーション手段である。プレゼンテーションでは、メリハリをつけた動きをすることで、伝達事項や話し手の感情を視覚的に表すことができる。なお、話の内容と動作が一致するようにしなければ混乱させる。理解を助ける動作、感情の表現を助けるジェスチャーにすると効果的である。
　また、手を使う場合は、胸の位置から相手側に、手を差し伸べるようにして、相手に働きかけているということが分かるようにすると良い。
　ただし、日本人は、あまり派手なしぐさを好まない傾向があることも確かなのでＴＰＯも考える必要がある。例えば、学会での研究発表の場合は、身振りを抑制した方が落ち着いて誠実に見えるし、就職面接の時もあまり使わない方が好感度があがるようである。いずれにしろ、ボディランゲージはプレゼンテーションの主旨や、バーバル・コミュニケーション、その他のノンバーバル・コミュニケーションとも調和させて用いなければ、その効果は半減する。

③　アイコンタクト
　「セミの先生」とあだ名されていた先生がいた。講義中全く受講者をみないで、黒板に向かって板書している先生のことである。また講師が終始、

下を向いてテキストを棒読みしたら受講者の反応はどうであろうか。

アイコンタクトは、本来は目で合図を送ることによって相手との意思疎通を図ることを意味していた。例えば、サッカーやバスケットなどのスポーツで、パスをする際などに用いられている。音声や言葉によらず、味方同士でコミュニケーションを行う基本的な手段として使われている。

アイコンタクトは、目から心、「心と心の結びつき」を行うことにより、意思の疎通つまり互いに理解を深め、「協働」することにある。協働であるから、受講者の側もアイコンタクトやうなずきなどのボディランゲージで返事をすると益々その効果が発揮される。なお、講師はあえて受講者にうなずきを催促してはならない。

プレゼンテーションでは、向き合った聞き手に対して、まずやわらかな視線を送り、優しさ、落ち着き、信頼感を印象づけることが大切である。アイコンタクトには以下の3つの原則があるので、自分に合った、行いやすい方法を見つけて欲しい。

ⅰ）全体の原則

特定の聞き手を見るのではなく、会場の中心から、まんべんなく全体に視線を向ける。会場全体に「Z型」にジグザグに視線を向けると良い。

ⅱ）Look、Smile、Talk の原則

最後列の席の人（キーパーソン）を見て、笑顔で話し出す。

ⅲ）One sentence、One person の原則

一段落で1人にアイコンタクトをし、次の段落では別の人にアイコンタクトをして話す。常に1対1で話しているように演出するやりかたである。

なお、八幡紕芦史著「パーフェクトプレゼンテーション」では、効果的なアイコンタクトの方法を示しているので、参考までに図表2－6に掲載しておく。

2．教育の実施について

図表2－6　効果的なアイコンタクトの方法
その1：話し手から見て、右後ろに座っている人に対して重点的に。
・人間は、人前に立つと一般的に、左向きに構える。 ・したがって、左側の人には、自然と視線が向くが、右側は意識しないとおろそかになる。
その2：前にいる人は、意欲を削がない程度に注視する。
・前にいる人は、一般的に話し手の内容に対して既に関心が高い。
その3：一番後ろで、聞き手の集団と離れてあなたの話を聞いている人を無視してはいけない。（オブザーバー、関係者等）
・この人は、キーパーソン、アドバイザーであったりする。 ・3度に一度は注意する。
その4：聞き手が多数いても、語りかけるのは一人である。
・アイコンタクトは、聞き手を眺めることではない。 ・聞き手一人ひとりの目を見て、語り掛けなければ意味がない。 ・1つのフレーズをひとりの人に語り掛け、相手の理解を確認し、次の人に視線を動かす。

（八幡紕芦史「パーフェクトプレゼンテーション」）

　アイコンタクトの有用性は前述したとおりであるが、日本では昔からアイコンタクトの文化が育っておらず、必ずしも欧米の持つ強いアイコンタクトは好まれていない。しかしながら、聞き手に対する「注視率」が15％を下回ると、「自信がなさそう」「ゆとりがなさそう」「冷たい」という感情を聞き手に与えてしまうというデータがある。逆に、85％を上回ると、「なんか変」「私に気があるのか…いやらしい」「まじめに講義しろ」等の感情を抱かせかねない。

　アイコンタクトもほどほどにしなければ、プレゼンテーションは台無しになってしまうので気を付ける必要がある。

　アイコンタクトに慣れないうちは、受講者の眼を見るのではなく、額か頭を見ると良い。それでも、十分アイコンタクトをとっているように見えるので試されたい。

④　キーパーソンのメッセージ

　キーパーソンとは自分の行っているプレゼンテーションが聞き手にどのような影響を与えているかを客観的に知る重要な鍵を握っている人であ

る。キーパーソンのしぐさで一定程度分かることがある。

図表2－7　キーパーソンのメッセージ（例）

目を閉じている（眠っている？）	・考えている。・講義が面白くない。・ボディランゲージ等の不足（メリハリがない）。
うなずいている	・賛同している。・理解している。
首を傾けている	・疑問を持っている。
腕を組んでいる	・考えている。・疑問を感じている。・納得できない。
窓の外を見ている	・つまらない。・興味がない。・ほかのことを考えている。
肘をついて、アゴに手をついている	・判断を保留している。・疑問を感じている。
物をもてあそんでいる	・疑問を感じている。・講義が面白くない。・早く終われと思っている。

　講義や講演をしているとき、必ず、きちんとまじめに「聞こう」としてくれる人がいるものである。眼をキラキラさせて聞く人、「ウンウン」とうなずきながら聞いてくれる人、そういうキーパーソンをまず見つけることが大事である。

　「どこを見て講義していいか分からない」という質問をよく受けると、筆者は「キーパーソン」を見つけなさいと答えている。

　しかもキーパーソンはできれば5～6名見つける。前列は1名ぐらい、中程は2名ぐらい、後列は3名ぐらい見つけられるとベストである。そして、その人達をまんべんなく見つめて話す。

　すると、他の受講者は、いろいろな人を見て、アイコンタクトがよくとれているなと判断する。

　しかし、まれにうなずいてくれるキーパーソンが見つからない場合もある。その場合、あらかじめ友人や仲間に頼んで「サクラ」になってもらうと、とても楽に話すことができる。

　そのうち慣れると「サクラ」は必要なくなるので、どうしてもアイコンタクトがよくとれない場合には、試してみると良い。

⑤ 表情等

顔の表情は明るさが第一である。嬉しさ、楽しさ、驚きなどプラスとなる感情については、特に顔で表現するのが良い。「さりげない笑顔」「自然な微笑み」などという言い方があるが、微笑みはスマイル（smile）といい、笑い（laugh）とは本質的に別物である。笑いは一般に人目を気にせず声を出すが、微笑みは相手との人間関係を考えて、意図的に作る随意的な行為である。

プレゼンテーションの最初と最後は微笑みとハリのある声を意識して出し、好感度を得たい。また、基本的には話すときは、できるだけ笑顔で話し、話していないときも（質問を受けたときも）、さわやかな表情になるようにすると良い。

深刻な場面や、話の山場では一転して真剣な表情を見せるのが良い。話の内容と声の調子、表情などの非言語表現がマッチしているプレゼンテーションは聞きやすいものである。

表情が豊かでない教え方では、いっていることと表情が合っていないので講師の真意が読みにくい。受講者は、この教える内容に素直に反応して良いかどうか分からなくなり、本音を隠したまま講義（研修）を受けることになる。その結果、みんなブスッとして、つまらない講義風景となりがちである。

一方、表情をマネージした教え方では、いっていることと表情が合っているので信頼感が生じる。すると受講者の側は、教える人と同じように素直に気持ちを表現しても良さそうだと判断する。したがって、常に本音で自由に会話や質問ができるようになる。その結果、みんな明るく活気のある楽しい講義風景となると思われる。

図表2-8　表情のバリエーション

（荒巻基文「『教え方』教えます」）

当たり前のことだが、教える側は教えている間、自分の顔は見えない。しかし、教わっている側は、教わっている間中ずっと、教えている人の顔を見ている。それなのに、教える側が、自分の顔をマネージしよう思うことは希である。常に、「見られている」という意識で、表情をマネージしたとき、新たな境地が生まれるのである。

⑥　「間」と「抑揚」のマジック

　どんなに教えている内容がすばらしくても、同じ表情、同じトーンでお経のように話されては、聞いている方はすぐに眠くなる。聞き手は話の内容よりも、講師の声、顔、服装等に大きな影響を受ける。

　話し方で面白い話もつまらなくなるし、逆につまらない話も面白くできる。バロメーターは、20分過ぎで9割、40分過ぎで8割以上の人がしっかり聞いているか否かである。

　小泉純一郎元首相は、最初にパッと短いインパクトのあるフレーズを聴衆に浴びせて聞き手の注意を惹き付け、その後はゆっくりと「間」をとりながら相手の心に入っていっている。

　「20分に1回のリセット」というリズムをつくり、このリズムの中で、テンションを上げたり下げたりと、緩急を付けていくことで、聞き手の気持ちを最後まで離さないのがベスト。そこで、「間」と「抑揚」の使い方が重要となる。

　一朝一夕にはできないが、「鯨は馬と同様に哺乳類なのです」の訓練を行うなど、努力しなければならない。

　なお、カーマイン・ガロの「TEDのプレゼンテーション」では、18分以内を原則としている。「18分という時間は真剣なテーマを議論するのに十分な長さであると同時に、最後まで聴衆の注意を引きつけておける短さでもある。また18分というのは、ネットとの相性もすばらしくよいことが明らかになった。ちょうどコーヒーブレイクぐらいの時間だからだ。…話を18分に凝縮するように強いることで、何を語るべきか真剣に考えてもらえる。自分が伝えたい最も重要なポイントは何か。スピーカーに制約を課すことで、メッセージを明確にする効果があるのだ。」

　この18分を口頭による講義とし、引き続いてグループ討議60〜70

分とすると丁度90分の講義時間となる。なかなか難しいがチャレンジする価値はあるのではないかと思う。

⑦ 服装・髪型等

ⅰ) 服装

服装はTPOに合わせることが基本となる。特にビジネスプレゼンテーションや安全衛生教育では、清潔感、機能性、周囲との調和が重要である。

男性では、ダーク系のスーツにネクタイ、女性では肌を露出させない服装を心掛けたい。制服があればそれを着用し、作業服の着用を義務付けられている場合は作業服で問題ない。

なお、夏の「クールビズ」が導入されているのに、講師だけがスーツにネクタイは暑苦しくTPOに合わない。主催者にどのような服装が良いか事前に確かめておく必要がある。

ちなみに筆者は、夏場は「かりゆし」を着て講演をすることがあるが、ⅲ)で述べるように、講義にも若干のインパクトを与え効果的だと思っている。

ⅱ) 髪型

髪型も大切である。男性は目や耳に髪の毛がかからないようにし、無精ひげやもみあげにも注意する。女性はロングの場合は束ね、前髪が顔にかぶらないようにする。

毛染めも、明るく淡い栗色程度で、派手なものにならないよう気を付けたい。また人前で話すときは、大人の女性であるならばナチュラルメイクはマナーとして必要であるが、ネイルアートなど華美で目立つものは厳禁である。

要するに、NHKのアナウンサーの服装が一番無難で望ましい。しかし、プロのプレゼンター（人材育成の講師等）の場合は、衣装もひとつのパフォーマンスなのでいろいろあって良いと考える。

ⅲ) 小道具の利用

ちょっとした小物・小道具やプレゼントを用意したり、奇抜な扇子（筆者の場合は、夏場は偽物の1億円が7枚で構成されている扇子を利用し

ている。）を用意したりして受講者の気を引きつける場合がある。一方的に話を聞くだけでは、どうしても受講者の集中力が続かないこともあるので、ちょっとした小道具を使うことで、講義や講演の印象が変わることがある。

ほかにも、感動秘話を演出するために、もらった手紙をプロジェクターで大写する、被災地から採取した被災した現物を見せる講師もいれば、「この問題を解けた人にだけプレゼントをします」と、オリジナルのボー

筆者が利用している小道具の例

ルペンを用意した講師もいた。筆者は、とっておきのプレゼントとして「握手」をしようとしたのだが、相手が女性だったので、これはユーモアとして笑いをとるだけに収めたこともある。相手が男性だったら、おかまっぽく「シナ」をつくって握手を迫ればユーモアにできるのではないかと思っている（まだ試していない）。

⑧ マナー

社会生活を営む上で他人に不快感を与えず、お互いに気持ちよく過ごすにはどのように振る舞うべきかの根本の考え方をエチケット（etiquette）といい、そのエチケットを表現するための具体的な振る舞いや作法をマナー（manner）という。

プレゼンテーションの場合、貴重な時間を割いて自分の話を聞いてくれる感謝の気持ちで接するのがエチケットであり、その感謝の気持ちを具体的に表すのがマナーである。

エチケットとしては、開始時間に遅れない、時間以内に終わる、例え相手が年下で若くても上から目線で話さない、声の調子も含めて体調管理を十分に行うことが挙げられる。

マナーとしては、以下の5点が考えられる（大島武「プレゼンテーション概論」参考）。

ⅰ）はじめと終わりには、言葉で感謝の気持ちを表す。
ⅱ）簡素で感じの良い丁寧語を基本に話すが、あまりにもへりくだった言

い方はしない方が良い。

ⅲ）原則的には常に聞き手の方を向き、背中を見せない。手は前で組むか身体の前でテキスト、指示棒等を持つ（手を後ろで組まない…偉そうに俺の話を聞けと捉えられかねない）。

ⅳ）最後の挨拶の後、深々とお辞儀をする。

ⅴ）進行に気を配り、聞き手にとってムダと思われる時間を作らない。

　プレゼンテーションのマナーはフランス料理や懐石料理の食べ方のような厳密なものではない。多少問題があったとしても、プレゼンターの熱意、一生懸命さが伝われば、それ程悪い印象にならない場合もある。あまり細かいことに神経質にならなくても良いが、聞き手に「何だよ、あれ？」と思わせたら、せっかくのすばらしい内容やプレゼンターの個性や魅力にたどり着く前に、「ダメ」の烙印を押されてしまう可能性があるということは理解しておく必要がある。

　いずれにしろ、聞き手の印象として残るのは、総合的なその人の全体的様相である。これは外見だけで保証されるのではなく、結局はプレゼンターの心掛けの問題に帰することになる。きびきびとしながらも落ち着いた態度（慌てていない態度）で、礼儀正しく、明るくさわやかであること、などを全体にわたって心掛けることが、好印象にたどりつく近道であると考える。

⑨　ジョークとユーモア

　ジョークとは日本語でいえば駄洒落（だじゃれ）、政治的なものは風刺といっている。ユーモアとは人を和ませるような《おかしみ》《くすぐり》のことで、かつて日本語では諧謔（かいぎゃく）と呼んでいたが現在はあまりこのような言い方はしない。日本語では「有情滑稽」と訳されることもある。

　一般にジョークはプロのコメディアンが使用するとサマになるが、素人が上手に使いこなすにはかなりの訓練が必要である。しかも初対面の人やビジネスの場、あるいは講義の場で、いきなりインターネット等で仕入れた最近のジョークは使ったりしないはずである。特に下ネタが入った駄洒落は、品位を疑われるだけでなく場合によってはセクハラで訴えられかねない。

一方、ユーモアのある自分なりの見解を語るのは全く問題なく、むしろ効果的である。「我々は集団のヒエラルキー（階層）の中での自分の地位を強固にするためユーモアを使う。たとえば集団の中でリーダーあるいは支配的な地位にある人は、地位が低く相対的に権力がない人と比べて、ジョークを飛ばして周囲を楽しませる傾向がある」とロッド・A・マーチン（ウエスタン・オンタリオ大）は述べ、ユーモアは集団に受け入れてもらうための「迎合戦術」の手段であると主張している。確かにユーモアのある人は、親しみやすい、社交的、思いやりがある、愉快だ、おもしろみや想像力がある、知的だ、察しがいい、情緒が安定していると思われる傾向があるので、受講者という集団に受け入れてもらう手段の一つとしてユーモアを取り入れた講義やプレゼンが求められている。

（7）プレゼンテーションの7つのポイント（サイモン・シネック）

　以上、ノンバーバル・コミュニケーション、バーバル・コミュニケーションについて述べたが、マーケティング・コンサルタントでプレゼン上手なサイモン・シネックはプレゼンテーションを上手に行う7つの秘訣を述べているので紹介する。

　サイモン・シネックはTED（Technology、Entertainment、Design）カンファレンスや後述するゴールデンサークル論での講演が有名である。

① 「登場したら一呼吸置くこと」。なぜならすぐに話を始めれば、ピリピリした緊張感が聞き手に伝わってしまうからである。ゆっくり人前に出たら、深呼吸をする。話しやすい場所を見つけ、少し間をおいて話し出す。最初に話し出すまでの間を気まずく感じたとしても、聞き手にとっては、余裕と自信があるように見えるものである。

② 「聞き手にメリットになる話をする」。自分の考えを素晴らしいと思って欲しい、売り込みたい、コンペに勝ちたい…。そう思って話し始めたとたん、聞き手は話への興味を失いがちになる。誰もが、自分から何かを奪っていこうとすることには敏感に反応し、その瞬間に聞き手は離れていく。

　それよりも、相手が刺激を受けたり新しい情報を得たり、なぜ・どうして、という疑問をかき立てられたりと、何かしらのメリットを感じられる

ような話を与えるほうが、ずっと人を話に引きつけておけるだろう。自分に役に立つと感じること、新しい情報が得られることから、その先にあるプレゼンの目的が達成する。

③　「一人ひとりとアイコンタクト」。一人ひとりの目をみる（ように見える）ことは、相手を引きつけるために重要だ。全体を見渡し、ボスと部下がやってきたなら部下の目だって見た方が良い。例え決定権を持っていなくても、聞き手を大切にすることでいい方向に作用することだってある。「人に向かって話しているのではなく、人と話している意識を持つこと」は、聞き手との間の壁を取り払い、柔軟に話を受け入れてもらいやすくなるからである。

④　「とにかくゆっくりと話す」。多くの人が緊張したときになりがちな"早口"に気を付けたい。聞き手が話の内容を理解しようとしているとき、早口ではついていけなくなり、やがて迷いだすと簡単に背を向けてしまうものだ。むしろ、しばらく間をおいて深く長く呼吸する方が良い。

　　「一語ずつ　間をおいて　話をしても　聞き手は　不思議と　待ってくれるもの」なのだ。

⑤　「『ノー』という人を気にしない」。複数の人、特に大勢を前に話をすると、中には横に首を振り続けたり、怪訝な顔をしたりする人が出てくるかもしれない。そんな、多くの人にとって一番難しい相手を克服する方法は、その人物を視界から外すことにつきる。そんな人にとらわれずに、誰かしら好意的な人物を会場内の３カ所に見つけて、その人達だけを見る方がずっと有意義に働くだろう。

　　うなずいてくれる人を見るにつれて自然と自分の話に自信が持てるようになり、リラックスした雰囲気を醸し出せるようになる。同調したムードをつくるために、自分のペースを乱されないように心掛けたい。そして、相手が少人数なら視界の外に追いやるのは難しいので、可能なら一度話題をそらしてみるのも手である。

⑥　「緊張感をワクワク感に変える」。緊張感をワクワクと高揚した気持ちに変えて力にする。そのためには、「よしいける」と声に出してみるだけでも、驚くほどのパワーが出るものである。スポーツ選手が試合の前に大きな声でかけ声を掛けるのも、この原理によるものである。深呼吸や大相撲力士

である琴奨菊の「琴バウワー」のように身体を大きく開くだけでも、自信がみなぎる物質が出ることは証明されている。
⑦ 「（ご静聴）ありがとうございました、のあいさつ」。最後に大切なのは「ありがとうございました」のことばである。アップルの最高経営責任者であったスティーブ・ジョブズも、Thank you very very much（本当に本当にありがとう）、Thank you so much（心からありがとうございます）といった最上級のThank youを最後の言葉としている。拍手をもらったら、それに応えること。もらった時間にお礼をすること。感謝を示し相手を尊重すること。これだけのことが最後の印象を整えて、そこまでの話をさらに底上げしてくれる（以上、サイモン・シネック著、栗木さつき訳「Whyから始めよ！」を参照した。）。

（8）一人ひとりに話しかけて、その場で信頼感を形成

そして、ほぼこれと同様のプレゼンをIOC総会のオリンピック招致での高円宮妃久子さまが行っているのであわせて紹介しておく（プレジデントオンライン 2015.10.23 号より）。

「話し方の最大の特徴はIOC評価委員一人ひとりに直接、語りかけるように話しておられた点です。聴衆全体をひとまとめにとらえた話し方ではありません。

具体的な技術としては的確な『間合い』を取って聴衆が情景を思い描きながら話を聴けるようにし、大切な言葉を『強調』することで伝えたい思いを明確にし、聴衆へ『視線（アイコンタクト）』を送ることで『私はあなたに対して話している』というメッセージを伝えておられました。

久子さまはその目の動きからテレビカメラを注視するのではなく、ジャック・ロゲ会長をはじめとする委員一人ひとりを強く意識しておられることが感じられました。

話の中身については、皇族である久子さまにはオリンピック招致を直接的に訴えることができないという制約がありました。そんな状況の中で何をどう伝えるか、久子さまには主に3つのことを伝えられました。1つ目は、IOCの特別震災支援プログラムに対する感謝と称賛。2つ目は、皇室のス

ポーツへの理解と支援。3つ目は、IOCメンバーとの絆。一言一句に至るまで考え抜かれたスピーチでした。

　このように話し方と話の中身の両面から、久子さまは聴衆との間にラポール（心と心の架け橋）を築くことに成功されたのだと思います。

　とくに久子さまのスピーチから私たちが参考にすべきは、聴衆を集団としてとらえず、一人ひとりの個人に語りかけるように話すことです。現実問題として何百人もいると個々にアイコンタクトを送るのは不可能ですが、なんとなく大勢に向けて話しているときと『あなたに伝えたい』という思いで話をしているときとでは、伝わり方が大きく異なるからです。」

　このスピーチは格調高く、伝統的かつ正当なスピーチの極みといえるものであったと筆者は思っている。

3. 教え方について

（1）指導技法

指導者の発言は、基本的に①説明、②指示、③発問、④助言に大別できる。

① 説明は、教える内容を分かりやすく、理解させることで、OJTの場合は作業手順書にしたがって、それ以外は言葉やそれを補足する「図解」で伝える。

② 指示は、やるべき内容、してもらいたい内容を示すもので、一般的にはなぜそれが必要なのか、それを行うことによってどういう効果があるのかを考えさせた上で指示する。

③ 発問とは質問者があらかじめ答えを知った上であえて質問することである。一方、質問は答えを知らない場合に行うものである。発問する場合は、発問内容があまりに抽象的で答えが複数以上あるような問題は受講者が悩むので適切でない。

　　1人で考えさせるより2～3人で相談できるバズセッション[12]を取り入れると効果的である。

④ 助言は、OJTの場合は、急所に関わることを思い出させたり、討議法の場合は、横道にそれそうな場合に助け船を出すときなどに使われるアドバイスのことである。また、最近ではコーチングでこれを重要視している（コーチングについては第Ⅵ編にて述べる。）。助言に従って正解を導き出したときには「ほめる」等、必ずフィードバックをしておくことが重要である。

講師は自分の発言が①～④のどれなのかを常に意識しておくことが大切である。例えば、法令等については、①の説明型にならざるを得ないが、「語りかけ・問いかけ」の部分を多くするなどの工夫が要求される。常に良い教え方が要求されるが、安全衛生教育では一般的に「教えるときの8原則」

12　バズセッション：バズとはミツバチの羽音のことで、羽音のようにワイワイ・ガヤガヤ相談したり意見を出し合ったりすることをいう。

と「教育の手順４段階法」の方法が、一般的なプレゼンテーションでは「起承転結」ではなく「つかみ、本論、まとめ」の３段階法で行うのが良いとされている。

なお最近では、ＴＥＤカンファレンスで主に用いられている動的でハイテク技術を駆使したプレゼンテーションスタイルも流行してきた。

（２）教えるときの８原則

――教えるときの心構え、３原則――

① 相手の立場に立って（人を見て法を説け）
　　教育訓練は、相手が覚え、上達して育ってくれて初めて役目を果たしたことになる。相手のレベルに応じて教育内容や進め方を変える必要がある。

② やさしいことから、難しいことへ（初手、中手、奥の手）
　　最初から難しい話をすると相手は理解できずに学ぶことを投げ出してしまう。相手が理解し、習得できる程度を確かめながら、それに合わせて教える内容を決め、覚えたら少しずつレベルを高めるように期待目標をつくる。この意味からは、教育は計画的でなければならず、目標、内容により個人指導が良いか、集団指導が良いかを判断する。

③ 動機づけを大切に（なかなか教えぬ昔の師匠）
　　自分から学びたい気持ちになることが一番大切である。押しつけや無理矢理やらされていると感じたときは、受け入れてくれない。受講者の欲求を知り、目的と欲求を結びつけ、覚えようという気にさせる。

――教え方の３原則――

④ 一時に一事を（集中してこそ、ものになる）
　　人間は、一度に多くのことを覚え身につけることはなかなか難しい。あれやこれやと欲張るよりは、ポイントを絞ってじっくり教えた方が理解、習得が容易であり効果が上がる。

⑤ 反復して（あの手この手で、口説きの手管）
　　繰り返して強調することで、教えたことをしっかり頭に叩き込むことができる。これは、同じ言葉を繰り返すよりは「手を変え品を変え」という

ように、やって見せ、言って聞かせて、させてみて、考えさせてまたやらせるなどをして、色々な角度から見せる方が効果がある。

一般に「知識教育」では幅広く色々な角度から教え、「技能教育」では、勘、コツを身につけるよう急所を飲み込ませ、「態度教育」では、自分で「構え」ができるように事例を用いて教える。また最後に「ほめる」「承認する」というフィードバックの有無が重要な鍵を握っていることに留意する必要がある。

⑥ 身近な事例で強い印象を与えるように（目からウロコを落とさせる）

身近な災害事例やヒヤリ・ハット事例は、強い印象を受けて理解しやすく記憶に残る。抽象的、観念的でなく事実によって具体的で、習う人の欲求、価値観を刺激する教え方をすることが大切である。

――効果的な教え方のポイント2原則――

⑦ 急所の理由をいって（生命の危険のあるところ、我が社のノウハウ）

「成否、安全、やりやすく」という急所は、「なぜ」それが急所かという理由を理解すれば、二度と忘れないし実行される。また、なぜこの作業が必要なのか、どういう意味を持つかという「原理原則」を教えることが、自分の頭で考えることになりマニュアル人間をつくらない方法でもある。

⑧ 体験させて五感を働かせて（肌で感じて体で覚え）

体験することは最も印象を強くすることである。「聞くだけ」では90％忘れてしまうといわれている。五感をフルに働かせて、記憶に残る教え方をする。百聞は一見にしかず。百見は一技にしかずという諺がある。

（3）動機づけについて

これら「8原則」の中で、特に動機づけについて考えてみる。

教育・指導にあたり、「動機づけを図るには、如何にしたらよいか」は、極めて重要なポイントである。後述する「4段階法」「3段階法」でも、いずれも第1段階（つかみ）が「動機づけ」となっている。「動機づけ」を図るには、次の3点について考慮する必要がある。

① 「動機づけ」は、二つの側面「理屈と感情」に留意することである。

　「感動」という言葉があるが、「理動」という言葉はない。いくら理屈で納得しても、共感を得なければ、人間の行動は変わらないのが一般的である。行動が自主的に変わって初めて「動機づけ」が成功したといえる。教育においても共感が得られなければ、教育効果を上げることはできない。

● アリストテレスの「説得の３要素」

　共感を得る説得に、ギリシャ時代の哲学者アリストテレスが「説得の３要素」を残しているので紹介する。

◎ロゴスによる説得

　ロゴス（logos）とは論理展開のことでいわゆる「理屈」に該当する部分である。英語の「logic」の語源である。筋の通った話をすることによって、相手を説得するのであるが、これだけでは不十分である。一般にエビデンス（証拠、証明）がきちんと入ることにより論理性を補強する。

◎パトス（ペーソス）による説得

　パトス（pathos）とは感情のこと。英語の「pathos（ペーソス）＝哀感」の語源である。これは聞き手の「感情」（エモーション）に訴えることである。アリストテレスは「情に訴える」ことも説得の重要な要素だと述べている。例えば、最初は渋い反応であった相手も、足繁く通い「三顧の礼」をつくして熱意を示すことにより「君には負けたよ」と態度を変えることがある。話を聴いた相手が感動したり、感極まって涙を流したり、おもしろがって笑い出したりすれば成功である。

◎エトス（エートス）による説得

　エトス（ethos）とは、日本語で「習性徳」などと訳されることもあるが、英語の「ethos（イーソス）」の語源で「信憑性」を意味する。個人の持続的な特質のことである。平たくいうと「この人のいうことなら信じよう」と聞き手が反応することであり、話し手の人柄や信頼度のことを指している。

一般に、プレゼンテーションは、まず筋の通ったロゴス（論理）からはじまり、様々なノンバーバル・コミュニケーションを駆使して、聞き手のパトス（感情）に訴えていく。

このロゴスとパトスの兼ね合いは、プレゼンテーションの内容やプレゼンターの性格でこれといった法則はなく、自分にあったやり方を模索し「自分のスタイル」をつくるしかない。

共感とは他人の意見や感情などに「そのとおりだ」と感じること、また、その気持ちである。何となくそうだなと思う、思わせるのも共感である。これがエトスである。実際には本当に感情そのものを共有しているわけでない。したがって、最低限十分な説明が必要である。これからは、受講者の立場に立った動機づけが重要となる（図表2－9）。

図表2－9　動機づけが成功するには

| 納得 | → | 理屈の世界 | → | 会社の立場／本人の立場 |
| 共感 | → | 感情・本能の世界 | → | 好き・嫌い・楽しい・嬉しい・こわい・損得 |

※　納得し、共感されない限り、行動は変わらない。
※　共感は他人の意見や感情などに「そのとおりだ」と感じること、また、その気持である。何となくそうだなと思う、思わせるものも共感である。実際には本当に感情そのものを共有しているわけでない。
※　したがって、最低限十分な説明が必要。
※　これからは、受講者の立場に立った動機づけが重要となる。

なお、ロゴス、パトス、エトスの割合であるが「TEDスピーチの上手なスピーカーの平均はエトスがわずか10％、ロゴスは25％で、残り65％はパトスだそうである」（カーマイン・ガロ「TED驚異のプレゼン」）。論理だけでは人は説得できない。やはり相手の感情に訴えなければ、感動を与えるプレゼンは難しいということを示している。

② 理屈の世界について二つの立場からの説明が必要である。

二つの立場とは、教育を主催する立場（会社の論理）と教育を受ける立場（受講者の論理）である。会社の論理は法定実施項目の場合もあるので、一定の必要なものを説明しなければならないが、これだけを前面に出すと、お仕着せの教育と受け取られかねない。

これからは、この教育を受けることによるメリット・デメリット、エンプロイアビリティ、キャリア形成に役立つということを明らかにしていく説明が必要となってきている。

③ 職場の実態を訴えること

多くの安全衛生教育は、現状の職場における問題点を解決するために実施するものが多い。したがって、職場の問題点は、どの程度（緊急度、重要度等）の問題なのか、職場の実態を受講者に認識させ、知らせることが動機づけの手段として欠かすことができない。なおこの点は、教育目標の設定における、第Ⅰ編3（7）企業内教育の目標で述べたことと同じである。

（4）教育の手順4段階法

特にOJTでの教育の手順として、4段階法はよく知られている。図表2－10に見られるように、第1段階「心の準備をさせる」、第2段階「説明して、やってみせる」、第3段階「やらせてみる」、第4段階「後を見る」で構成されている。これは、山本五十六が教育の原理として示した「やってみせ、言って聞かせて、させてみせ、ほめてやらねば、人は動かじ」と相通ずるものがある。

なお、OJT以外の通常の講義やプレゼンテーションでは第3段階「やらせてみる」は通常行わず、グループ討議を挿入する場合がある。

したがって、RSTトレーナーが職長教育を行う場合は、第3段階が必要なので、この4段階法は「職長教育指導案」作成にとって必要なスキルとなる。

図表2-10　教育の手順4段階法

段　階	手　順	ポイント
第1段階 心の（習う）準備をさせる「導入部」	1. 気楽にさせる 2. 何のために行うのか説明する 3. 何（の仕事）をやるか話す 4. その仕事について知っている程度（作業能力）を質問等で確かめる 5. 仕事を覚えたい気持ちにさせる	動機づけの段階 ＜さあ、○○を始めよう＞
第2段階 説明して、やってみせる「提示部」	1. 主なステップを一つずつ言って聞かせ、やってみせ、書いてみせる 2. 急所を強調する 3. はっきりと、ぬかりなく、根気よく、理解・納得するまで。ただし、能力以上に強いない 4. 効果的な教材で教える	指示の段階 ＜こうやって、こうやって、こうする＞
第3段階 やらせてみる「適用部」	1. やらせてみて間違いを直す 2. やらせながら作業を説明させる 3. もう一度やらせながら急所をいわせる 4. 理解したか、身に付いたか確認する	理解度、応用力の確認 ＜できるまで繰り返し＞
第4段階 教えた後を見る「確認部」	1. 仕事につかせる 2. 分からないときに聞く人を決めておく 3. 度々調べる 4. 質問するように仕向ける 5. だんだん指導を減らしていく	達成度の確認・フォローの段階 ＜ポイントは？と聞く＞

（5）「つかみ（導入）、本論、まとめ（結び）」の3段階法

　　昔から、話の組立は「起承転結」で行うのを良しとするといわれてきた。最初に状況を提「起」して、「承」でそれを受ける。次に話が「転」じて、興味深い展開を見せ、最後に「結」論を示す、という作文を書くときの基本

ともいわれている。

　しかし、講義とか一般のプレゼンテーションの場合、この方式をとっていないことが多い。「つかみ（導入）」で聞き手の興味を引きつけ、「本論」で大切な内容を補強データとともに示し、一気に伝えたいポイントをアピールする。このとき、結論（＝最も言いたいこと）は、最後にいうのではなく、本論部分の中締めとしてここで明快に伝える。「まとめ（結び）」では、原則的に新しい情報は加えず、全体の内容を簡潔にまとめて終わる。最後に何か質問が無いか、確認する。忙しい聞き手のニーズに応えるため、シンプルな３段階法にし、大事なことは前倒しで伝えるよう心掛けるのが良い。

　なお、本論の中で「転」ではなく、いい意味での予測を裏切る「コンシート技法」というのがあるので、若干紹介する。

　コンシートとは「あざむき」を意味するが、これは悪い意味ではなく、素晴らしい「コントラスト効果」を出すための技法として使われている。スピーチやプレゼンテーションで、登壇した瞬間に聞き手の予測を裏切りハッとさせるとか、今まで真面目な事ばかりをスピーチしていた経営者が唐突にジョークを飛ばしたりとか、筆者の場合は「雀の学校」「めだかの学校」の童謡[13]を大声で歌ったりしているが、「あれ？」「なぜ？」「どうして？」と一瞬で聞き手の"心"をつかむ技である。「転」ほど転じないが、一瞬あざむくのも話法としては「アリ」である。

13　「皆さん！こと安全衛生教育はめだかの学校ではダメです。雀の学校方式でなければなりません。どうしてか？って。では歌います。めだかの学校は川の中。そ〜とのぞいてみてごらん。誰が生徒か先生か。皆で仲良くお遊戯しているよ。安全衛生教育では誰が生徒か先生かが分からないようではダメです。一方雀の学校です。チィチィパッパ、チィパッパ、雀の学校の先生は、ムチをフリフリチィパッパ。その不安全行動はイエローカード。レッドカードで退場だ！という厳しさも必要なのです。」

「つかみ（導入）、本論、まとめ（結び）」の3段階法を図表2－11に記した。

図表2－11 「つかみ（導入）、本論、まとめ（結び）」の3段階法

構　成	配分※	内　容
つかみ（導入）	20%	1．挨拶、自己紹介 2．ウォームアップ（災害事例、与太話等） 3．内容構成（概要）の説明
本論	70%	1．結論（主張）の提示 2．結論（主張）を支える根拠 3．補足事項の説明 4．中締め
まとめ（結び）	10%	1．まとめ（本締め） 2．質疑応答 3．挨拶（最終アピール）

※全体のスピーチが長い場合（30分以上）は、導入の時間配分を少なくすることが多い。どんなに長くても、10分以内。

① なぜ、つかみ（導入）が大切なのか

　大きく二つの目的がある。一つは冒頭の挨拶や自己紹介での話す調子などによって、聞き手に面白そうだと感じさせ、「興味を掻き立てる」こと。今ひとつは、話の柱、順序、時間配分などを説明し、聞き手にプレゼンテーションの「概要を理解させる」ことである。

　最初につまらないと思ったら心の扉を半分ほど閉じてしまうので、なかなか聞き手をこちら側に引き入れることは難しい。冒頭で聞き手の心を掴むことがいかに大切か、いくら強調してもしすぎることはない。

　「概要の理解」は「分かりやすさ」につながる。一般に「本日お話しすること」「アジェンダ」などで、項目と概ねの時間をPPT等で示すことが多い。このプレゼンテーションの趣旨は何なのか、話の柱は何と何か。時間はどれくらいか。質問は受けるのか。こうした全体像を冒頭で説明し、理解を得る。すると聞き手は、これからの時間の使われ方が予測できるので、心の準備をして安心してプレゼンテーションに臨める。約束どおりに進行すれば「分かりやすい」と感じやすい。

3．教え方について

　興味深さと分かりやすさは、聞き手を動かす重要な「動機づけ」となる。この2点をアピールするには最初の入り方がカギとなる。ビジネスは一般に「終わりよければ全て良し」で結果が良ければ過程を問わないが、プレゼンテーションの場合は、結果も当然大事だが「始め良ければ全て良し」の心構えでいくのが良い。

ⅰ）挨拶、自己紹介

　プレゼンテーションの第一声は、シンプルに始めるのが良い。話し始めは誰でも緊張するもので、最初から複雑なことをいおうとすると失敗しやすい。出だしは多少上がっても間違えることのない、自分の名前、所属、などを大きな声ではっきりいい、自分の声のトーンや調子を確認する。

　自己紹介は、いろいろあるが筆者は講談師・神田甲陽方式「氏名、（年齢）、家族で自由。もう一度名乗って、どうぞよろしく」を用いているので紹介しておく。

　神田師匠曰く、自己紹介の目的は自分のことを知ってもらうことである。まず自分の名前をいう。そのあと、会社名、所属、仕事の内容の説明を行うが司会が紹介している場合もあるので、時間配分を考えて省略しても差し支えない。しかし、これだけだとあまりにもインパクトがないので、趣味、出身地、家族構成など仕事以外の話を自由に行う。すると、聞き手は、「あ、趣味が同じだ」「出身地が同じだ」などと興味を示す場合がある。そのときに名簿や名札がない場合もあると「誰だっけ」「名前はなんていってたっけ」と思ったりすることがある。そこで「もう一度名前を名乗って、どうぞよろしく」といえば良い。こうすれば自分のことをしっかり覚えてもらえます、といっているので、私も「氏名、（年齢）、家族で自由。もう一度名乗って、どうぞよろしく」を実践している。

ⅱ）ＡＩＤＭＡ（アイドマ）の法則

　「皆さん、安全と生産は車の両輪だと思いますか？ それとも安全は生産の潤滑油だと思いますか？」と発問し、考えさせながら手を挙げさせる。一体何の話だろうと思わせる。そこでこれから「太郎兵衛さんの

財産分与」[14]という話をします。「昔々あるところに太郎兵衛さんという80歳過ぎの寝たきり老人がいました。」と与太話に引き込んでいく。そしてつかみの締めくくりとして「私達の生産現場では、工程管理、資材管理、安全管理等々に太郎兵衛さんの財産分与にいう割り切れない『19頭』がたくさんあります。そこに安全という馬を入れれば、『すべてウマくいく＝割り切れる』ということです。車の両輪は直径が同じでないとまっすぐ前に進めません。安全を生産の軸としてそこにたっぷり潤滑油をいれれば、品質、原価、納期、エコなどの生産をスムーズにすることができるのです。」と話し、本論への橋渡しをする。

　つかみとなる与太話はなるべくプレゼンテーションの本題と関係のある話を選んで行うと良い。そのためには、「3分間スピーチ」とか「週刊誌」「テレビ番組」その他いろいろなところから情報を入手しストックしておく必要がある（安全の話では、筆者は東日本大震災やセウォル号の転覆の話をすることが多い）。

　アメリカの経済学者ローランド・ホールは、人が商品やサービスを購入するまでの心の動きを、その頭文字をとって説明している。これをアイドマの法則という。

図表2-12　アイドマの法則

注意 **A**ttention → 関心 **I**nterest → 欲求 **D**esire → 記憶 **M**emory → 行動 **A**ction

---

14　太郎兵衛さんは寝たっきりの老人です。そろそろ子供達に財産を分けなくてはと思い、3人の息子達を枕元に呼びました。「せがれ達や、知ってのとおり、財産っていったって、家には馬が19頭しかいねえ。そこでだな、太郎作。お前は長男坊だから2分の1やる。次郎作。お前は次男坊だから4分の1やる。三郎兵衛。悪いけれどお前は三男坊だから5分の1やる。皆ケンカしないで仲良く分けろよ。」といいました。そこで3人の息子達は太郎兵衛さんの枕元で指を折りながら数えましたがうまくできません。「おどう、19頭は2分の1にも、4分の1にも5分の1にも分けられねえや。どうしたらよかんべか。」そしたら太郎兵衛さんが「そんだら、隣の善作さんのところから馬1頭借りてこい。」「へい借りてきました。」「そんだら分けてみろ」と太郎兵衛さん。「おら10頭、おら5頭、おら4頭。」「おどう1頭余ったずら。」「そんだば、それを善作さんとこに返してこ」という福島県の民話。

プレゼンテーション冒頭では、このうち「注意」と「関心」を呼び起こすことが重要である。

ⅲ）内容構成の説明

内容構成の説明は以下の要素を漏らさないようにする。
- 本日は〇〇についてお話しさせて頂きます（簡潔な言葉で概要説明）。
- まず、△△について、ご説明いたします（Point 1）。
- 次に、□□について、実例を紹介しながらご説明いたします（Point 2）。
- 最後に、☆☆について、少し細かな点も含めてご説明します（Point 3）。
- お時間は、〇〇分ほどいただき、質疑応答は最後にお受けいたします（時間配分などの説明）。

なお、Point（話の柱）は3つにするのを、「三本絞り」といい、短いプレゼンテーションの必勝アイテムである。人間の頭はどこまで記憶できるか？ 7つぐらい可能という説もあるが一般的には3つぐらいが楽である。絶対に「3つにしなければならない」とは限らないが、あまり多くしない方が良い。要するに各ポイントの長さと分量で決めるしかないが、重要なポイント3つにしておきながら更に各ポイントを3つに分けるというやり方は結局のところ覚えることが増えているので避けたい。

② 柱をつくる

簡単なスピーチでも、本格的なプレゼンテーションや講義でも、指導案を作成すべきである。指導案がなければ最低限話す順序の組立を書いた「メモ」を用意すべきである。指導案の作成の仕方については、別に述べるが、ここでは「メモ」を作成する上で簡単な図解の方法について述べる。

例えば職長教育を行うに当たって「職長とは何か」を説明する場合を考えてみよう。テキスト的に説明すると以下のようになると思われる。

「職長とは安衛法第60条では『作業中の労働者を直接指導又は監督する者』と定められているのですが、この規定からすると、いろいろな事業場で、監督、班長、リーダー、作業長などの色々な名前で呼ばれている総称に過ぎないと考えられます。名称はともかく、現場で指揮、命令、指導する人は必ず必要で、この人が安全衛生や生産活動の核とならなければ企業は立ち行きません。だから職長は職場のキーパーソン（要の役）といわ

れており、安衛法という法律で新任の職長に対して教育をすることを義務付けています。それを『職長教育』といいます。」

これをメモに図解すると。

図表2－13　話す順序の組立て（例：職長とは）

そして、これを自分だけのメモにせず、ＰＰＴやＯＨＰ等のプロジェクターで上映しながらスピーチすると、目で見て耳で聞くという相乗効果により記憶率も理解率も向上する。

なお、後述するが、図解のポイントは3つぐらいが適切である。多くても5つ以内にしないと聞きにくいし、理解しにくいし字のポイントが小さくなり見にくくなるからである。

③　構成のパターン………その1

話を構成するにはいくつかのパターンがあるが、分かりやすさが大切なので、あまり一つのパターンにこだわらずに、臨機応変に構成する必要がある。以下、代表的な「並列型」「時系列型」「対比型」について説明する。

ⅰ）並列型

3段論法式に似ているが、Ａという事実（事象）とＢという事実（事象）お互いに独立した項目を述べた後、その結果Ｃという事実（事象）が予想されます、という説明の仕方である。

たとえば、企画案を提示するなら、その企画によって予想される主な独立した（直接的な）メリットを2つ並べ、最後に実施スケジュールの概要を説明するとか、あるいはＣとして直接ではなく間接的なメリット（波及効果）を説明するというやり方である。並列型はＡとＢのそれぞれの関連性をあまり意識せずに並べるやり方で、その分、汎用性が高く、色々な場面に用いられるが、うまく説明しないとＣが強引な結論と思われ客観性に乏しくなるという弱点もある。

ⅱ）時系列型

　過去－現在－未来という時間順は、誰にでも理解しやすいし、説明もしやすい。例えば「過去にこのような経緯があって社内ルールが作られた」「しかし、法改正や企業を取り巻く状況が変化して、現在の実情と合わなくなってきている」「したがって、これから提案するようにルールを一部変更したい」。このような順序で説明するのを時系列型という。

ⅲ）対比型

　2つ、あるいはそれ以上の要素を並べ、比較しながら説明するやり方で、例えば本命のA案の効果とか性能とか価格とか簡便性だけを説明するより、A案より劣るB案、C案を提示してA案の優位性を際立たせるという方法である。いくらA案の優位性等を説明しても、聞き手はなかなかイメージを持ちにくいが、比較されることで判断できる物差しができるので説得しやすい。

④　構成のパターン………その2（安心感と危機感の波を20分に1回のリズムで作ることが集中力をキープする）

　あるアンケートによると面白い（面白かった）講義とは、知っている内容が50～70％あり、知らない内容が30～50％ある講義となっている。一方、話の内容が80％理解できないと面白くない講義と答えている。

　知っていることと知らないことを取り混ぜることが、面白い講義ということになるわけであるが、そのバランスは、ⅰ）知っていること（50～80％）を話したら、次にⅱ）知らないこと（20～50％）を教える（伝える）。その後またⅲ）知っていること（50～80％）を話したら、次にⅳ）知らないこと（20～50％）を教える（伝える）という、波を作ると聞き手は退屈せず、ためになったと感じ、満足する（安河内哲也「できる人の教え方」を参考にした）。

　また、前述したとおり、小泉純一郎元首相は、最初にパッと短いインパクトのあるフレーズを聴衆に浴びせて注意を引きつけた後、その後はゆっくり「間」をとりながら聞き手の心に入っていくという手法を多用していた。「20分（TEDでは18分）に1回のリセット」というリズムをつくり、このリズムの中で、テンションを上げたり下げたりし、緩急を付けていく

ことで、聞き手の気持ちを最後まで掴んでいくのが上手なプレゼンテーションの仕方である。

そのためにも、前述した「間」と「抑揚」が重要で、この練習を欠かしてはならない。

⑤ 臨機応変さも大切

本論部分はプレゼンテーションの核心部分であるから、論理的に構造化することが大切で、そこには緻密さも要求される（ロゴスによる説得）。しかし実際にプレゼンテーションの本番となれば、指導案どおりにはいかないことが多い。それなのに無理をして指導案にこだわりすぎる融通の利かない講義は、聞き手に堅い話、ぎくしゃくした話に受け取られかねない。場合によっては、後半の話を一部カットしたり簡略化したりしても一定程度やむを得ないし、むしろその方が場になじむこともある。「計画はバッチリ」と、しかし「本番はある程度柔軟に」という臨機応変さも大切である。

聞き手の反応や、場の状況によって柔軟な対応をするためには、「完全原稿」を作成してはいけない。文章を読み上げる「朗読」のようなスピーチでは、聞き手の心を掴むことはできないし、アイコンタクトもとれない。また、原稿を読むスタイルだとアドリブを入れたり、文の途中をカットしたりという柔軟な対応が極めて難しくなる。

もし仮に、寝ている受講者がいたなら決して名前をいって起こしたりしてはならない。また質問したり通読を命じてもいけない。急に当てられたりしても当然ながら質問の解答はできないし、通読の箇所も分からないので、講義が遅延したり流れが止まったりする。

寝ている人がいたら、その隣の人に質問したり通読させたりして、寝ている人に起きてというサインを出すのが良い。それでも寝ている場合は本当に疲れていると思われるので健康のためにもそのままにしておく方が良い。ただし、自分のプレゼンテーションがまずく、つまらないために睡眠に誘導している場合は（1人2人ではなく、かなりの数の人が舟を漕いでいる場合など）、自己批判する必要がある。

⑥ まとめ（結び）………印象に残る一言を

プレゼンテーションは唐突に終わってはならない。「そろそろ終わりだな」と聞き手に思わせて、そう感じさせてから、あまり時間を多くとらずに、

3. 教え方について

さわやかに終了する。私の場合は腕時計をみて「残り5分となりました。」といってからまとめに入ることが多い。ともあれ、後味の良い終わり方は、プレゼンテーション全体のイメージを1ランク高めてくれる。

結びでは、「それでは、本日のお話を簡単にまとめさせて頂きます」などといって、大切なポイントをまとめて説明する。職長教育の場合は各章の最後に「まとめ」があるので、それを格調高く通読するか、受講者に輪読してもらう。その場合は一人ひとりにお礼をいうことを忘れてはならない。

このまとめは既に本論部分で説明したことの繰り返しになるので情報としてはフレッシュではない。あまりくどくなりすぎないように、スライドならなるべく1枚にまとめて簡潔に触れることが大切である。

● 名言の引用

まとめが終わると、いよいよプレゼンテーションも終わりに差し掛かる。すぐに終わりの挨拶で締めても良いが、講演（講話）の場合は名言・格言、諺を引用したりして、印象に残る一言を挟むというやり方がある（本書のまとめにある、ウイルアム・ウォードの提言なども使える結びである）。

また職長教育、特別教育のような安全衛生教育の場合は受講者に質問は無いか確認してから最後の挨拶で終わるのが良い。

⑦ 質問の有無の確認と回答の仕方（3K「感謝、確認、共感」で受けてから2K「回答、確認」で対応するのが基本）

安全衛生教育の場合、講義の最後に必ず質疑応答の時間を設ける必要がある。4段階法では「確認部」といい、ここで受講者がしっくり、納得して帰らなければ教育効果は半減するからである。質問者への対処方法の如何によっては、今までのプレゼンテーションの信頼性を損なう危険性もある。したがって、これは講師にとって、重要なプレゼンテーションのスキルの一つである。

ⅰ）基本的態度………質問は、参加者全員の質問とすること

質問を受けたら、相手の発言をしっかりと受け止めることが大切である。単に「言葉」を受けて止めるのではなく、その「気持ち」も受け止

めるということである。共感的な受け止めである。

　もう一つの基本的な態度は事物や法令等の解釈の判断ではなく行動等の判断に関わることは、講師が簡単に答えるよりは、時間があれば、質問点を焦点化して相手に質問し、考えさせるようにするという態度を持つことである。

　「こうした方が良いのではないか？」と伝えるだけでは納得しない可能性がある。その場合は、相手に考えさせ、自分で答えを見つけ出させるよう仕向ける必要がある。

ⅱ）感謝（１K）

　基本的に質問は講師にとって歓迎すべきものである。

　共感的に質問を受け止めた態度で、「自分の講義の不十分な点を埋め合わせる機会を与えて頂いて、有り難うございます」という感謝の気持ちを込めて、質問者に謝意を示すことが大切である。このとき謝意の言葉だけでなく、うなずきながら相手の質問を聴くというノンバーバルも用いた方が良い。

　共感的に受け止めるということは、心から相手を理解したいと思って質問を聴くことである。そのためには、質問者の話を聞きながら「自分の考えは〜なのに」「あのときの話を聞いていなかったのかよ」と自分の心の方に意識を向かせたり、「きっと質問者は〜して欲しいからこんなことをいっているのだろう」などと、相手の言葉を自分の立場で理解してはならない。意識を相手に向け、相手の立場で聴くことが大切である。

　そうすると、自ずとうなずき、感謝の言葉が出てくるはずである。

　仮に自分にとって都合の悪い質問や、明らかに話を十分に聞いていなかったと思われるような質問だったとしても、共感的対応に徹する。決して「先程もご説明しましたが！………」などと不機嫌に対応するのは良くない態度である。質問をしてくれるということ自体がプレゼンテーションへの協力行為と考えるべきである。質問者に対して、寛容で余裕のある態度も全体の雰囲気を良くするし、講師に対する尊敬にもつながると考える。

3. 教え方について

ⅲ）確認（２Ｋ）

　質問した当人は、すぐにでも答えを知りたいと待ち構えている。しかし、その他の多くの聞き手達の気持ちはどうであろうか。質問者が早口だったり、小声だったり、内容がゴチャゴチャしていたりして、他の大多数の人たちが質問の内容を正確に理解できないということもよくある。そこで、講師は質問された内容を再構築し、自分の言葉で言い直すことが求められる。

　また、質問は、参加者全体の質問とするためと、質問の趣旨を取り違えていないかを確認するため、「〇〇さんの、質問の趣旨は、〜について〜であると思うので………なので良いのか、ということでよろしかったですか？」と全員に聞こえるように質問者に確認する。この場合、できるだけ質問の趣旨を整理して確認する。

　こうすることにより、答える前に頭の中を整理し考える時間が生まれることと、当初の質問者の質問を聞き漏らした受講者も質問の趣旨が理解され、質問が全体の質問となる。

ⅳ）共感（３Ｋ）

　共感的受け止めをするには質問内容に対しても一定のリアクションを示すのが良い。「………ウ〜ム。なかなか難しい質問ですね」「すばらしいところに気がついた質問ですね」「沢山の受講者が同じところで悩んでいます。質問有り難うございます」「これには正解が無いようなので、皆さんと一緒に考えてみましょうか」

　池上彰氏が、この共感という手法を小学生に上手に使って、「週刊こどもニュース」（ＮＨＫ）という番組が高視聴率を上げたのはよく知られている。

　共感的に受け止めると、質問者は、この先生は私の味方だと思う。敵だとは思わない。味方の者が「〜で〜だから〜だと思います。どうですか？」といったら、なるほどと思い、その後は割と静かになるものである。敵だと思えば、回答のアラを探し、再質問という挙にでることがよくある。

ⅴ）結論を先に言ってから、理由を説明する（１Ｋ　回答）

　回答に当たっては、まず結論を先にいう。「〜については、私は〇〇

だと思います。」と質問者に向かって回答する。その後で、回答するに至った理由を、アイコンタクトを使って全員に対して説明する。「その理由は、〜は△△なので××になると思うからです。」

理由や説明の後に回答（結論）をしない。ホウレンソウの原則と同じである。

vi) もう一度確認する：回答がすんだら、最後にもう一度納得度の「確認」を行う（2K　確認）

プレゼンターの今の答えで、質問者が納得したかどうかを確かめることは、プレゼンテーションの満足度に重要な影響を与える。「私は、○○は△△の理由から、××だと判断します。これで、よろしいでしょうか？」などと念押しするのが一般的である。

しかし、「よろしいでしょうか？」と確認したら、質問者が「いや、私の聴きたかったのはそういうことじゃなくて………」と、さらに質問や意見を重ねてきたらどうであろうか。会場の空気は一気に対決モードになり、プレゼンテーション全体としてみた場合、決して良い状況ではない。

かといって、質疑応答の時間は限られているし、他にも質問したい人がいるような場合、1人の質問者に長時間対応することは避けるべきである。

その場合は、「これでよろしいでしょうか？　詳しいことは後ほど個別にお話しさせて頂きます」などと先回りして回答し、次の質問者に移るのも一つの方策である。

図表2－14　3Kで受けてから2Kで対応

感謝 1K → 確認 2K → 共感 3K → 回答 1K → 納得の確認 2K

⑧　質問の意図と対応方法

質問は、共感的に聴くなかで、その意図は何かを把握することも重要である。純粋に分からないため、自分の主張を述べたいため、あるいは講師

を困らせたいため、さらに内容を深めたいためとその意図は色々ある。

　また、講義の途中で質問を受けることもあろう。講義の流れを中断せずに、質問にすぐ答えられる自信があれば質問に対応しても良いが、仮に脱線、混乱、講義時間の超過等のおそれがある場合には、講義終了後に答える旨断ってから、講義を続けることも必要である。このような事態を避けるには、つかみ（導入部）で質問の時間を設けていることを予め伝えておけば、ほぼ解決できる。

　「答えが分からない」ときの対応：質問者の意図はよく理解できる。質問内容もプレゼンテーションの趣旨に沿ったものである。でも、その答えが分からない。これは、講師にとって、最も辛い状況であろう。

　このような場合は、絶対にごまかしたり、知っている振りをしてはならない。不誠実な対応というのは不思議と相手に伝わってしまう。したがって、以下のように答えるやり方が良い例と思われる。

　「誠に申し訳ありませんが、今、ご質問にお答えするだけの十分な資料が手元にありません。早急にお調べして、1週間以内に別途回答させて頂く、ということでよろしいでしょうか？」

　まずは、その場で答えられないことを詫びるのが第一である。次に、調べて回答する旨を約束する。この場合、みずから締め切りを設定して、決していい加減にはしないという態度を示すことが好感度を上げる。

　「ピントがずれている質問」への対応：答えようと思えば答えられる。しかし、そもそもの質問が今回の講義に関係ない、その内容とかけ離れている場合にはどうすべきか。結論は「答えてはいけない。」なぜなら、ピントの外れた質問に回答すれば、その答えも多くの場合ピントの外れたものになり、雑学としては別だが、全く受講者の利益とならないからである。

　かといって「ピントの外れたご質問にはお答えできません」などと答えては講師失格である。ここは質問者の立場を配慮して、「ご質問はかなり専門的な内容ですので、後ほど個別にご説明させて頂く、ということでよろしいでしょうか」などと対応するのが良い。多くの受講者はピント外れに気がついているので、時間を浪費しないということで喜んでいるはずである。

「敵対的な質問」への対応：「そもそも何でそんな古いデータを今更持ち出してきたのか。」「そこのところが全く理解できないので、もう少し詳しく説明してもらえます？」「先生は講義で、○○といっていましたが、△△ということも考えられると思います。そうすると結論が全く逆になるが、それについては検証してあるのですか。検証してあるなら補足説明をお願いします。」

　質問の仕方も、内容も、明らかにケンカ調か、はたまた慇懃無礼な質問者がいる。明らかにプレゼンテーションの内容に不満、あるいは反感を持っていることが多い。このようなときは、論理的に正しさやデータで論駁しない方が良い。なぜなら、例え正論で質問者を黙らせる材料や資料があったとしても、講師と質問者の対立構造が浮き彫りになりそれが他の受講者にどのように捉えられるか、肯定的に捉えられるのか、ということを考えるからである。

　シンポジュウムや公開討論会ならいざ知らず、講義や一般的なプレゼンテーションは論争の場ではない。話し手と聞き手が同じ情報を共有し、できれば話し手の意図に従った行動をとってくれるようになることが望ましいので、そこには両者の利害を一致させようという暗黙の了解が前提となる。敵対的な意見が出ても、決してムキになって反論したり、高圧的に上から目線で、「教えてやる」という態度をとるのではなく、あくまでも友好的に対応することが望まれる。

　質問者がこの会場に来ている時点でプレゼンテーションの目的、目標はほぼ共有しているはずである。したがって、質問には直接答えないで、「質問者の方とほぼ共通の問題意識があると察します。要は手段、手法に若干の見解の相違があるのではないかと思います。」というように状況を強調するのが良いと思われる。

　「単なる感想や意見」への対応：質問の時間のはずなのに、単なる感想や、課題とはあまり関係のないような個人的な意見を、長々と発表するような人もいる。周りの人も、「あれ、何が聞きたいのだろうか？」と首を傾げることもある。

　時間の問題は別として、このような感想も必ずしもメリットがゼロではない。人の話を聞いたら、自分も何かいってみたいと考えるのも、自然な

3. 教え方について

ことかもしれない。程度問題ではあるが、聴くだけでなく自分の意見を述べることができれば、その人にとって溜飲を下げることになり、プレゼンテーション全体としてみた場合、聞き手の満足度を上げたことになる。

こういう個人的な意見にはどのように対応すべきか。質問が無いので回答するわけにもいかないので、「貴重なご意見有り難うございました。○○についてはそういう見方もあるということについて、私も同感でございます」などと肯定的にフォローしたり、「貴重なご意見を賜りました。ところでこれをどう具体化するかについて、質問者はどうお考えですか」と質問者に意見を投げ返すというやり方があるが、時間が更にかかることがあるので様子を見て判断するしかない。

それ以外の質問者の一般的な対応例を図表2－15に示す。

図表2－15　質問者への対応

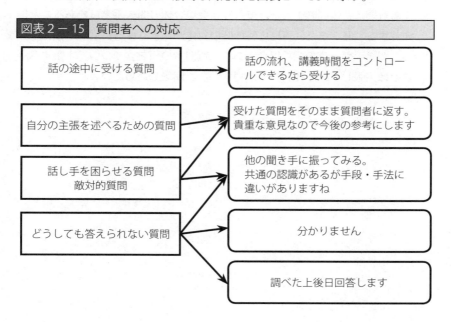

プレゼンテーションの後にどのような質問が出るか、それを完璧に予測することは不可能に近い。したがって、100％全ての質問に備えるつもりで準備することは現実的でない。だいたい80％の質問にはきちんと答え

られるような準備をしておく。もし質問に何の準備もしていない場合、やはり講義中不安が頭の中をよぎる。

人間は、他人があまりにも順調に、完璧に物事を進めていくのを見ると、抵抗感を覚えるという。これは心理学でいう「リアクタンス効果」の影響であるといわれている。完璧すぎて、かえって気に入らない、欠点のないのが欠点かも、などといわれる。

プレゼンテーションも最初から最後まで一分の隙もないというのではかえって可愛げがないかもしれない。ベストを尽くすが、多少のミスがあっても良い。質疑応答も80％こなせれば上出来と考え、リラックスして取り組むことが必要だ。

なお、回答の仕方であるが、基本的には質問者の方を向いて行うが、答える意識は、質問者1人だけでなく、会場全体の聞き手全員であることに注意すること。また、質疑応答の時の対応があまりに自信満々で強気すぎると聞き手の反感を招く場合がある。質問者の顔を立てつつ、主張すべきことは主張して、全体としては穏やかな雰囲気で進めたい。

4．TEDプレゼンテーションについて

　アップルのスティーブ・ジョブズ、マイクロソフトのビル・ゲイツ、ソフトバンクの孫正義などのプレゼンテーションを見たことがあると思うが、マイクはヘッドセット、手には紹介する商品を持ち、演台は使わず、舞台を縦横無尽に自由に歩き回り、非常に聴衆を引きつけるプレゼンである。これはTED（Technology、Entertainment、Design）カンファレンスで開発というか使われているプレゼンである。

　このTEDによるスピーチが世界的に流行しているので、それを紹介する。安全衛生教育の講義には直接取り入れることはかなり難しそうだが、安全講話や講演では使えるテクニックとなると思われる。

　TEDのスピーチは、アイデア、伝え方、話し方の3つに整理して考えると分かりやすい。

　TEDとは、科学、娯楽、デザイン等の一流の人達が持っているアイデアを世界に広げていく場である。ビル・クリントン元米大統領などの政治家や哲学者、発明家や音楽家、学者、建築家、医療活動従事者などその世界の第一線で活躍する1,300名を超す方々がスピーチをしメッセージを発信し続けている。

（1）アイデアよりプロセス

　　自ら手を動かし頭を使って見つけた発見や工夫、びっくりするような経験を通じ身をもって学んだ教訓、それらを本人が自ら伝えるところに、TEDの醍醐味がある。

　　オリジナルなアイデア等にたどり着くには、挑戦のプロセスが欠かせない。しかし当然ながら、何か新しいことに挑戦すれば、大なり小なり失敗が伴うことがある。そんな中で、もがき苦しみながら困難を乗り越え、最終的に手にした成功。人々が一番知りたいのは結果よりも手に入れるまでのプロセスであると思う。いかに葛藤を乗り越え、そこから何を学んだのかに興味をそそられるのである。

　　TEDは2006年からTED Talksとしてインターネットで無料配信

（TED.com）しているが、共通していえるのは、成功した光の当たる側面にだけ焦点を当てるのではなく、その背景にある影の側面にまで心を開いて話しているスピーチが、人々を感動させており、ここにTEDプレゼンテーションの第一の特徴が挙げられる。

よく、講演でも講義でも、唯一のアイデアは話せなくても、失敗した話、なかなかうまくいかなくて苦労した話を入れると良いといわれているが、まさにこのことである。

（2）18分以内で伝えきる

TEDでは「18分以内で伝えきる」というルールがあるそうだ。18分あれば、たいていのアイデアは伝えることが可能である。そして、聞き手にとっても、18分間は集中力を十分持続できる時間でもある。筆者は「20分に1回のリセット」というリズムをつくれと前述したが、これとほぼ同じ考えである。

これはインターネット配信をしたとき、視聴者が動画を見るのに適切な時間だともいわれている。これ以上長いと視聴することに躊躇するが、この長さだと空いた時間を使って手軽に見られるからである。

しかし、この18分というのは話し手にとってはかなり短いと感じられると思う。この時間に収めるためには、自分が一番伝えたいメッセージを明確にしておかなければならない。言い換えれば、この制限時間があることによって、そもそも自分は何を伝えたいのかということを明確にする必要に迫られる。その結果、話し手のメッセージは研ぎ澄まされていく。

さらに、スピーチのオープニング（導入部）は聞き手をハッとさせるように、単刀直入に核心に迫った話をしている。時間が制限されているということもあるが、スピーチの直前に司会者が略歴や話のテーマ等を紹介しているので、前置きなしに核心に切り込んでいけるのである。

そして、スピーチの終わりにも気を付けている。自分のスピーチで一番伝えたいメッセージを印象に残る言葉で伝えている。クロージング（締めの言葉、約束の言葉）はメッセージを聴衆の心にしっかりと焼き付ける重要な構成部分であり、オープニングと同様非常に工夫が凝らされているものが多い。

4．TEDプレゼンテーションについて

終わりよければすべて良しである。

（3）マイクはヘッドセット、演台は使用しない

　TEDの3つ目の特徴は、話し手が身体をフルに使って聴衆に直接話しかけるスタイルが際立っているということである。ステージには演台がなく、マイクはヘッドセットかピンマイクで、スクリーンは後方上部に配置されている。つまり話し手と聴衆の間を遮るものが何もなく、目の前の聴衆に対して自由に語りかけられるようになっている。

　ステージをフルに使って動き回ったり、パフォーマンスを行ったりすることも可能で、話し手の迫力がしっかりと伝わる仕組みになっている。

　もちろんスライドや映像も使用できるようにはなっているし、PPTを使ったプレゼンもある。言葉と身体とビジュアルを総合的に使った究極のメッセージ発信の形態が、TEDプレゼンであるということができる。

　繰り返すが、教室の中ではこのようなパフォーマンスはできないが、大いに参考になるところがあると思い紹介した（カーマイン・ガロ「TED驚異のプレゼン」、および「プレジデントオンライン」2015.10.23 参考）。

5. 教育の効果の把握について（評価）

　一般に教育は、その目的によって目標を定め、これによって必要な内容のカリキュラムを作成し、意図的、計画的に実施するものである。これらの進行に関し、計画→実施→結果の価値判断をすることが教育の評価である。

　安全衛生教育は、評価によって完結する。この評価は「どこそこの職場は、よくやっている」といった職場ごとの成績査定をするために行うものではない。教育計画に無理はなかったか、教育は所期の成果を上げたかなどを謙虚に反省し、その結果を次の教育計画に組み込み、教育内容の充実、向上に期するために実施するものである。決して評価のための評価に終わることがあってはならない。

　評価を考えるときは、（1）「評価の対象は何か」、（2）「評価尺度・基準は何か」、（3）「評価手段・方法は何か」について考える必要がある。

　評価の対象区分としては①目標管理的な評価と効果測定的な2点から評価する方法と、②計画段階、実施段階、終了段階に経過を振り返って、反省すべき点はないか、目標が達せられたかなどについて評価する方法がある。

（1）「評価の対象は何か」

① 目標管理的な評価と効果測定的な2点から評価する方法

　評価には、安全衛生教育が計画に対して、どの程度行われたかを見る「目標管理的評価」と、それが受講者の作業態度などにどのようにあらわれているかをみる「効果測定的な評価」の2通りがある。前者の評価は比較的容易であるが問題は後者である。これについては、観察法とテスト法とがあり図表2－16に示す区分に従って評価することが多い。

　これは、新規採用者に対する安全衛生教育の効果測定に応用した場合を示すものであるが、いずれの評価方法も基準を設けていないと評定者の主観が入りやすいので注意を要する。

5. 教育の効果の把握について（評価）

図表2－16　評価方法とその適否一覧

評価項目	観察			テスト		
	観察法	面接法	作品評価	質問法	評定法	テスト法
知識	○	○		○	◎	◎
技能	○		◎		○	◎
意欲	◎	◎		○	○	

（野原石松「安全衛生教育のすすめ方」）

② 計画段階、実施段階、終了段階に経過を振り返って、反省すべき点はないか、目標が達せられたかなどについて評価する方法

　評価の対象は、ⅰ）講師（プレゼンンター）や教育計画担当者の評価と、ⅱ）受講者側の評価である。

ⅰ）講師（プレゼンンター）や教育計画担当者の評価

　6W2Hのもと立案した教育計画の妥当性、教育目標と内容、教育順序、教材、または講師の指導方法（プレゼンテーション技術）等について、どこに問題があったかを評価し、次回の教育に反映させる。

　教育の評価の対象を細かく検討すると、次のものがある。

　イ　教育の計画段階に関して
　　（イ）受講者の選定
　　（ロ）講師、指導者の選定
　　（ハ）教育の目的・目標
　　（ニ）教育の内容
　　（ホ）教育の方法
　　（ヘ）実習の計画
　　（ト）教材等
　ロ　教育の実施段階に関して
　　（イ）教育内容および配列
　　（ロ）指導法・手順（プレゼンテーション技術）
　　（ハ）受講者の思考構造

　　　　　（ニ）教育環境
　　ハ　教育の終了段階に関して
　　　　（イ）教育の完成度
　　　　（ロ）教育の能率
　　以上のように、教育の目標を達成するため、直接間接に影響を与えるものはすべて教育の評価の対象と考えられる。
　　ニ　教育評価の目的に照らしてどうか
　　　　教育評価の目的は、計画、実施、終了までの活動全体を教育目標と対比して価値判断し、その結果を、計画面、指導面、管理面などに反映することである。
　　　　（イ）教育管理を生かすため
　　　　（ロ）教育指導を効果的に行うため
　　　　（ハ）指導法の改良のため
　　　　（ニ）作業者の適正配置のため
　　ホ　教育評価の手順に照らしてどうか
　　　　教育の評価の手順には一般に次の手順がある。
　　　　（イ）評価のねらいを明確にする
　　　　（ロ）測定目標を決定する
　　　　（ハ）測定手法を選択する
　　　　（ニ）測定を実施する
　　　　（ホ）測定結果を検討し、考察する
　　　　（ヘ）検討し、考察した結果を次回に生かす
ⅱ）受講者側の評価
　　受講者の評価は、教育目標について、その達成状況を評価することであり、基本的には、前述したように、「受講者の理解度」「行動変容」「職場状態・レベル」と3つの視点で評価する。

5. 教育の効果の把握について（評価）

図表2－17　受講者側の教育評価項目

	評価項目（対象）	評価の内容	方法
1	受講者の理解度	・受講者がどの程度受け入れたのか ・受講者がどの程度理解したか	アンケート 発問（質問） テスト 実技（テスト）
2	行動変容	・教育の結果、仕事への態度などの行動変容をみる	レポート 行動観察
3	職場状態・レベル	・職場の状態、災害件数等の業績の変化をみる	報告書、データ 行動観察

イ　第一の受講者の理解度は、どれだけ覚えたか、どれだけ身に付けたかを見ることであり比較的に容易に評価できる。

　アンケートは、各講義ごとに行うのが一番良いが、全てのプレゼンテーションが終わってから行う場合は、アンケートの記入時間を確保しておかねばならない。例えば17時終了なら、16時45分には講義を終了し、「5分間でアンケートを記入してください」といってから、「記入し終わった方は退室して良い」旨を伝える。

　アンケートは、せかさないように、ゆっくり、じっくり考えてもらって、記入させるのが良い。しかし予定の17時は厳守すること。

　また研修中にアンケートができない場合は、最近ではSNS等を使って、研修の感想や意見、提案、職場に帰っての上司への報告内容、後述ロの職場での取組状況などを求めている例が多い。匿名化して統計処理して見える化、情報の共有化を図っている企業も多くなっている。

ロ　第二の行動変容の評価は、研修終了後職場に戻り、受講者がどの程度望ましい方向に考え方や行動が変化したかを見ることであるが、なかなか難しい。

　人が教育等によって動機づけされ、行動が変化するためには、教育内容について理解・納得するとともに共感を得て、自分の気持ちで自主的に主体的に行動するようにならなければならない。

理解と納得は、講師の努力と工夫と周到な教育計画（カリキュラム、教材等）で一定程度得てもらうことはできても、共感や自主的、主体的行動は、かなり困難である。前述した、ロゴス（論理）、パトス（感情）、エトス（習性徳）による説得が必要であるが、昨今、これを解決する教育指導方法がコーチングという手法である（コーチングについては後述）。

ハ　第三の職場の状態・レベルの評価は、教育等によって、目標とするレベルに、職場が到達したか否かを評価することである。職場の問題点が解決され、職場の状態・レベルが変化・向上しなければ教育効果があったことにはならない。ここに学校教育と実務教育の違いがあり、教育担当者は常に意識しておく必要がある。

（2）評価手法、評価尺度、基準等について

① 講師・教育計画者（合わせて「指導者」という）側の評価

前述した教育計画に関わる評価であり、基本的には受講後のアンケートにより調査するのが一般的である。したがって、指導者側が、前もって調査項目を整理しておくことが必要である。また評価に当たっては、図表2－18に見られるよう「3～5段階」で定量的に評価することにより、多面的な検討が可能となる。

なお3段階での評価はヒストグラムの一般的傾向により中位に回答が集中する傾向があるので4～5段階法が良い。

また、カリキュラムの評価は、時間配分、講義内容などを質問するが、受講者にとって今後の仕事をする上で有効であったか、分かりやすかったか、意欲の出るものであったかなど等、具体的視点を明確にし、評価することも大切である。

5．教育の効果の把握について（評価）

図表2−18 評価尺度

（1）評価尺度は、
　① ある種の判断に数値を与え、判断を数量化し、
　② 各種統計処理を可能にするものである
（2）尺度段階
　① 3段階、4段階、5段階に分けて、判断の方向と強さを求める手段であり
　② 具体的には、「どちらでもない」中間点を提示し奇数段階で分別する方法
　③ 中間点を提示せず、偶数段階で分別する方法がある
【事例】

5段階	
非常に好き	（5点）
好き	（4点）
好きでも嫌いでもない	（3点）
嫌い	（2点）
非常に嫌い	（1点）

4段階	
好き	（4点）
どちらかといえば好き	（3点）
どちらかといえば嫌い	（2点）
嫌い	（1点）

3段階	
好き	（3点）
どちらでもない	（2点）
嫌い	（1点）

② 受講者側の評価

　本評価をするに当たっては、教育目標レベルの明確化が極めて大切である。レベル設定ができていなければ、基本的に評価は困難となる。
ⅰ）教育目標が、受講者の理解度であれば、基本的にペーパーテスト、実技テスト等により評価することができ、比較的容易な評価対象といえる。
ⅱ）受講者の行動変容の評価は、これも目標設定が極めて重要となる。例えば、「どんな部下に育てたいのか」という具体的な姿をイメージし、更にその目標とするレベルを決めておかねば評価することは困難である。また、目標レベルを常に定量的に把握し、見える化することができるならば、自ずと評価も可能となる。見える化の検討が、同時に教育評価の方法、尺度・基準等の検討をすることにもなる。
ⅲ）職場の状態・レベルの評価についても目標設定されているかどうかが

重要になる。

例えば、作業手順書の作り方、作業方法の改善等に関する教育は、職長教育のカリキュラムの一つであるが、その際、教育目標をどう立てるかで、評価の仕方も変わる。教育目標を手段の習得、理解と置くか、あるいは手段の習得後の作業手順書の見直し、作業方法の改善に置くかによって評価の対象は当然ながら異なる。前者であれば、受講者の理解度の評価であり、後者であれば職場の状態・レベルの評価となる。

職場の状態・レベルの評価では図表1−15と図表2−17に示す目標レベルの設定は欠かすことができない。教育終了後、リスクアセスメントを踏まえた職場の手順書の見直し計画、あるいは新規作成計画を立案し、目標レベルを設定し、その達成状況を評価することになる。

上記ⅱ）ⅲ）の評価は、職場との連携が当然の事ながら必要であり、また、教育後、一定時間経過した後に実施され、評価するまでに時間がかかる対象といえる。そして、本評価は次回教育計画立案時に検討を加え、継続性の確保につなげる必要がある。

評価手法・評価尺度・基準の作成は目標レベルを定量的に把握し、見える化が図れれば、原則可能となる。したがって、いかに見える化できるかの工夫と努力が評価の課題といえる。

なお、前述したとおり、多くの社内研修は、「わかる感（知識）」「できる感（技能）」「やるぞ感（態度）」の向上のためにあるので、それぞれがどの程度高まったかを評価する必要がある。

（3）「評価手段・方法」は何か

評価手段・方法としては、図表2−16に述べた、（行動）観察法、面接法、作品評価、質問法、評定法、テスト法、図表2−17で述べたアンケート、レポート、報告書などがある。ここでは、一番多く使われるアンケートについて述べる。

研修の効果の40％は事後で決まるといわれている。研修を企画するときは、研修そのものだけでなく、事後の活動も合わせて考えないと、研修が単なる息抜きで終わってしまう。

5. 教育の効果の把握について（評価）

　アンケートは、受講者にとって過度な負担とならない程度のものが望まれる。まずは、確実に記入してもらい、数多く回収できるよう項目をできるだけ絞るようにする。あれもこれもとむやみやたらに尋ねるのではなく、教育の目的、目標に沿った研修となっているかを確認することを念頭に、重点を絞って項目を抑えて、受講者が5分程度で答えやすい分量を目指す。目安はＡ4用紙1枚程度、最大でも表裏までである。選択肢や記述式など参加者が回答しやすい方法を考えていく。一番良いのは、選択式に番号を選ばせ、次に記述式でなぜその番号を選んだのかの理由を聞く方法である。記述式に記載がなくても、一定の評価ができる。そして、アンケートには必ず次の4項目を入れておくことが重要である。

① 満足度

　まずは、受講者に「研修を受けて良かったかどうか」の満足度を聞く。研修を受けてつまらなかった、参考にならなかったでは失敗で、元気にやる気を持って帰ってもらうためにもこの設問は欠かせない。ただし、単に「面白かった」での受け狙いを聞くのは本末転倒である。

② 理解度

　受講者に教育研修を通じて学習内容がどれだけ伝わったかということを測る視点である。折角時間と労力をかけても何も理解されていなかったら、研修をした意義がなくなるだけでなく、主催者としても悲しい。理解度を聞く場合には、どこが理解できたのかできなかったのかを、最低限レジュメ等の項目一覧を示し選択てもらうと傾向がつかめる。

③ 活用度

　職場に戻って、どれくらい「やってみようか」と感じたかを測る視点である。これを意外と聞かないアンケートがある。職場（現場）は、研修後の変化や動きに期待して送り出しているのである。したがって、この研修の成果を職場でどのように役立てたいのかを聞くことは、欠かしてはならない。

④ その他について

　アンケートの質問項目が一定数あり、プレゼンテーションに対する批判についても触れられていれば別であるが、項目数が少ない場合には必須で

ある。「その他、研修の運営や進め方などに対しまして、お気付きの点がありましたなら、ご自由にご記入ください。」と一般に記入方式でアンケートを求める。冷房がきつかったとか、街宣車の音がうるさかったとか、様々な意見が寄せられるが、お客さまの声であるので、できるだけ次回の研修に生かすようにすべきである。

　アンケートは、匿名、無記名の方がホンネが出やすい反面、無責任な記述が出てくるおそれもある。受講者の特徴を考えながら最良の方法を考えていく必要がある。研修後しばらく経ってからアンケートや宿題の報告に合わせてというやり方、SNS等のメールを使ったやり方もある。

　一般に研修は時間を押して進められることが多く、アンケートの記入時間がなくなることもある。終了後にバタバタと帰り支度の中で記入させるのは考慮の時間がないので避けたい。アンケートを研修開始時に渡して、毎講義ごと、あるいは休憩時間中に少しずつ書いてもらうという手もある。
　なお、アンケートは基本的には主催者のためのものであって受講者のものではない。受講者がどうしてもいいたいこと等があれば、FAX番号やメールアドレスを提示して、意見・質問を求めるのもサービスである。社内研修の場合は、数値・グラフ化等をして情報の共有化を図るのも研修の活性化につながる。

（4）教育研修のさらなる発展のために

　教育研修を実施していくときは、経営首脳陣と研修企画・立案者、講師が一体となることが大切であり、経営首脳陣にいかに「同じ船」に乗ってもらうかが重要である。それは教育研修の計画等実施前だけでなく、研修の継続性、充実のためには実施後も重要である。
　経営首脳陣に対して研修実施前のエネルギーを費やした努力を研修終了後もレポーティングし、説明責任を果たすことが重要である。
　なぜなら、研修の善し悪しは、多くの場合、研修に参加していない人々（＝経営陣と現場のトップ）には、「不可視」であり、しかし彼らこそが、次年度の研修の決裁権限を有しているからである。

すなわち、研修の持続可能性を決定しうるのは、その研修に参加していない第三者である事の方が多い。彼らに対して、研修中には、どのようなことが起こったのか、結局どのような効果があったのか、を説明することが重要である。

　したがって、前述した「評価」をデータとして整理し、レポートとして安全衛生委員会に報告するとともに、経営陣向けに、Ａ４判１枚程度のエグゼクティブサマリーにまとめてレポートに沿えて経営陣に報告すると良い。

　まとめには、研修企画の趣旨を必ず入れる。なぜこの研修をするのかの「そもそも論」を忘れている場合が多いからである。

　またこの報告は、経営陣から求められてから提出するのではなく、求められる前に「評価」が出たらすぐ行う方が研修に対する評価が高くなる傾向にあるようである。

（5）よい講師とは

　評価の結果、よい講師かどうかが判明するが、その判断基準は以下のとおりである。これを点数化すれば、容易に判断できるわけであるが、逆にいえば「目標」にもなる。この目標を目指して、プレゼンテーション技術を磨くのがよいが、大事なことは、単なる技術論であってはならない。何のために教育するのか、もう一度原点の教育計画策定の趣旨、ニーズに立ち返ることが大切である。

図表２－19　よい講師の５条件

第１条件	知識、技能、そして品位を備えること
第２条件	教育・指導の方向付け、統制を意識的に行えること
第３条件	教育・指導に心から愛情と情熱を持ち、人に接することができること
第４条件	相手本位に考え、教育・指導できること
第５条件	たえず学び、みずから育てる気構えを持つこと

① よい講師の第1条件にある知識・技能の必要性は当然だが、筆者はこれに「品位」も加えたい。品位は自然に備わるという人もいるが、私はアンケートや受講者との飲ミニケーション等のコミュニケーションから、「品位」がないと指摘された振る舞いは、反省して改めるようにしている。

　第2条件の統制は、指導案頼みではなくTPOをとらえ臨機応変に対応する力量を備えることである。特に、予定外の不規則質問あるいは講師に対する「ヤジ」などが起きた時に発揮されるが、ある程度修羅場をくぐらないと理屈だけでは対応できない。

　第3条件の情熱であるが、熱血教師という方もいるが、いまや熱血だけでは引いてしまう受講者も多い。そのためにも第4条件、第5条件をクリアしていかないと情熱が薄っぺらく見えてしまうので注意が必要である。

② RSTトレーナーには、次の5つの役割と心構えが求められているが、企業内安全衛生教育をする講師には共通のことと思う。なおカッコ内はよい講師の5条件との対応である。

ⅰ）現場の状況を常に把握しておくこと。

　　労働災害は、生産現場や工事建設現場等の仕事の中から発生する。このためトレーナーは、現場をよく知ることが要求されるとともに、作業や設備のあり方を説く中で、安全衛生についての物の考え方、判断の仕方を教えることが求められる（図表2－19の第1条件）。

ⅱ）様々な教育方法それぞれの長所短所について十分理解すること。

　　本講座では、講義法、討議法、役割演技法、事例研究を学ぶが、教育方法にはそれ以外にもプログラム学習法、問題解決法、OJT等いろいろある。RSTトレーナーはこれら様々な教育方法の長所短所について十分理解を深め、教育手段としての適切な教育方法を選択して教育目標を達成しなければならない。RSTトレーナーは、そのための普段の研鑽を怠ってはならない（表2－19の第5条件）。

ⅲ）集団におけるリーダー、職長の影響力の大きさを理解すること。

　　作業方法の決定や作業者に対する監督、指導が不適切であったため、労働災害を招いた例が少なくない。これらは、多くの場合、災害ポテンシャル（災害が起こる可能性、すなわち不安全状態、不安全行動をいう）を軽視したことによるものであり、職長のこのような態度は、作業者に

も悪い影響を与えるものである。トレーナーは、教育の中で職長に対し、「いかなる災害ポテンシャルも見逃さない」という厳しさを植え付けるようにしなければならない（表2－19の第3条件）。

iv）教育のニーズを明確にすること。

　教育計画の策定にあたってRSTトレーナーに求められることは、法定事項の消化のみに止まらない。安全衛生上どこに問題があるかについて把握した上で、職長にとって、今、直ちに必要な知識、技能は何であるか、また、将来必要となる知識、技能は何であるかを明確にし、教育内容の決定を行うことも必要である（表2－19の第4条件）。

v）環境の変化に対して常に関心を持つこと。

　近年の労働を取り巻く環境は大きく変化してきている。労働人口の減少、特に若年層の減少、女性労働者、中高年労働者、あるいは構内下請や派遣労働者等の増加に伴う安全衛生への影響とその対応などについても理解を深めなければならない（CSRも含め、会社がこれからどの方向に行くのか、行かなければならないのかを見極めて職長教育をする必要がある。表2－19の第2条件）。

③　また各種特別教育インストラクターに対しては、筆者は図表2－20の2つの心構えと6つの留意事項を求めているので紹介する。

図表2－20　インストラクターの2つの心構えと6つの留意事項

心構え	①　特別教育に限らず安全衛生教育の目的は、教育を受けた者が、その職場における作業を安全にかつ衛生的に行うことができる知識、技能、態度を身に付けさせるとともに作業方法をより無害な方向に改善する能力を付与することにある。 ②　法的な規制があるから実施するといった、消極的姿勢ではこの目的にそった効果ある教育を期待することはできない。「特別教育」の実施にあたっては、次の6点に留意することが必要である。
留意点	①　作業の実態に即した教育内容とすること。 ②　作業に見合う教材を準備し、使用すること。 ③　インストラクターは常に、必要な知識、最新の知識、技能の習得の研鑽を積むこと。 ④　実技教育はマンツーマン方式で繰り返し指導すること。 ⑤　集団における職長、班長等の影響力の大きさを理解して対応すること。 ⑥　環境変化に対し常に関心を持つこと。

6つの留意点について若干補足説明を行う。

① **作業の実態に即した教育内容とすること**：危険有害業務に対する特別教育については、法令に基づき特別教育規程が定められ、学科教育、実技教育時間などが示されているが、現場においてはこの規程に示されている以外の事項が必要とされる場合もあるので、作業の実態を把握し、必要な事項を追加するなど作業の実情にマッチした教育をすることが望ましい。そのためには、現場の状況を常に把握し、教育ニーズを明確にしておくこと。

② **作業に見合う教材を準備し、使用すること**：教材としては、中央労働災害防止協会の「特別教育関係テキスト」が一般に使用されるが、教育を受ける者の関心を深めさせるためにも、それぞれの事業場における災害事例、H・H事例、不安全・不衛生行動の実例、労働衛生を確保するための改善事例など、身近な題材を取り上げたサブテキストを作成し、使用することが望ましい。

また、ビデオ、DVD、PPTによる視聴覚を通した教育を組み入れることによって、一層効果を上げることができる。市販のものばかりでなく、スキャナーやデジカメを活用し事業場で手作りのものを用意することが望ましい。

③ **インストラクターは常に、必要な知識、最新の知識、技能の習得の研鑽を積むこと**：教育にあたる者は、教えようとする業務についての知識、技能を有しているだけでは十分ではなく、教えようとする事項を的確に相手に理解させるだけの能力、いわゆる教育技法を身に付けていることが必要である。

そのためにも、様々な教育方法それぞれの長所・短所について、十分理解することが望ましい。

④ **実技教育はマンツーマン方式で繰り返し指導すること**：実技指導については、後述する第Ⅲ編4「実技教育用指導案の作り方」の項で詳述しているのでそこに譲るが、「やってみせ、言って聞かせて、させてみせ、ほめてやらねば、人は動かじ」という山本五十六の教育手法がよい。

⑤ **集団における職長、班長等の影響力の大きさを理解して対応すること**：作業方法の決定や作業者に対する監督・指導が不適切であったため、労

働災害を招いた例が少なくない。これらは、多くの場合、災害ポテンシャル（災害が起こる可能性、すなわち不安全状態、不安全行動をいう）を軽視したことによるものであり、職長等のこのような態度は、作業者にも悪い影響を与える。

　折角、インストラクターが新規作業者に対して、正しい作業の仕方を教えたのに、現場での職長の悪い手本をみならっては元も子もない。

　インストラクターは、必要ならば職長等に対しも、再度能力向上教育等を行い、いかなる災害ポテンシャルも見逃さないという厳しさをもう一度植えつけるようにしなければならない。

⑥　環境変化に対し常に関心を持つこと：インストラクターも労働力人口の減少、特に若年層の減少、女性労働者、中高年労働者、派遣労働者、期間労働者、外国人労働者の増加に伴う安全衛生への影響とその対応などについても理解を深めなければならない。

　グローバル化やＣＳＲなど会社の経営環境や方針についても関心をはらい、特別教育等に反映させていくことが、これからはますます求められている。

　ＲＳＴトレーナーと特別教育インストラクターに共通の項目があるのは社内安全衛生教育であるが故当然のことである。しかし筆者もこの役割や心構え、留意点について100点満点を目指すべく日夜努力はしているが、なかなか達成できていない現状にある。

第Ⅲ編 指導案の作成について

第Ⅲ編　指導案の作成について

1. 教育指導案とは

　教育指導案とは、カリキュラムに決められている教育事項の一単位の科目を、教えやすいように、その内容と方法を良く検討して、予定時間内に教育訓練が完了するように整理してまとめたものである。具体的には、教育目標を明確にし、「何を、どの順番で、どの程度の時間で、どのような教材で、如何なる手段により」教育を実施するかを検討した計画書といえる。言い換えれば、教育の進め方やポイントを教育事項ごとに具体的に示したものである。一口で表現すれば、講師にとって教育の「アンチョコ（解説書）」「虎の巻」であり、その作成は必須要件である。したがって、指導案は担当講師自らの手で作成し、準備することが建前である。

　指導案は指導要領ともいわれ、またその様式も色々ある。さらに指導案は「テキスト」を使用しての講義用の指導案と、テキストを使わない指導案ではその作成方法も若干異なる。

2．指導案策定の必要性とその合理性

　企業で教育を実施する場合、一般に学科の指導は講義方式、技能の訓練はOJTや実習法、また、事例研究などは討議方式で行うのが普通である。この場合、学科の指導において講師は自己の専門範囲について、過去に習得・体験した知識をもとにして話すことが多くなる。この方法は、自分では十分わかりやすく話したつもりでも、受講者が教育内容について理解したかどうか常にかえりみる必要がある。講師は、教えようとする内容を、受講者の既知の知識・経験に結びつけながら、その人が持っている理解力・思考力に合わせるように、教育しなければならない。そのためには事前の入念な準備が必要となる。

　日常の対話、雑談をしているときは、実におもしろ、おかしく、魅力的な話をすることができても、いざ講義になると、さっぱり要領を得ない話し方になる人がいる。これらに共通している特徴は、筋道のない場あたり的発言によるからである。即ち、準備の不十分さによる結果といえる。こうした事態にならないためにも教育指導案の策定は、教育にあたる講師にとって必須条件である。

　また、講師にとっての具体的利点は以下のとおりである。
① 予定している教育内容と急所を漏れなく、教授することができる。
② スケジュールに従って、予定時間に目的の教育を完了することができる。
③ 指導の重点と解説する内容を順序よく進めることができる。
④ 事前に、指導案を作ることによって、教育中の疑問点を調査し、解決することができる。
⑤ 指導案の作成過程において、話法や、事例の活用の仕方を身に付けておくことができる。
⑥ 指導案によって教育を進めると、自信と余裕を持って行うことができる。
⑦ 事前に、指導案の程度と内容とについて、関係者と打合せ、協議することができる。
⑧ やむを得ず他人に代理を依頼する場合に、指導案を示して、その内容と要領を依頼することができる。
⑨ 同じ内容を別の受講者に指導するときの参考にすることができる。

⑩ 指導案の活用方法に慣れてくると、作成要領もよくなり、より効果的な教育を進めることができる。

以上のことを要約したのが図表3－1である。

| 図表3－1 | 教育指導案を作成するメリットと検討内容 |

	メリット	検討内容
準備段階	●準備することにより教育内容、急所の漏れをなくすこと ●疑問点等の洗い出しとそれらへの対策ができること	教科目、教育目標、対象者、場所、時間等
実施段階	●予定時間内に目的の教育を完了できること ●指導の要点を順序よく整理し、話すことができること	講義の展開を「4段階」に区別し、内容を検討、整理

実施段階で「4段階」に区分するのは、一般に学校教育では「3段階法（導入－展開－整理）」の教育法が採られるが、実務教育の一つである安全衛生教育においては、「4段階法（導入－提示－適用－確認）」を採用しているからである。ただし、通常の安全講話やテキストによらないプレゼンテーションは「つかみ－本論－まとめ」の3段階法で行われる。どちらの手法を選択するかでもちろん教育指導案も異なるが、いずれにしろ下記基本的事項に留意して作成しなければならない。

① 指導案は、その教育訓練の学習者の既有能力を考えて作成すること。
② 指導案の内容は、学習しやすいように段階的に具体的なものになるよう作成すること。
③ 講師は、自己のプレゼンテーション（演技能力）を考えて指導案を作成すること。
④ 教育訓練は、教育スケジュールにより時間的な制約を受けるから、その時間内に完了するように時間配分を考えること。
⑤ 教育訓練の内容はできるだけシート、チャート、図形化して学習者の負担を軽くすること。
⑥ 教育訓練中にDVD、OHCなどを使用する場合、または第3段階で「小テスト」等を行う場合には、第1段階の導入部でその概要と所要時間を解

説するよう作成すること。
⑦ 作成した指導案は、事前に演技して、その結果によって、内容の変更、追加、削除をしておくこと。
⑧ 指導案は、作成者自身のものであるから、カラーマーカーを引いたり、「！」や「⇒」を入れたり、自分で活用しやすいように作成すること。
⑨ 指導案の内容は、教育訓練の原則（8原則、4段階法、3段階法等）を基本にして作成されることが望ましい。
⑩ 指導案は、道路の標識や案内図のようなものであるから、迷わないで活用できるよう作成すること。

一般に教育をするためには、指導案が必要にして、大切な準備資料となる。

最初に指導案を作ることがおっくうになり、ついメモ程度の簡単なものを準備すると、講義が本論から外れたり、脱線してとんでもない方向に向かうことがあるから、真剣に作らなくてはいけない。一度努力して指導案を作り教育の場で活用してみると、大変便利なもので、頼りになる資料となることは疑いのない事実である。そして、次回から、指導案なしでは講義に自信を失うような状態になるであろう。

指導案の作成は、講師として、教育技能向上のための創造と自己啓発の場となる。

指導案は、指導の単位ごとに作成する。指導単位は、受講者の習得能力に応じて決められるが、学科の場合は1〜2時間、実技の場合は半日〜1日を単位時間の標準とするのが普通である。なお、法令上あるいは通達による職長教育、特別教育あるいは特別教育に準じた教育、技能講習等にはカリキュラムに定められた時間以上実施することが求められている。

3. 指導案の作成

　教育ニーズ、必要性に基づき教育計画が作成され、その中で具体的なカリキュラムが決められると（法令等で予めカリキュラムが決まっている場合もある）、次に教育必要点を決定することが大切である。必要点を決めるためには、次のことに留意すべきである。
① 教育の方針と内容および程度を決める。
② 教育に必要な情報、資料を収集し、整理する。
③ 教育内容の配列、順序を決め、時間を配分する。
④ 教育内容の急所を決定し、どうやって分かりやすく伝えるかを考える。
⑤ 教育内容の重点を強調するための方法と教材を考える。
これらを考え、整理したものが「指導案」である。

(1) 指導案作成の手順

　指導案とは、一定の形式（様式）に、講義の項目、教えるべき重点項目、講義の仕方（通読なのか輪読なのか）、プロジェクターの使用の有無と使用の仕方、資料の有無、討議を行う場合は討議の仕方、事例研究を行う場合はその進め方等について、それらを要領よく列記したもので、講師がその都度自らの手で作成することが原則である。

① 指導単位の決め方
　　教育の内容は、平均的な受講者の習得能力に相応した内容、程度であることが望ましい。新人とベテランとを一緒に教育対象とすることは、不祥事の再発防止とか全社的に意思統一するような場合以外は、かなり難しい。
　　事前に受講者の能力を調査しておくことが指導の前提条件となるが、実際問題として困難なこともある。したがって、可能な限り、採用5～10年の者、営業の経験1年以上、グループリーダーもしくは部下が1名以上いる者というような「受講条件」を決めると、能力は別として、一定水準以上のあるいは水準以下の受講対象者が決められる。
　　指導単位を決めるには次の原則がある。

ⅰ）受講者の習得能力を基にして決められるから、教育を修了したときは、新しい知識の習得感、進歩感そして満足感を得られるよう配慮すること。
　ⅱ）教育の範囲を十分考慮して、ムダやムリの無いように決めること。
　ⅲ）教育の単位は、前の教育内容と次の教育内容とが結びつくよう考慮すること。
　ⅳ）教育の単位は、教育条件、環境、教材、使用設備、機器によって異なるから、これらを十分考慮すること。
　ⅴ）一般に、学科指導の単位時間は、法令・通達等に定められているもの以外は、1～2時間程度、実技指導時間は、半日～1日程度である。

② 教育の段階

　教育の単位が決められたら、次にこの内容についてどのような教育を展開すべきかを指導案で考える。教育の内容や教材の活用の仕方によって、いろいろな教育のやり方が考えられる。しかし一般的には、教育の内容を、第1段階：導入（準備）、第2段階：提示（説明）、第3段階：適用（応用）、第4段階：確認（まとめ）、の4段階に区分し、その各々に該当する教育内容の重点と時間数を記入して作成する。この4段階の各項目は、「第Ⅱ編3（4）教育の手順4段階法」と同じ考え方のものであり、指導案の骨子をなすものである。

（2）指導案の具体的な作り方

　指導案の様式は確定したものはなく、（1）①②の要件を満たしていれば原則自由である。ただし、テキストを使用する講義とテキストを使用しない講義ではその作成の仕方に若干の違いがある。本書末尾に筆者が使用している指導案を示しているが、これは東京安全衛生教育センターの指導案（様式第1号）を使いやすく改良したものであり、以下この様式で述べる。
　指導案は上部に見出しとして、講義の概要を欄があり、その下に左から「段階」、「狙い」、「目次・記載事項」、「一番伝えたいこと」、「具体的講義方法」（資料説明ポイント）、「教材」、「教育実施時の注意事項」、「時間（分）」と並んでいる。

第Ⅲ編　指導案の作成について

① 「見出し」部分
　ⅰ）教科目（題目）：教科目もしくは目的を明確にする。何のため教育するのか。
　ⅱ）教育目標：どの程度まで指導するか。講師が受講者に対して「こうなってもらいたい」という具体的なイメージを設定する。
　ⅲ）教育対象者：受講者を明確にする（例：新規、粉じん作業従事予定者）
　ⅳ）教育時間（所要時間）：全体時間数を決める。各段階の時間数はその項の最初の欄に記入する。

　これ以外に、ⅴ）いつ：教育の時期、ⅵ）場所：研修場所などを記載する場合もあるがなくても良い。

② 各欄への記入ポイント（第１段階・第２段階共通）
　ⅰ）「一番伝えたいこと」の欄の書き方：講演や研修を依頼された場合は、自分の話したいことが明確になっているので、「何を伝えたいのか」「何を知って欲しいか」を記入するのは割と簡単である。

　しかし、テキストを使用する講義や経験の浅い講師にはなかなか難しい。そこでまず、自分の担当する箇所のテキストをよく読む必要がある。その際に、薄い色（例えば黄色）のマーカーで取りあえず重要な事項にアンダーラインを引いていく。次に、もう一度テキストを読むが、この黄色のアンダーラインの中でさらに重要な事項は何かを探して熟読する。そしてこの最も重要な事項に濃い色（例えば赤色のマーカー）のアンダーラインを引く。この赤アンダーラインがこのテキストで伝えたい一番重要な事項となり、「何を伝えたいのか」「何を知って欲しいか」の内容となるのである。そしてこの赤アンダーラインの部分を適切に縮めて（まとめて）、なるべくワンセンテンスになるようにし、それを「一番伝えたいこと」の欄に記入すれば良い。

　記入にあたっては、図表３－２に見られるように若干の約束事があるのでそれに従うと読みやすい指導案となる。つまり、ワンセンテンスを体言止めのように、そのまま記入するのではなく、「～を理解させる」「～を知らせる」「～を気づかせる」というような書き方が望ましいとされている。

図表3−2　目標の記述・表現例

◎知識の習得・知的な理解の場合
　　「〜を知らせる」……………………事実、関係等
　　「〜に気づかせる」……………………事実、現象、仕組み、表現等
　　「〜を理解させる」……………………同上
◎思考に重点がある場合
　　「〜について考えさせる」
　　「〜の考えを深めさせる」
　　「〜の考えを改めさせる」
◎心情・態度・技能の場合
　　「〜を豊かにさせる」………………心情、経験等
　　「〜をもたせる」……………………興味、関心、自覚等
　　「〜を育てる」………………………興味、関心、態度、自覚、運動能力等
　　「〜を深めさせる」…………………関心、自覚等
　　「〜を養う」…………………………能力、技能、態度、情操、体力等
　　「〜を身に付けさせる」……………習慣、態度、技能等
　　「〜を伸ばす」………………………技能、表現力等
　　「〜を高める」………………………意欲、体力等

※実際に指導目標を定めるに当たっては、「知識」と「態度」を結びつけたり、「思考」と「態度」を結びつける等、指導意図（ねらい）を組み合わせても良い。
　　例　「〜を知らせることで、〜について考えさせる」「〜について考えさせることで、〜を深めさせる」

ⅱ）「具体的講義方法」（資料説明ポイント）の欄の書き方：テキストを使用する場合に、自分で読む（通読する）のか、ポイント説明するのか、その際にアンダーラインを引かせるのか、それとも受講者に読ませるのか（通読させる）、あるいは順番に指名等をして読ませる（輪読させる）のか、図やイラストの説明を行うのか、行うとしてどのように行うのか、質問や発問はするのか、という講義方法（プレゼンテーションの仕方）を記載するのがこの欄である。ＤＶＤを上映する。写真のスライドを見せる。場合によっては音楽や音声を流すということもある。

　なお、この欄の事項は自分のテキストにメモとして書き写すか、プロジェクターで上映しておくと忘れないですむ。筆者は、1単元ごとに、○○頁△行から〜×行まではポイント説明する。△△頁△行から〜△△頁×行までは受講者に通読させる。××頁の第○○図の補足説明を行う、という指導案の「具体的講義方法」の欄の記載事項をプロジェクターで

上映したまま講義している。そうすると忘れないし、受講者も今、何(頁)をやっているか分かるため喜ばれている。

ⅲ)「教材」の欄の書き方:「具体的講義方法(資料説明ポイント)」の欄に記載されていて使用するテキスト、ＰＰＴ、ＤＶＤ、配付資料、第○号の図等を記載する。テキストの△頁を使用する場合は、Ｔ△Ｐと記載している。ＰＰＴの△枚目の場合は、ＰＰＴ△と書いているが、要するに自分が分かり、間違わなければどのように記載しても差し支えない。

ⅳ)「教育実施時の注意」の欄の書き方:講義中の自分に対する注意事項である。例えば、「にこやかにあいさつする」「災害事例ではあまり驚かさない」「ここは重要なので、二度話すこと」「ここは時間がなければ省略して差し支えない」「通読するときは会場の中に進み出ること」「通読のお願いをするときはその方のすぐ近くでお願いすること」「通読させているときはそばに立つ」というような、プレゼンテーション中の注意事項を記載する。

③ 第１段階について【導入】

ⅰ)自己紹介:簡単な略歴をいうが、私は前述した「神田甲陽」方式で自己紹介をしている。このとき自分をリラックスさせるため「笑い」をとるのが良いが、結果としてそれは受講者もリラックスさせることになる。自己紹介は２分程度を目安にどんなに長くとも５分以内としたい(受講者の中には、早く講義を聴きたいと思って、イライラする人もいるから(特に、受験準備講習など))。

ⅱ)プレゼンテーションの狙い:多くの場合講義は、カリキュラムや実施事項が明らかなので、改めて説明する必要はないが、講演依頼があってプレゼンテーションをする場合は、主催者の意図を明らかにしておくと、なぜこの講師がここに立っているのかが分かり、受講者もなぜ自分がここにいるのかを再確認でき、動機づけにつながるのでできるだけ行うのが良い。

ⅲ)教育事項:法令等に基づく安全衛生教育の場合は、教育事項で良いが、講演や研修を依頼された場合は、「本日お話しすること」という標題で、第２段階の目次と概ねの目安時間を記載する。

なお、第3段階で「小テスト」を行う場合は、不意打ちとならないよう必ずその予告をしておくことを忘れてはならない。

iv）教育対象となった理由・背景：受講者がなぜこの講義を受けるに至ったのかの理由を記載するのであるが、自ら手を上げて受講したものが多い場合は必要ない。上司から受講の指示命令があって受講している場合等、動機づけが曖昧な可能性がある場合は欠かせない。

法令等で行うことが決められている場合は、その法令等根拠条文や教育が必要とされた背景などを簡単に説明する。なお、法令等に係る部分は、トップバッターの講師が一度話せばよく、くどくなるので原則後半の講師は話さない。

背景としては、企業を取り巻く状況、災害発生動向、法令改正等であるが、これも一度いえばよいので、各講師が事前に打ち合わせ調整することが望ましい。

v）第2段階に関係する、あるいは導入的な事項：与太話や経験談（失敗談）、そのほか受講者の気を引く話を持ってくる。ただし、これを行うと最低3分以上かかるのが常である。全体のプレゼンテーションの時間で第1段階にどれくらい時間を割けるかによることが多い。自己紹介等を含めて10分程度確保できるならチャレンジしてみる価値はある。そのためには、話のネタを日頃から意識的に集め、プレゼンテーションの訓練をしなければ、資料等の棒読みになるので気を付けたい。

要するに、第1段階は、なぜこの研修が計画されたか、自分が研修を受ける理由、必要性を納得させ、できればその気にさせること、つまり「動機づけ」が目的である。

十分な「動機づけ」がなされぬままに、本題である第2段階に入れば、受講者が準備不足で聞く耳を持たないまま、すなわち受け入れ土壌の醸成がなされぬままに教育することになる。受講者が聞く耳を持たぬ状態の中でいくら教育をしても、十分な効果を上げることができない。

なお、これは教育手順の4段階法の「動機づけ」（図表2－10）、3段階法の「つかみ」（図表2－11）と同様の位置づけである。

④　第2段階について【提示】

提示部の狙いは、教育内容そのものであり、教育項目、その展開の仕方について、整理、準備し、教育事項を理解させる部分である。

ⅰ）目次：講演や研修を依頼された場合は、自分の話したいことの順番に小見出しを付け、それを目次として記載していく。テキストを使用する場合は、自分の担当する部分のテキストの目次を原則として項目順に記載する。ただし、テキストにはあるが弊社では関係ないという事項は目次から除外して差し支えない。その場合、説明しない旨「具体的な講義方法」（資料説明ポイント）の欄に記載しておく。

またテキストには記載がないがどうしても話しておきたいことは、当然目次に追加する。例えば「職長の安全衛生テキスト」（中央労働災害防止協会）には、コーチングは一言も触れられていないが、これを追加したいという場合である。

ⅱ）図や表、視聴覚教材等のプレゼンテーションを補強する材料の準備：材料の選択に当たり、その材料より判明することは何か、自分の主張したいことがいえるか、もしくは主張したいことを補強できる材料は何かを考慮して選ぶ。

ここでの中心的項目は、目次ごとに、何を理解させたいのか、何を知らせたいのか、何を知って欲しいのかを明確にすることである。

⑤　第3段階について【適用】

第3段階は、第2段階の講義内容についての確認や応用力を高めるもので、依頼された講演や研修では行わないこともある。行う内容はグループ討議や小テストなどである。

ⅰ）第Ⅱ編3（1）で述べたとおり、発問とは質問と異なり、講師の側がすでに回答内容を知っていてあえて質問するもので、その場合一般にバズセッションという方法が用いられる。

発問内容はホワイトボードやプロジェクターで示すと討議内容が脱線したりせず集中する。また、発問は講義中で触れた内容を組み合わせたり、発展的に知恵を絞れば回答できるものを選び、人によってあまり意見の分かれる、あるいは漫然として回答しにくいものは避ける。筆者は

「目的、目標、手段」という言葉をワンフレーズで説明してくださいという発問をしている。
ⅱ）グループ討議の討議テーマは、職場の具体的事例や、問題点を選択するのが良い。テーマにより、職場の実態把握、問題点の整理、原因の確定、対策の決定などいろいろなアプローチが考えられ、討議を通じて受講生の理解が深まる。具体的な指導案として東京安全衛生教育センターで使用しているものを若干改良した様式２号（巻末資料参照）で説明する。
ⅱ）様式２号の記載事項は「１．討議テーマ」「２．テーマ選定の理由」「３．討議結果のまとめ様式」の３つである。
　イ　「１．討議テーマ」の欄の書き方：一般的には、図表３－３「討議のねらい」にある（１）～（６）のどれかを記載する。ただし、災害事例研究の場合は（１）～（５）を全て含むので事例研究と記載すればよい。また災害事例研究で時間節約のために（１）と（２）が既に資料として配られている場合は、（３）～（５）までを記載すれば良い。
　　なお、検討項目が増えると、当然ながら討議時間は長くならざるを得ない。討議法については、項を改めて説明する。

図表３－３　討議のねらい

（１）現状把握・調査	⇒	事実を把握するための討議
（２）問題点の把握	⇒	問題点を抽出するための討議
（３）原因確定	⇒	原因を検討するための討議
（４）対策の決定	⇒	対策の検討をするための討議
（５）手法等の訓練	⇒	講義内容を具体的問題に適用し討議
（６）啓発等のため	⇒	一般的関心事のための把握

　ロ　「２．テーマ選定の理由」の欄の書き方：図表３－３の右側の事項を記載しても良いが、どうしてこの討議を行わせようとしたのかの理由を素直に記載しても良い。例えば、「現状把握。弱点があれば補強追指導を行う」「受講者は６つの監督力のすべてが備わってはいないので、共通的な事実と原因及び対策を検討させる」「異常発見の切り口の活用方法を習得する」等である。
　ハ　「３．討議結果のまとめ様式」の欄の書き方：白紙に、「今討論して

いることを記録してください」といっても、時系列的にも前後してしまうし、ブレーンストーミング的な討論ではまとめることは非常に困難となる。また、受講者もどのように話していけば、求められた討論の結果を出せるのかが分かりにくいし、講師の側もアットランダムな様式やフォームで回答されてもコメントしにくい。

　一方、報告様式が決まっていれば、それを見ただけで、何を討議したら良いか、討議の手順も分かることになる。いわば「アウトプット」を見えるようにするのがこの「討議結果のまとめ様式」である。

　討議内容にもよるが、原則として表形式（マトリックス）とし、合わせて討議時間等も分かるものが望ましい。

　討議法は、一般に時間がかかるので、効率的に行うためにも、討議結果等をまとめる様式を考える必要がある。また、討議を行ったら必ず講師の講評は欠かせない。なお、討議法の具体的な行い方等については改めて項を起こす。

ⅱ）小テスト（ミニテスト）：5〜10問以内、時間も5〜15分程度である。どんなに長くても30分以内が適切である。小テストも資料やテキストを見ても良い場合は、多少難しい問題を、閲覧不可ならなるべくやさしい問題とすること。

　いずれにしろ、質問、発問、小テストは受講者の理解力・応用力を高めるために行うという観点で行うこと。だから、質問・発問の仕方、受け方などを考慮して行う。

　また、小テストの答えをＰＰＴのスライドで見せて自己採点させる場合が一般的であるが、隣の席の人と解答用紙を交換させて採点するという方法もある。満点の人に祝福の拍手を送る等の「ほめる」「承認する」ということも忘れない。

　それから、不意打ちテストは受講者のひんしゅくを買うことが多いので、第1段階で、必ず小テストがあるのでしっかりと聞いて欲しい旨の予告をしておくのがマナーでもある。

図表3－4に小テストの例題を紹介する。

図表3－4　小テスト

《作業手順の定め方》

（北海道建設業協会労務研究会安全部会　参照）

問題　下記の文章の☐☐☐に、適当なものを選んでください。
① 作業手順の必要性は、作業のムダ・☐☐☐・ムリの排除と作業改善のためにもある。
② 作業手順は、作業をより安全に、より速く、より正確に、そして疲れないように作業の動作の順序を示したもので、☐☐☐の防止や☐☐☐の向上さらに☐☐☐の改善に役立つものである。
③ 作業手順を活用することにより、教える者の☐☐☐の排除、効率的な☐☐☐の実施を図ることができる。

ア　作業能率	イ　ムラ	ウ　品質
エ　労働災害	オ　教育	カ　個人差

⑥　第4段階について【確認】

　　原則として、職場に持ち帰って何をするのか、どのようにするのか、いつまでに、誰に報告すれば良いかが分かる様式であれば自由である。自職場で実施すべき事が曖昧だと受講者は職場に戻っても何もしないで終わる可能性が極めて高くなる。また、実施すべき事項を伝えたら、実施手段といつまでに誰に報告すべきかも明らかにし、合わせてこの宿題が理解できたかどうかも確認しておく。ここでは様式第2号にそって説明する。

ⅰ）「実施事項」欄の書き方：受講者が実施すべき具体的なことがらを記載する。例えば「各自、職場の作業手順書が定常作業だけでなく非定常作業も含めて整備されているかどうか確認すること。」「第3段階で行った結果を持ち帰り、自職場でも同様のグループ討議を行うこと。」等である。

ⅱ）「具体的手段」欄の書き方：実施事項を具体的に推進する手段を書く欄である。具体的なやり方を「いつまでに」「どこで」「だれが」「何を」「なぜ（何のために）」「どうするのか」という5W1Hで記載するのが理想的だが、あまり厳格に記載する必要はない。要するに何をすべきかが分かれば良いのであるが、確実に実施してもらうには、「なぜ（何のために）Why」をしっかりと腑に落ちるよう説明する必要がある。

また、5W1Hにはないが、いつまでに、誰に実施事項の結果を報告させるのかも実施の担保となるので欠かせない。

ⅲ)「まとめ（本締め）」欄の書き方：講義全体のまとめを記載する欄で、一般的には、「以上を簡単にまとめますと、①………、②………、③………、となります。」という締め方や、通常はPPTを使ったプロジェクターで、あるいは配付資料にして、講師が格調高く読み上げて終わるか、長い場合は受講者に輪読を、短い場合は通読をさせ、感謝の言葉を添えて終わる。

ⅳ)質疑応答の書き方

最後に、宿題があればそれをしっかりと理解しているかを確認した後、何か質問は無いか確認する。質問があれば3Kで受けてから2Kで対応する。

各段階の時間配分例は図表3－5のとおりとなる。

図表3－5　指導案の4段階法

段階区分	内容と要点	時間割（例）
第1段階：導入部	受講の動機づけ	5分
第2段階：提示部	教育内容の理解	40分
第3段階：適用部	教育内容の理解度の確認と向上	40分
第4段階：確認部	まとめと実施事項の整理、確認	5分
合計		90分

これは90分の教育を進めるときの指導案の一つと考えて良い。しかし、必ずしも教育は、この方法に縛られることなく、弾力性を持って進めていけばよい。したがって、指導案もその趣旨に従いながら、講師は、常に自己の能力に相応した指導案を作成して、活用することが大切である。

（3）指導案作成時の留意点

① 指導方針についての配慮
ⅰ）何を、誰に、何のために、どのような方法で教えるのか、事前によく整理しておくこと。
ⅱ）受講者を中心に、指導の整理をはかること。
ⅲ）教育の方法として、受講者の学習の意欲を喚起する方法を十分考慮すること（例：視聴覚教材等の活用について）。
ⅳ）興味や関心が目的外にそれないように、指導中絶えず関心を払うこと。

② 受講者についての配慮
ⅰ）既知の知識・経験をよく調査しておくこと。
ⅱ）興味、関心、意欲の程度に合わせて指導案を作ること。
ⅲ）理解力、思考能力に合わせること。
ⅳ）受講者が持っている問題点に合わせること。
ⅴ）受講者に最も適した言葉、表現を用いること。
ⅵ）受講者から、敬遠されたり、浮き上がらないように考慮すること。
　　ただし、法令等に基づくカリキュラムでの講義の場合は、このような理想どおりの措置をとることは、確かに難しいものがあるのも事実である。

③ 教育の推進についての配慮
ⅰ）やさしいこと、知っていることから、応用的なことへ。
ⅱ）印象を深める事例や、教材を考えること。
ⅲ）受講者中心に徹すること。
ⅳ）受講者の疲労状態、注意力の変化をよく観察すること。
ⅴ）必要・重要事項については、繰り返しと質疑や演習（グループ討議など）によって認識を深めさせること。

④ 講義構成上の留意事項
ⅰ）各事項の話の結びつきを適当なものにすること。
ⅱ）内容と量については、カリキュラム等で決まるが、できればトライアルで過不足を調整すること。過去の経験を取り入れて決めること。
ⅲ）身近な実例をできるだけ多く採用し活用すること。

⑤　指導案の書き方についての留意事項
ⅰ）記載内容は、平易にかつ正確を期すこと。
ⅱ）受講者の興味や、関心を盛り上げる内容を取り入れること。
ⅲ）具体的で身近な実例を活用すること。
ⅳ）一つの理論につながりを持たせるように書くこと。
ⅴ）新しい知識を教えるときは、その素地ができているかを確かめること。
ⅵ）重要度や必要度の軽重によって、時間割をよく考えて決めること。
ⅶ）所定時間内で、十分教育ができる内容とすること。

（4）指導案を「4段階法」で策定する理由（ねらい）

①　多くの安全衛生教育では4段階法を、通常の講演、プレゼンテーションでは3段階法が使われているが、その理由は、「安全衛生の問題に限らず、産業界における教育指導が、実践的な知識の付与と共に、職場の問題点の理解と解決策の検討に重要性と狙いがあることによる。即ち、提示の部分では知識、概念の理解、適用の段階では、現場の問題をテーマに実践的な理解を目指している」（高崎「労働衛生」1996年8月）からである。したがって、安全衛生教育はこの第3段階がないと、実践に結びつかないという考えのもとで4段階法が採用されているのである。

②　教育のポイントと4段階法
　　教育のポイントは
ⅰ）第1点：いかに受講者に理解させるか
ⅱ）第2点：いかに正しく、正確な内容を提示するか
ⅲ）第3点：いかに教育効果をあげるか
　　この3つのポイントにあり、教育の成否は、これら3点を達成できるか否かに係っている。
　　4段階法は図表3－6に示すように、これら3つのポイントを解決する具体的な手段ともいえる。
　　第1点の「いかに受講者に理解させるか」は、第1段階の動機づけと、第3段階の適用部に、第2点の「いかに正しい、正確な内容を伝達するか」

は、第２段階の提示部に、第３点の「いかに教育効果をあげるか」は、第４段階の確認部にというように、各段階を確実に整理・準備することで、３つのポイントへの対応が可能となる。

事業場の教育担当者にとって、「いかに理解させるか」「いかに教育効果を上げるか」への問題意識が低いと、教育担当者に陥りがちな、教育をしたことで満足感にひたる危険性が多分にあるだけに注意が必要である。指導案の作成にあたり、４段階法を採用する狙いを十分理解することが望まれる。

図表３－６　教育のポイントと４段階法

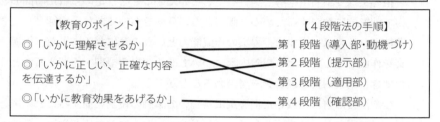

（5）東京・大阪安全衛生教育センター、建災防教育センターが、指導案の作成、役割演技を実施しているねらいについて

これらの教育センターで指導案の作成、役割演技の実施をカリキュラムに取り入れている目的および具体的な実施要領を以下に述べる。

① 役割演技法による教育とは

　ⅰ）役割を想定して、実際に演技することによって、仕事に対する興味をわかせて自発創造をおこさせる方法である。

　　受講者に、講師、司会者、コメンテーターの役割を交替で行わせる方法である。自分の作成した指導案に基づき模擬講義を行わせ、それに対してコメンテーターと指導教官が講評（コメント）を行って、自分の長所、短所を見つけるという教育方法である。

　ⅱ）役割演技法の長所

　　イ　問題点の背景を洞察する能力を高めることができる。

ロ　発表役と聞き役に立つことが多いので態度が変わり、発言も変わる。
　　　ハ　問題に積極的に参加し、長所・短所の在り方が分かるようになる。
　　　ニ　人を見る目が慎重になり、人に対して寛容になるとともに自分の能力が分かってくる。
　　　ホ　意見発表に自信がつき、考察力が豊かになる。
　　ⅲ）役割演技法の短所
　　　イ　程度の高い意思決定としては余り期待できない。
　　　ロ　上手に進めないと、芝居的になり教育から程遠いものになる。
②　指導案の作成、役割演技の目的について
　　指導案は受講者に理解し実行してもらいたいことを、定められた時間の中で効率的に教育するための計画書ともいうべきものであり、講師として期待されるのは、まずは指導案の作成能力ということになる。また、指導案を作成することにより講義内容について改めて自ら整理・復習することができ、講義内容の理解を一層深めることができる。

　　役割演技は自ら作成した指導案に基づいて講師の役割を演ずることにより、指導案とともに講師としてのプレゼンテーションの評価を受け、その改善を通じて、講師としての業務遂行能力の向上を目指すものである。

　　また、コメンテーターとしての役割は、他人のプレゼンテーションを注意深く観察し、すでに学習したプレゼンテーションの仕方等に照らしてどうなのかの評価を行うことであるが、「人の振り見て我が身をただせ」の諺のとおり、自分であったならどうプレゼンテーションしたであろうかという反省と、上手なプレゼンテーションであったなら、そのやり方を学ぶ場ともなるという実践的な教育に直結するものである。

③　役割演技の効果
・「知っているということ」と「教えるということ」は別であることに気付く。
・相手の立場を思いやる力が養われ、人に対する寛容性を助長する。
・自分の欠点を客観的に知ることができる。
　　ＲＳＴ講座でも特別教育インストラクター養成講座でも、その感想文の多くはこの役割演技に触れている。「模擬講義の準備をしていたら興奮して眠れなかった」「もう少しうまくやれたなら、と思っている。リベンジしたい」

役割演技は、受講者を奮い立たせる安全衛生教育センターの看板授業なのである。

④　具体的実施要領について

安全衛生教育センター行っているのは、指導案は全体で 90 分～ 120 分の講義を想定して作成させている。また第 3 段階の適用部では原則として討議法を行うこととしている。討議時間は 40 分～ 60 分以上で講義時間の中に含めている。

役割演技は、模擬講義 8 分、第 3 段階第 4 段階の指導案の説明（どういう意図で、何を行わせたいのかの説明）が 2 分の合計 10 分。

コメントおよび指導教官の講評は合わせて 4 分以内を原則としている。司会は講師およびコメンテーターの紹介と講義時間の管理を行う。

また、受講者は自社の社員とみなして講義を行うという前提で行う。なお、講義時間の 8 分は、40 分～ 60 分の講義のダイジェスト（縮小版）ではなく、実際に 40 分～ 60 分行う講義のうち 8 分間を切り取って講義することにしている。

そうすることにより、8 分間でどの程度話せるのか、それに必要なプレゼンテーション資料はどれくらい必要となるかが分かり、本番の 40 分～ 60 分での目安になるからである。以上のことを図表 3 － 7 にまとめる。

図表 3 － 7　「指導案・役割演技」の目的および実施要領

	目的	実施要領
指導案の作成	①講義内容の整理・復習 ②指導案の作成の基本的考え方の理解 ③作成方法の訓練	・教育の予定時間⇒ 90 ～ 120 分を想定 ・定められた様式で作成 ・4 段階法で作成（第 3 段階は原則として討議法を採用） ・自社で実施する教育を前提に作成する
役割演技	①講師としての経験 ②プレゼンテーションの評価、「指導案」の評価	・講義時間⇒ 10 分 ・講評⇒コメンテーター、指導教官合わせて 4 分 ・プレゼンテーション用の教材を作成しそれで講義する ・受講者⇒自社の社員を想定

第Ⅲ編　指導案の作成について

　なお、参考として巻末に筆者が行った職長教育のうち、「作業手順の定め方」の指導案を記載例（様式1号、2号）として添付した。使用テキストは「職長の安全衛生テキスト」（中央労働災害防止協会）である。第2段階と第3段階の間に休憩を10分入れたので、実際は120分の講義であった。

4. 実技教育用指導案の作り方

　企業における、OJT、危険体感訓練、特別教育等の実技教育（実習）などの実技指導に際しては、指導者は、教えようとする作業について、見本を示す「よき先輩」であることが要求される。したがって、講師は保護具などの自らの安全衛生対策を講じた上、やって見せ、身体で覚えさせる指導案を作って指導することが望ましい。基本は「やってみせ、言って聞かせて、させてみせ、ほめてやらねば、人は動かじ」という山本五十六の教育方針である。実技教育指導案作成のための必要事項について述べると、次のとおりである。

① 導入の段階（準備）
　ⅰ）受講者の緊張をほぐす。
　ⅱ）どのような作業をやるか話す。危険・有害性も伝える。
　ⅲ）既得の能力（資格、特別教育の有無等）を確認する。
　ⅳ）実習・実技に耐えられる体調かを確認する。
　ⅴ）作業を覚えたい（やってみたい）気持ちにさせる。

② 提示の段階（実演または作業説明）
　　正しい作業手順でやってみせながら説明する（実演）。実技で受講者の興味を喚起し、これを持続するようにする。その際、急所とその理由を述べると良い。なお、一般に、作業手順書そのものではなく、手順書をイラスト化した作業分解シート等で行うと、ある程度の多人数でも理解させやすい。
　ⅰ）最初に、普通の要領で、作業全体を見せる。
　ⅱ）主なステップ（手順）ごとに分解して、区切って見せる。
　ⅲ）作業の急所を教え、強調しながら見せる。
　ⅳ）急所の箇所と理由を説明しながら、もう一度見せる。なぜこの作業が必要なのか、どうしてこの確認が必要なのか、それをしなければどうなるかという「原理、原則」を丁寧に行うことが大事。ここをおろそかにすると、手順が変わる度に教えなくてはならなくなる。
　　以上で、4回実演したことになる。この間において、不明の点を質問させ、十分納得させることが必要である。

③ 実習の段階（やらせてみる）
ⅰ）やらせてみて間違いを直す。
ⅱ）やらせながら作業の順序を述べさせる。
ⅲ）もう一度やらせながら、急所を述べさせる。
ⅳ）もう一度やらせながら、急所の理由を述べさせる。
ⅴ）以上のことが身に付くまで繰り返す。

④ 身に付いたか確かめる（確認）
ⅰ）実際に作業をやらせる。うまくできたらほめる。
ⅱ）分からないことや、疑問が生じたときには誰に質問したら良いかを決めておく。
ⅲ）忘れないように、教えた動作を行うよう仕事を与える。
ⅳ）絶えず教えた動作を見る。
ⅴ）だんだん一人でやれるようにする。

　一般的な実技教育の指導案は図表3－8のとおりであるが、参考までに「といしの取り付け、試運転の特別教育」の実技教育用指導案記載例を巻末に添付した。

図表3－8　実技教育指導案

段階区分	内容と要点	時間
導入	1．自己紹介、体調チェック 2．関心を集め、実施作業名をつげる。 3．作業の重要性を話して、作業位置につかせる。	30分
実演	1．手順を話して、やってみせる。 2．急所と理由について説明する。 3．根気よく納得するまで説明する。	60分
実習	1．やらせてみて、間違いを直す。 2．急所と理由をいわせながらやらせる。 3．体得の程度を見る。	300分
まとめ	1．実習についてのよい点、悪い点を指摘する。 2．質問を受ける。	30分

第 IV 編

講義法、討議法とその他の教育方法

第Ⅳ編　講義法、討議法とその他の教育方法

　教育手法には、講義法、討議法、事例研究、問題解決法、ＯＪＴ教育等数多く存在する。一般に「単に聞いたことは忘れる」「見たことは覚える」「実践したことは理解できる」といわれている。また教育目的として、「教える（ティーチング）」ことを中心とするのか、「育てる（コーチング）」ことを中心にするかで様々な手法が開発されている。以下、主要な教育手法について述べる。ただし、ＯＪＴとコーチングについてはボリューム的に大きいので項を別に起こすことにする。

1. 講義法について

　数多くある教育手法の中で、講義法は古くからある代表的な手法の一つである。多数の受講者に体系的、理論的に情報、知識、考え方を教え、受講者の理解と納得を得ようとするものである。教育手法の代表的な地位を占めているが、誰でもができ、また寺子屋時代からの手法であることから、古くささの感も否めない。一般に受講者は受動的であるので理解の度合いが分からない。したがって、講義法を採用するに当たっては、講義法の特徴をよく理解して、これに前述したプレゼンテーションの技術を駆使しながら行うことが求められる。

（1）講義法の5つの型

　講義法には基本的に次の5つの型がある。

① 　講演型講義（Speech Type）
　　比較的短時間に多数の知識を伝えることができるが、やや一般的（総論）な話に片寄りやすい。また、態度変容を目的とした講義では、講師自身の経験や考え方にもとづく処世術や人生論、失敗談などを大胆に打ち出し、面白く聴かせる話になる場合が多い。安全衛生大会等の安全衛生講話に多く使われている。

② 　説明型講義（Presentation Type）
　　主として制度、法令、技術、技法などに関して理論や実例を交えて体系

的に解説するもので、通常の安全衛生関係の講義に多く見られる。正確に理解させることに主眼が置かれるため、一方通行の話、おもしろさに欠けた話になりやすい欠点がある。したがって、前述した講義に20分に1回の波を持たせた講義法等プレゼンテーションの技術を磨く必要がある。なお最近では、ＴＥＤスピーチが説明型プレゼンテーションの主流になりつつある。

③　討議型講義（Conference Type）

参加者同士の話合いや体験学習など参加性の高い学習方法である。従来の講義の「わかりにくさ」や「単調さ」などの欠点をカバーする新しい講義形式として今後主流になりつつある。

詳細は後述する「討議法」のとおりであるが、話合いを軸としながら、視聴覚学習（特にＤＶＤ）や体験（ゲーム）学習を取り入れると、楽しく、しかも問題解決や態度変容効果が高い特徴を持たせることができる。講師はどちらかというと、教えるよりファシリテーター[15]の役目を担うようになる。

④　定型訓練型講義（Programmed Training Type）

一般に、講義は講師自ら計画して教室に臨む、いわゆる"テーラーメイド"方式が多いが、この点、定型訓練講義は、"レディメイド（既製）"方式とよんでも差し支えない。

例えば、「ＪＳＴ（人事院監督者訓練方式）」や「管理者教育訓練コース」などのように、一定の研修方式として「進め方」の内容のスケジュール、時間配分、配付資料、そして板書や質問の仕方に至るまで、くわしく定型（マニュアル）化されている方式である。

これらを実施するときは、講師用手引書どおりに指導すればよいから、比較的経験の少ない人が講師をする場合にはラクであるだけでなく、よい勉強の場として腕を磨くのに適している。

15　ファシリテーター：ファシリテーション（支援）を専門的に担当する人のことをいう。ファシリテーター自身は集団活動そのものに参加せず、あくまで中立的な立場から活動の支援を行うようにする。例えば会議を行う場合、ファシリテーターは議事進行やセッティングなどを担当するが、会議中に自分の意見を述べたり自ら意思決定をすることはない。これにより、利害から離れた客観的な立場から適切なサポートを行い、集団のメンバーに主体性を持たせることができるとされる。「調整役」「促進者」などと訳される。

反面、その方式を設定した理念や方針・計画どおりに指導するように求められるから、講師としては自分の考え方や現実との"板挟み"になることがある。

⑤ 技能型講義（Skill Training Type）

機械・器具や車両などを実際に操作、運転する学習で、理論の習得に加えて身体に覚えさせるための反復実習によって熟練度を高めさせる。

肉体的学習である以上、理論は軽視されがちだが、頭で納得した上で身体に覚えさせるほうが熟練に深みと広がりが出る。

この理論や口頭説明、話合いの部分が実質的には講義となり、実習、危険体感訓練、ＯＪＴ教育などで活用されている。危険体感訓練、ＯＪＴについては後述する。

図表4－1　講義の基本的な5つの型

講　演　型	比較的、短時間に多数の人に知識を伝えるが、やや原則的、総論的になり、講師自身の考えを強く打ち出す例が多く見られる。
説　明　型	主として、制度、法令、技術、技法などの知識を、理論や実例を交えて体系的に説明する。
討　議　型	参加者に討議させることによって、①問題を解決させる（問題点または解決方法いずれか、もしくは双方を明らかにする）、②参加者の行動・態度を変えさせる。
定型訓練型	「ＪＳＴ」「管理者教育訓練（コース）」など、すでに計画立案されている教育訓練プログラムを、"その方針・進め方"どおりに実施する。
技　能　型	機械・器具、車輌などを実際に運転、操作して、訓練度を高めさせる。反復することによって、身体に覚えさせる実習に重点が置かれる。……実技教育

（岸恒男　「あなたも名講師になれる」－上手な講義の仕方－）

（注）：実際には、これらのいくつかを組み合わせた研修が少なくないが、このような基本的な型を頭に入れておくとやりやすい。

1．講義法について

図表 4－2　どんな「条件」のときにどんな「講義の型」にすべきか

		①講演	②説明	③討議 問題	③討議 態度	④定型	⑤技能
1 条件	定型／非定型	非	非	非	非	定	非
	人数	多数		10〜20人			
	時間	短時間					
2 目的・目標	一般知識	○	○				
	専門的知識		○				
	高度に理論的		○				
	問題点を明らか			○			
	解決策を明らか			○			
	態度変容				○		
3 内容（例）	ＭＴＰ					◎	
	ＪＳＴ					◎	
	創造性	○	○		◎	○	○
	リーダーシップ	○	○		◎		○
	コミュニケーション	○	○		◎		○
	話し方	○	○		○		◎
	人間関係	○	○		◎		
	仕事の改善		○	○			◎
	セールス		○				◎
	管理・監督者	○			◎		○
	法律		◎	○			
	パソコン		○				○
	会計・簿記		◎				
	行政		○	○	○		
	語学		○				○

（岸恒男「あなたも名講師になれる」上手な講義の仕方）

注：1．定型の場合はすべて④となる
　　2．人数は 15〜20 名以上を多数
　　3．◎はのぞましい。○は該当？
　　4．短時間とは 1〜2 時間

（２）講義法の一般的・共通的な留意点

次に、講演型、説明型をはじめとする講義法の留意点を述べる。

① 講義法の意義

　ⅰ）本手法の長所、メリットは、
　　ア　一度に多くの内容を大勢の人に知識を与えたり示したりできること
　　イ　他の手法と比較し、いつでもどこでも教育が容易であること
　　ウ　手間と時間が他の手法と比較し容易であること
　　エ　学習者の反応を見ながら臨機応変に学習指導が展開できること
　　オ　教育内容の追加、変更等が容易にできること
　　カ　指導者と学習者との間に人間的な触れ合いができること

　ⅱ）一方、短所としては、次のような事が挙げられる
　　ア　教え方が一方的になりやすいこと
　　イ　受講者は、基本的に受動的立場におかれること
　　ウ　実行に結びつかない危険性があること
　　エ　受講者のレベルにより、理解の程度にバラツキが生まれやすいこと
　　オ　受講後に、テスト等によりフォローしない限り、受講者の理解度について、把握できないこと
　　カ　暗記におちいりやすいこと
　　キ　指導技術の巧拙により効果が異なること

　いずれにしても、講義法で一回聞いただけでは、そのときはなるほどと思ってもすぐに忘れてしまうことが多い。この点が一番の欠点といえる。なぜなら講師の方は、講義内容を事前に十分に研究・準備し、自分の論理体系の中で整理してから話しているのに対して、受講者の側では、基本的に新しいことを初めて聞かされているわけで、限られた時間の中で理解することを求められているからである。

　もう一つの問題は、講師の側が常に上位にあり、受講者の側は常に下位の立場に置かれることが多いということである。「師の影を三尺下がってこれを踏まず」という時代ではないが、講師は「上から目線」で物を考え、教えようとすると、現代においては、義務教育ならいざ知らず、社会人相手の教育では通用しなくなってきている。

② 講義法の採用条件

講義法を採用するか否かの検討要因として、つぎのような項目が挙げられる。

ⅰ）受講者の知識・経験レベルからみて

指導者のレベルが高く、受講者のレベル・経験が浅い場合は、講義法を考える。

逆にレベルの高い受講者の場合は、コーチング、討議法等の他の手法を考える。

ⅱ）受講者の人数からみて

人数が 20 人以上の規模の場合には、最初に講義法が採用され、その後小グループに分かれる等の対応が考えられる。

ⅲ）時間的制約からみて

時間的側面からみると、講義法はきわめて効率的である。例えば、一つの原理の説明に講義法で 5〜10 分かかるとすれば、他の手法であれば、その数倍はかかるものと考えられる。

ⅳ）教育目的からみて

教育目的が、主に知識の習得をねらいとしている場合には適した手法である。

③ 講義法に関する留意事項

講義法は一番簡単な手法であることから、これからも多くの場合採用される手法でもある。しかし、採用するに当たっては、本手法の欠点を補うために

ⅰ）他の教育手法と併用し、受講者の参加意識を高め、受講者の理解度を確認する等の配慮が必要である。

ⅱ）的確な講師の選任が必須である。これはどの教育手法でも重要ではあるが、講義法は特に講師の能力によって、教育効果に大きな差が出る手法であるがゆえに、慎重に選ぶことがのぞまれる。

ⅲ）それ以外の問題解決のための手法

ア　問題点を意識して講義する

イ　視聴覚教材を活用する

ウ　演習や、実験を活用する
　　エ　重点を指摘して考えさせる、等
ⅳ）講義法は誰にでもできるが、平板になりやすい。だからこそ、前述したノンバーバル・コミュニケーションやバーバル・コミュニケーションを駆使し、時には発問をし、講義室内を歩き回ったりと工夫を凝らさなければ、飽きられ、つまらない講義だといわれかねない。その意味で、一番難しい講義スタイルかもしれない。

２．討議法について

　討議法には、少人数によるもの、専門家によるシンポジュウム、代表者によるパネルディスカッション、ブレーンストーミング、フォーラム（大衆参加法）、コロッキー（専門化陪席法）等、いくつかある。ここでは少人数による討議法について述べる。
　少人数の討議法には次のものがある。
　イ　情報伝達のためのもの
　ロ　指導するためのもの
　ハ　探究するためのもの
　ニ　問題解決のためのもの
　ホ　自由討議（意見交換）のためのもの
　少人数によるグループ討議は、受講者が主役となって行うものであることから、教えるよりは自主的に学ぶことに重点を置いた手法である。受講者が現場の実態に即したテーマのもと討議をすすめる中で、指導案の第２段階で提示された内容について、理解・習得させる方法で、多くの場合、討論に活気が出て安全衛生教育ではよく使用される教育方法である。
　討議法では、指導者から受講者への質問（発問）、反対に受講者から指導者への質問、また受講者間での意見交換が行われる。この討議の中で、教育内容、情報、結論についてともに考え、受講者の理解が進み、納得する合意点をまとめながら、指導者の想定した教育内容、目標に到達させるものである。
　なお、職長教育の「教育方法は、原則として討議方式とすること。」（昭47.9.18 基発第601号の１）という通達もある。なぜ職長教育が原則として討議法とするのかであるが、職長となるまでにＯＪＴだけでなく既に色々な教育を受けていたであろうということから、講義法だけでなく討議法も取り入れて欲しいということと、日本の企業は小集団活動が定着し討議法に習熟しているためとされている。
　また、「労働災害の防止のための業務に従事する者に対する能力向上教育に関する指針」（平18.3.31 指針公示第５号）、「危険又は有害な業務に現に就い

ている者に対する安全衛生教育に関する指針」（平8.12.4公示第4号）等にも、講義方法：講義方式、事例研究方式、討議方式等教育の内容に応じて効果の上がる方法とする、旨の記載がある。

しかし、討議法（討議方式）は有力な教育手段ではあるが、時間をかけた割には、期待する教育効果を得られない危険性も高く、採用に当たっては注意が必要となる。

（1）討議法により期待される教育効果（メリット）

① 現場の具体的事例等の実態を踏まえたテーマとすることで、討議を進めることにより、講義内容の理解がより深まることが期待できる。
② 受講者同士の討議を通じて、お互いが気付き、気付かされることにより、理解度のバラツキが少なくなることが期待でき、同じレベルで理解が深まる。
③ 指導者からの質問、反対に受講者から指導者への質問、また、受講者間で自由な意見交換ができる等、多面的な学習ができることから、受講者自身の経験、知識、情報等を踏まえた、自主的、主体的な参加により自己啓発意欲が高められる。
④ 連帯感、仲間意識、競争心、相互刺激などにより相互啓発ができる。
⑤ 受講者間および指導者との間に相互理解、共通理解が生まれ、納得のもと理解が得られる。
⑥ 集団の討議による思考、意見集約、決定に伴い現場での実行性が高まる。

例えば保護具の着用を守らない人がいた場合、保護具の着用の討議を行うと自己反省（批判）が求められたりして、態度の変容に結びつきやすい等があげられる。

しかし、一番の効果は「悪貨が良貨を駆逐する」の逆の「良貨が悪貨を駆逐する」現象が起きることが多いということである。

つまり、講義でよく理解している者が、「先生は確かこういっていたよ」「テキストには、△△と書いてあったよ」といえば、そのレベルに達していない者も、気が付くことにより高いレベルに引き上げられ、理解度のバラツキが解消される②の効果が一番高いということにある。

（2）討議法のデメリット

① 時間がかかること
② 討議を十分に指導できる指導者が必要なこと
③ 我の強い人や職場の地位関係で力のある者の意見にかき回されたり、萎縮させられたりすることがあること
④ 時として脱線し討議が横道にそれ雑談化することがあること
⑤ 消極的な人にとっては発言しにくいこと

等が挙げられる。また、討議のねらいが曖昧だと、時間の割にメリットが少ないなどの問題を生むこともある。

（3）討議法の運用に当たり考慮すべき事項

① 準備段階での留意点

　準備の段階でもっとも注意すべき点は、討議のねらい・テーマを明確にすることである。討議のねらいは、図表３－３に見られるように、いろいろなレベルで考えることができる。したがって、指導者は、教育の目標、討議時間、受講者の経験、知識等を考慮し、決めておかなければならない。
　ねらい・テーマを曖昧にすると、
・受講者の混乱を招きかねないこと（何を討議すべきかが分からない）
・指導者による的確な講評が、困難になること
・適切な討議時間の確保が、困難になること

等の問題を生むことになり、有力な教育手段である「討議法」の教育効果が、半減しかねない。

② 討議手順および結果をまとめる「報告様式（フォーマット）」を明確にすること

　討議を指導するに当たり、前もって、討議手順を明確にし、ポイントごとに、討議結果をまとめる報告様式の検討が必要である。この検討は、討議により何をアウトプットさせるかを考えることであり、結果として討議のねらいを明確にする具体的な手段となる。
　一方、受講者にとっては報告様式をみることにより、「何をアウトプッ

トするのか」と「討議手順」も一定程度理解することができ、混乱を防ぐことができる。

したがって、討議法では、報告様式の提示は必須条件といえる。よく見られるが、「真っ白な紙を渡し、討議結果をまとめよ」と、いわゆる「丸投げ討議」は、厳に慎まなければならない。受講者はいろいろな知識経験または性格を有しており、丸投げされた討議は混乱のもととなり、また指導者も討議結果をまとめたり講評を行うのに苦労する。

③ 適切な討議時間を確保すること

討議法により期待される教育効果を得るには、討議のねらいに応じた適切な討議時間の確保は欠かすことができない。

例えば、6人の参加者が一人1回、3分述べれば、それだけで18分かかる。単なる感想を1回だけ述べるのであれば、この程度で十分といえる。しかし、ディスカッションを行い、意見の集約まで行うのであれば、かなりの時間を確保しなければならない。

討議のねらいは、前述したとおりいろいろ考えることができるだけに、注意が必要である。どのような討議テーマでも、受講者の意見を集約するには、一般的に、最低でも1時間程度はかかるものである（図表4－3参照）。

2．討議法について

図表4－3　「討議のねらい」と「討議時間の関係（事例：作業手順について）

討議のねらい	討議テーマ		必要討議時間
現状把握	・職場における作業手順書の作成状況の把握 ・作業手順書の見直し状況の把握 ・作業手順書の現場状況との整合性の有無	1時間以上	最低1時間以上の時間を確保する必要性が出てくる
問題点の把握	・現状の手順書の問題点（守りにくい点）は何か	1時間以上	このレベルの討議は、問題解決の4段階法（事実－問題点－原因－対策）であり、対策まで行うのであれば、どのような小さな課題でも、最低1時間を確保する必要性が出てくる。 したがって、確保できる討議時間により、問題点の把握で終わるか、原因の検討、対策の検討までするかの検討が必要となる
原因の検討	・実績が悪い原因は何か手順書を見直す ・整合性がとれていない原因は何か	2時間以上	
対策の検討	・見直しルールを作成する ・リスクアセスメントを行ってから対策を検討しているか		
手法の習得	・事例を提示し、手順書を作成する	1時間以上	
関心度・啓発	・手順書の作成経験があるか		受講者の感想レベルであり、討議時間もそれほどかかることはない。

（4）実施段階での留意点

討議を効果的に進めるためには、指導者は実施段階で次の3点に留意しなければならない。

① 板書を有効に使わせること。PCで行う場合は必ずプロジェクターで投影させること。

　参加者の討議に対する集中力の維持、また討議のベクトルを合わせるためにも、板書の利用は欠かせない。PCで行う場合は操作者の近くにいる人のみがPCをのぞけるが、それ以外の人は見ることができず、討議に参加しにくいのでプロジェクターの利用は欠かせない。また指導者もそのグ

ループがどんな討議をしているのかが分からず、質問や指導がしにくいのでプロジェクターが必要である。

また、板書を有効に利用させるためにも、ＰＣで議論させるためにも、討議手順を定めた、報告様式の検討が重要となる。

② 司会、板書（ＰＣ係）、清書、ＰＣ補助者、場合によっては発表者、コメンテーター、時計係、副司会者、コピー係も決める必要がある。

特に、司会者の善し悪しで討議の結果が左右されることもあるので、その人選については、指導者は注意を払った方が良い。グループ討議を数班で行う場合は、それぞれの班から討議概要を発表させることが大切である。時間の関係で発表できない場合は、講評も兼ねて指導者が内容を紹介することが望ましい。

この発表に対して、他班のコメンテーターが講評を行うと討議はさらに深まる。

また、意見が多数出そうな課題については、ＰＣ入力が追いつかなくなるので、ＰＣ補助者を置くのが良い。

③ 討議スケジュールを決めること。

時間をかける討議では、討議スケジュール（時間配分の目安）を決めておき、合わせて時計係（タイムキーパー）を選出しておかないと、中途半端な結果になりがちなので、注意が必要である。

スケジュールどおりに行かない場合も当然ありうる。どこまで議論させるべきか、どこで打ち切るべきか、当然ながら指導講師は予測しておくべきであり、指導案の中にその旨を記載しておくべきである。

（5）まとめの段階での留意点

① 討議結果に対して講評を行うこと

討議結果に対する講評は、指導者にとって必須条件である。講評を省略した「討議法」は、期待される教育効果が半減しかねない。指導者の講評により、受講者自身が自らの討議結果に対して自己評価ができ、真の討議のねらいが理解できるのである。

指導者が的確な講評を行うためには、指導者自身に「明確な討議テーマ

やねらい」と、「何がアウトプットされていれば、100点となるか」という回答（解答）イメージができていなければならない。

的確な講評をするためにも、討議のねらいの「明確化」は必須条件となる。具体的な回答イメージがないままに討議法を採用することは、討議法採用のメリット・効果が半減することになり、厳に慎まなければならない。

時間がなく、③のグループ発表ができなくても、講評だけは必ず行わなければならない。

② できるだけ、模範解答、回答例を作成すること

①で述べたように、何をアウトプットすれば100点となるかの、「物差し」として、模範解答あるいは標準解答、回答例が用いられる。特に、同様の課題（テーマ）で過去に討議法を実施している場合は、過去の受講者の回答の中から優良なものを示したり、指導者自身がこれができれば100点となると思われるものを示す。そうすることによって、講評もしやすい。

③ グループ発表を行わせること

グループ発表を行わせ、それに対して講評を行うのはかなりの時間を要する。仮に発表10分、それに対するコメント5分としても、15分にグループ数の時間がかかる。しかしながら、真剣なグループ討議を長時間実施したのであるから、その成果や討議結果を発表することは一般的にモチベーションが上がるようである。

グループ発表とそれに対するコメントはできるだけ全グループに行わせるのが望ましいが、時間の関係で、一番最初にできたグループ、あるいは一番正解に近い討議をしたグループに代表して行わせることもやむを得ない。その際は、できるだけ発表できなかった残りのグループの全てが、1分程度のコメント、もしくは質問を行わせるのが不満を多くさせないポイントである。

この場合も指導者は、最後に②の模範回答を示しながら講評を行う。

（6）グループの人数

作業集団の大きさとグループの結合度の関係について、「集団の人数が増加すると、グループの結合度（まとまり）が低下してくる」（正田亘「安全

心理」)(図表４－４)という論文がある。集団のまとまりは、グループの雰囲気と友好状態と密接に関係しており、指導者の掌握できる人数を７～８名が適切であるとも述べている。

　筆者の経験上でも１グループ６～７名で最大４グループ以下でなければ、十分な指導はしにくかった。したがって、これ以上の場合は、指導者を複数配置し手分けして指導するのが良いと思われる。

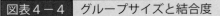

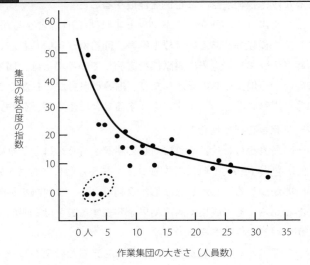

(7) 討議法における指導者の指導の仕方

　指導者は討議の間、各グループの討議の進捗状況を適切に把握し管理しなくてはならない。これらを怠ると、討議がねらいと異なる「あらぬ方向」に行ったり、グループ内対立が起きたり、些末な事柄に時間を取られ討議時間が少なくなったりと所期の目的を達成することができなくなるからである。ただし、報告様式に従って順調に討議が進んでいる場合は、その討議の仕方を指導者は尊重しあまり言葉をかけない方が良い。

　声をかける場合、一般に質問を行う。質問には、誘導質問、暗示質問、参加者全員への質問、ある個人を特定した質問等いろいろある。しかし、いず

れの形式を取ろうとも、質問は原則として５Ｗ１Ｈの切り口で質問し、回答者が、簡単に「Yes」「No」で回答できる「閉ざされた質問」ではなく、考えた上の意見、考えがでるような「開かれた質問」とすべきである（詳細は後述質問技法参照のこと）。

（8）実際の運用にあたって

　討議法は、図表４－３のとおり、一般に多くの時間が必要となる。しかし、これだけの時間をかけた割には、期待する効果が得られない危険性も高く、注意が必要である。

　したがって、東京安全衛生教育センターでは、ＲＳＴ講座で次のように教えている。もし時間を十分にとることができるならば、毎教科ごとに討議法を入れる。しかし時間的余裕がない場合は、「職長の弱点と考えられる教科についてのみ採用するのが、一番妥当と考えられる。」（「ＲＳＴトレーナー用テキスト　第Ⅱ編」東京安全衛生教育センター）。どうしても１回程度しか入れられない場合には、「災害事例研究」が適切である。なぜなら、これは後述する「問題解決手法」の学習となるだけでなく、「ＲＳＴ講座の復習（職長の職務の再認識）」となるからであるとしている。

　筆者は、職長教育を依頼されたときは、討議法にどれくらいの時間が割けるかを判断し、最低限は依頼された会社か同業の会社の災害事例研究を行い、さらに時間があれば、依頼した事業場の職長の弱点を聞き出し、それに見合った科目の討議法を採用している。

　また、特別教育では、法定のカリキュラムに「討議法」の実施が義務付けられていないが、筆者の経験上、実技教育がない特別教育であれば、できるだけ１回（45～60分）は討議法を入れるのが教育効果を上げると考えている。

3. それ以外の教育技法（OJT、コーチングを除く）

ここでは、動機づけ法、役割演技法（ロールプレイング）、事例研究法、見学による教育、調査活動による教育、感受性による教育、プロジェクト法、課題による教育、練習法、追指導、プログラム学習法（ｅラーニング）について述べる。

なお、ＯＪＴ教育、コーチング、質問技法と問題解決手法（災害事例研究）ついては、項を改めて説明する。

（１）動機づけ法による教育

マクレガーのＹ理論[16]では、人は生まれつき潜在的な能力を持っており、他者から良く思われたい、自己の存在を認めてもらいたいという承認欲求も強いとしている。このような承認、支持、友情、権威などの対人関係でみられる欲求は、自ら学習したいと思う動機づけに結びつくというのが動機づけによる教育である。

この自主的な成長への欲求による動機づけは、賞罰などの操作による外発的動機づけに対して、内発的動機づけと呼ばれ、強固で永続的なものになる。

そして昨今流行の人材育成教育での手法に活用され、またコーチングは内発的動機づけ教育の発展系ということができる。

① 動機づけ法は「自己啓発」させる方法であって、目的には、次の二つのものがある。

　ⅰ）学習意欲を引きおこすため。

　ⅱ）自ら興味をおこさせるため。

---

[16] ダグラス・マクレガー（Douglas Murray McGregor、1906年4月16日～1964年10月1日）は、アメリカ合衆国の心理学者、経営学者。マサチューセッツ工科大学教授。Ｘ理論とＹ理論を唱えた。「Ｘ理論」というのは「性悪説」の立場で人は動くので、叱咤激励をし報酬を与えないとうまくいかない、と考えるのに対して、「Ｙ理論」は「性善説」の立場に立ち、人はもともとヤル気、自己啓発、責任を持っているので、上手に動機づけしマネージメントすれば一人で成長するというもの。コーチングの前提となる考え方である。

② 動機づけ法としては、次の二つの面がある。
　ⅰ）内発的動機づけ法：個人の欲求を満足させることによって動機づける方法（例：ヒヤリ・ハット体験、災害事例研究、等）
　ⅱ）外発的動機づけ法：賞罰や、競争など外部的刺激によって動機づける方法（例：無災害記録賞、改善提案賞、ポスター、スライド、安全訓話、講演、等）

（2）役割演技法（ロールプレイング）による教育

　この技法の訓練事例としては、指導講師の養成、人間関係の改善、カウンセラーの養成、面接指導の訓練等に使われるが、訓練目標により必要な役割を想定し、実際に演技することによって訓練目的を達成する訓練手法である。

　この技法は、態度変容、技術教育、問題解決能力養成の目的に適用されるが、必ずしも独立して機能するものではない。3つの目的の中、どれか1つのために使用するのではなく、どれを主たる目的に利用すべきかで運用する。

　いずれにしろ、役割を想定して、実際に演技することによって、仕事に対する興味をわかせて自発創造をおこさせる方法である。

　RST講座では、受講者がそれぞれトレーナー（講師）、司会者、コメンテーター等の役割を演じていく中で、自分の作成した指導案の評価とともに、教育方法の習得も目的として取り入れられている。

① 役割演技法の長所
　ⅰ）感受性、洞察力を養う機会となる。役割を決めて行うことから、漫然と演技するだけでは、単なる遊びになる。問題点の背景を洞察する能力を高める、感受性・洞察力を引き出させるように働きかけると効果が上がる。
　ⅱ）「知っていること」と「できること」とは、別のことであることに気付く。
　ⅲ）参加者に強い印象を与え、興味を引き、研究心を助長する。
　ⅳ）緊張したり、準備不足であったり、役割をあまりうまく演技できなかった等の経験から、相手の立場を思いやる力が養われ、相手の立場への洞察力がつき、他人に対する寛容性を助長する。
　ⅴ）自己を客観的に知ることができ、自己反省ができる。

ⅵ）仕事への意欲が向上する（意見発表に自信がつき、考察力が豊かになる）。
ⅶ）発表役と聞き役に立つことが多いので態度が変わり、発言も変わる。
ⅷ）問題に積極的に参加し、長所・短所の在り方が分かるようになる。

② 役割演技法の短所
ⅰ）程度の高い意思決定としては余り期待できない。
ⅱ）上手に進めないと、芝居的になり教育から程遠いものになる。

（3）事例研究法による教育

事例について、問題点を発見し、その対策を研究していくものである。取り上げる事例は、具体的で、明瞭な内容であることが望ましい。

① 事例研究法の長所
ⅰ）実践的で実務的な研究ができる。
ⅱ）事例の内容によって、判断力、応用力の向上を図ることができる。
ⅲ）学習を自主的にし、積極的にする効果がある。
ⅳ）特に参加者が、知識、経験の高い人ほど効果が大きい。
ⅴ）討議の過程で、参加者に自己の考え方についての「態度や行動の変容」が生まれる。

② 事例研究法の短所
ⅰ）体系的な知識を与えるという点では不向きな方法である。
ⅱ）講義と討議を結びつけなければ、余り効果が期待できない。
ⅲ）学習に長時間を要し、事例作成に手数がかかる。

なお、RST講座、安全管理者講師養成講座、専任安全管理者講座等主要な講座では、問題解決法とセットで災害事例研究として重要な役割を担っている。

（4）見学による教育

① 効果

「百聞は一見にしかず」というように、その効果は非常に大きく、現実的である。

② 見学の計画段階

ⅰ）討議によって、目的と対象を決めておくこと。
ⅱ）解決すべき問題を十分に吟味し、整理しておくこと。
ⅲ）あらかじめ、対象の概要について理解しておくこと。

③ 見学の実施段階

ⅰ）適当なグループ別に編成して実施する。
ⅱ）目的をよくわきまえ、先方に礼儀を失わせないよう注意する。
ⅲ）先方の指導に従って行い、勝手な行動をとらないよう注意する。

④ 結果の整理として

ⅰ）全体的な討議によって、結果を評価する。
ⅱ）目的の達成度、新しい問題の発見、報告書、記録書の整理。

見学は、見学する前の準備の状況でその効果は大きく異なる。講義法もしくは討議法で、見学対象、見学理由、見学で何を手に入れるのか等を明確にしておかないと、単なるお遊び、時間の無駄となる。

また、時間が許すなら、指導者（講師）は事前に見学場所を視察し、コメントすべき点等を下調べしておくのが良い。

（5）調査活動による教育

調査活動は、自発創造の原則に従って、経験と知識をうまく体系化することができる。見学に似ているが対象を更に絞り込んでおり、場合によっては役割分担をしている場合もある。

① 調査計画の段階として

ⅰ）この調査は、どの程度の能力を必要とするかを十分検討して決める。
ⅱ）調査目標を明らかにし、調査方法を決定する。

② 調査の実施として
　ⅰ）小グループ別に実施した方が効果的である。
　ⅱ）分担して、担当項目を調査した方が、能率的である。
③ 整理として
　ⅰ）調査した事項を整理し、発表する。
　ⅱ）調査結果を活用する教育が必要である。

（6）感受性による教育

　感受性とは、客観的に相手の気持ちを理解して、受け入れることができる、という意味である。受容的態度ともいう。

　施設、環境や立場に自分を置き、それらの外的条件に、どのように影響を受け、どのように反応するかによって評価される。

　安全の感受性とは、施設・設備の状況について、異常となっている状態が、その人の大脳にどのように映っているか（反応しているか）によって評価される。

　職場の災害要因に対しての感受性の訓練は、すべての施設や設備、環境について実施することが大切である。

　感受性の教育の一つとして危険体感訓練、ＫＹ（危険予知訓練）、災害事例研究、リスクアセスメント等がある。最近は危険体感訓練が安全衛生教育の重要な位置を占めつつある（危険体感訓練は第Ⅶ編で詳述する）。

（7）プロジェクト法による教育

　プロジェクト・メソッドは問題解決学習の典型的な様式の１つで、「構案法」「構案教授」と呼ばれることもあるが、「プロジェクト法」ないし「プロジェクト・メソッド」と呼ばれることが多い。「受講者が計画し現実の生活において達成される目的をもった活動」で、受講者たちに目的設定、計画、遂行、評価の活動を行わせ、生産や生活の向上を目指す教育方法である。

　キルパトリックが提唱したもので、強調したのは、教育的な意味でのプロ

ジェクトは学習者自身の目的意識・課題意識を出発点とし、それに支えられた活動であるという点であった。それが学習活動に内発性を与え、学習過程での学習主体と課題や対象との相互交渉を豊かなものにし、学習の成就を確かなものに、また興味の発展や態度形成にまで及ぶ統合されたものにすると捉えた。

① プロジェクト法の一般的な進め方
  ・学習活動を始め（目的を設定し、また選択し）………目的を決める
  ・その活動を遂行する方法を計画し………計画する（P）
  ・その計画を実施し………活動する（D）
  ・活動中の進歩と最後の結果を評価する………評価する（C・A）

  目的を決めるには、参加者が興味があり、関心を持っている問題を取り上げると良いとしている。また、計画を立てさせるときは、担当グループが協議して計画をつくらせる事が大切である。必要な場合には、助言と指導がいる。活動させるには、グループ全体で協力して積極的に行動するよう指導する。評価するには、グループ全体で相互評価すると効果的である。

② 長所
  ・実践的であり、学習効果が高く、実務に役立つ
  ・参加者に動機づけができる
  ・自学、自習ができ、実践的である
  ・自発創造が生まれ、創意工夫を生み出す。仕事に対する忍耐力、責任感を養うことができる
  ・中小企業でも実施ができ、協働の精神を養うのに最適である
  ・仕事に対する責任感や忍耐力を養うことができる

③ 短所
  ・時間とエネルギーがかかる
  ・実務的にも、理論的にも能力のある指導者が必要
  ・適切な管理のもとで実施しないと、放縦に流れる
  ・できるだけ参加者の程度がそろっていることが望ましい

(8) 課題による教育

　課題による教育とは、討議法で述べたようなテーマ、ねらい等の課題を与えてそれの解決のために自分の持っている知識、経験等を用いて解答（回答）にたどり着く方法である。ただし、討議法のような定められた「解答様式」は原則使用しない。また、課題はグループごとではなく個人ごとに異なる場合もある。

　この教育の目的は、教育訓練に対する心構えを整えて、実際の活動や、直接の経験に訴える機会を与えるためであるとしている。

① ねらい
　・教育の原則としての活動の原則、自発創造の考え方を生かす
　・個人差の原則を生かし、それぞれの能力と興味に応じた個性的な学習を行う

② 望ましい課題
　・本人が興味を持っているものであること
　・目的や価値がハッキリしているものであること
　・範囲や進め方がハッキリしているものであること
　・各人、個人に適しているものであること。

(9) 練習法による教育

① 練習には、知識の定着と技能の習熟の二つの目的がある。
② 練習によって、真の学習が身につき、完成する。
③ 技能の練習を技能訓練といい、その実施に当たり留意事項をあげる。
　イ　技能の正しい理解と訓練法が大切である。
　ロ　訓練の基本を身につけて、確実に節度をつけて実施する。
　ハ　技能の向上を考え段階的に繰り返す。
　ニ　ステップの急所とその理由をよく理解させる。
　ホ　程度、時間、内容などを考慮して効果的に計画する。

(10) 追指導

　追指導とは、基本的にフォローアップ教育である。教育が集合的に行われた場合には特に追指導が必要となる。教育直後の効果が必ずしも継続するものでもなく、また、教育は受講者の理解度、習熟度に必ず個人差が生まれる。

　追指導は、教育目標の確実な達成を目指した教育手法の一つであるが、技能教育の主要な手法であるOJT教育では、第4段階に追指導教育（フォロー教育）がすでに位置付けられている。

　本手法は、基本的に技術教育、態度教育を目的とした教育（講習）の後に、職場における実践的状態をフォローする教育であり、導入に当たっては職場との密接な連携のもと実施することが要求される。この場合も、追指導すべき点は何か、その目標を明確にしておく必要がある。

　追指導は、当初の教育訓練計画立案時に組み込み、職制の中で評価されることが一番効果的である。職制の中で評価する仕組みがあることは、教育の受容と支持の雰囲気が職場の中に存在し、受講者本人の動機づけの上でも、自信を付ける上でも効果的である。具体的に職場に要求される条件は、次の2点である。

① 　管理・監督者は、教育の目標と内容をよく知っていること。したがって、教育計画を当初の教育計画担当者と共同で作成することが望まれる。
② 　管理・監督者は、自ら指導できるようにしておかねばならない。
　詳細は、OJT教育のところで述べる。

(11) プログラム学習法（eラーニング）

　想定したプログラムに沿って、学習者がステップ・バイ・ステップで小さな階段を登るように問題を解決していく方法である。日本では公文とか学習研究社が先鞭を付けている。そしてそれをPCやクラウドで行うのがeラーニングである。

　プログラムには、問題に解答できない場合や誤答の場合にヒントが与えられるタイプと解答次第で（例えば誤答した場合）次の問題が変わる「枝分かれ」方式の二つに大きく分けられる。

なおeラーニングのeは、electronic（電子的な）の意味であり、日本語においてもアルファベットのままの表記が多い。特に、携帯端末を利用した方法についてはmラーニング、uラーニングなどと呼ばれる場合がある。

① 長所
　ⅰ）個人のペースで確実に学習できる。
　ⅱ）積極的な学習ができる。
　ⅲ）スモールステップで無理なくできる。
　ⅳ）自学自習ができる。
　ⅴ）フィードバックが可能で学習の強化が行われる。
　ⅵ）個人差、能力差に応じた指導が可能である。特にeラーニングの場合は統計処理、分析が詳しくできる。

② 短所
　ⅰ）教育内容が固定化される。
　ⅱ）教材の作成に技術と労力、費用がかかる。
　ⅲ）一般にスモールステップのため学習に多くの時間を要する。
　ⅳ）集団思考の機会がない。
　ⅴ）教育内容の変更修正に手数がかかる。

また、現在のところ、eラーニング教材・学習材の内容は、実技を必要とするような科目に向かないと考えられている。

これらの利点と欠点を踏まえ、集合・対面学習とeラーニングを組み合わせた「ブレンディング」という手法を用いることで、効率的かつ効果の高い学習が期待できる、とされている。例えば、eラーニングで予習しておき、集合学習でeラーニングを踏まえた高度な課題を講義・討議させる方法などである。

4. 教育効果をあげる質問技法と問題解決手法

A. 質問技法

（本稿の多くの部分は、荒巻基文「『教え方』教えます」を参考にした）

　質疑応答については、すでに「3Kで受けてから2Kで対応する」という原則は述べたので、ここではプレゼンテーションや講義の最後に行う受講者からの質問とそれに対する回答ではなく、質問を交えたプレゼンテーション、教育方法について述べる。

　全てのプレゼンテーションを質問法で行うのはクイズ番組ではないので通常は行わない。多くはプレゼンテーションの後、このプレゼンテーションの内容を踏まえた発問をする。発問とは前述したとおり講師の側が答えを知っていてあえて受講者に質問することである。受講者がそのことを知っているのかどうかを確かめるための質問で「確認質問」ともいう。

　例えば講義の初めに講師が「本日の研修のねらいは何でしょうか？」「本日は何を講義するんだったかな」と質問して、まさか受講者が「あれ、講師の先生は今日の研修のねらいを知らないんだ」と思うことはない。このように「今日の研修のねらいは〇〇です」という代わりに、質問形式で受講者に興味を持たせ、考えさせることが動機づけになるのである。

　眠くなりそうな時間帯、眠くなりそうな理屈っぽい話、すでに何人かの頭が下を向いているような場合は質問（発問）をするのが良い。質問されると人は考えるので、講義を受け身ではなく、教える側と一緒になって講義に参加していく形にしていく。そうすれば、寝ている暇などなくなるという理屈である。

　そのためには、実際に質問をする方法と、プレゼンテーションの話し方を会話調にして、常に「それでいいのか？」「別の方法はないのか？」「コンプライアンス上の問題はないのか」「お客様はそれで満足するのだろうか？」という疑問を講義の中に取り入れて話を進めるというやり方がある。

後述する、サイモン・シネック氏の「WHYから始めよ！」と同じ理由である。
（会話調で質問を取り入れる例）

　「皆さん。安衛則第 97 条を知っていますか。同条第 1 項では、『事業者は、労働者が労働災害その他就業中又は事業場内若しくはその附属建設物内における負傷、窒息又は急性中毒により死亡し、又は休業したときは、遅滞なく労働者死傷病報告書を所轄労働基準監督署長に提出しなければならない。』と規定しています。では、ここで規定されている休業に、例えば<u>愛妻弁当を食して食中毒になって休業した場合は該当するでしょうか？</u>　自己責任だから報告しなくてもいい？　それとも食中毒は私病で労災ではないから不要と思った人は<u>手を挙げてください。</u>…（間）……答えは『ブー。バツです』。理由は『その他就業中』とあり、労働災害に限るとは規定していないからです。では、社内の部活動や親睦活動で、体育館でバレーボールの練習をしていて骨折してしまいました。通院で一週間おきに休業し述べ 10 日間会社を休みました。<u>この場合は死傷病報告書を提出する必要があるでしょうか。あると思う人？　手を挙げてください。</u>…（間）……。答えは『イエス』です。親睦会での練習であろうとなかろうと会社の施設内でケガをし、連続ではなくても治癒するまでに延べ 4 日以上休業すれば、遅滞なく届出なければなりません。ところでこの<u>遅滞なくとは、何日ぐらいだと思いますか？</u>」

　まるで受講者と会話をしているようである。一対一で会話をしているときに居眠りをする人はめったにいないであろう。講義でも、会話のように聞き手を巻き込んで進めていけば、まず居眠りする人はいないと思われる。

　「説明するより質問せよ」とは、答えを知りたい質問だけでなく、教える側が答えを知っているものについて、相手の認識を確認したり、考えを促したりたりする技法で、かなり有効な手法である。

（1）発問の種類

① 課題発問
　これからやろうということに対して好奇心を喚起したり、これから学習

すべきことが何かを明確にさせたりするときに使用する。
　「○○は、なぜ必要なのですか？」
　「何が分かれば、この問題の本質が把握できるか？」

② 揺さぶり発問

これは、思考を深めたり広げたりするときや、考えた内容をまとめたり整理したりするときに使用される。
　「その答えだけで十分でしょうか？」
　「それを実行するのに、他の手段はありませんか？」
　「まとめていうと、結局どうなりますか？」

③ 評価発問

これは、相手の既存知識や今扱っている内容について、どれくらいの認識を持っているかを診断するとき、またはこれから学習するに際して共通の認識を持たせる必要があるとき、あるいは学習内容を具体的な場面でどの程度応用できるかなどを診断するときに有効である。
　「皆さんは、○○という言葉にどんなイメージをお持ちですか？」
　「目的、目標、手段。この言葉をそれぞれワンフレーズ（一言）で説明してください」
　「○○についての三つの基本要件は何だったでしょうか？」
　「ここで学んだことを現場で活かすための具体的な方法には、どのようなものがありますか？」

このように、一方的に伝えるのではなく、相手に質問を投げかけることで興味を引きつけ、意欲を高めていく。なお、回答は、個人の場合もあるが、多少難しい場合等にはバズセッションさせて場を盛り上げる工夫も必要である。

（2）質問の主な目的

質問は知りたい答えを得るためにだけ行うのではない。質問することにより、意識的に教育効果を上げられるから行うのである。また、受講者の気持ちをしっかりと受け止め、全員の考えや感じ方を知るためにも、質問は大変

重要な役割を果たしている。

① 興味を刺激し、持続させる（動機づけに行う）

「友人から見たこともないキノコをもらいました。あなたなら『毒キノコ図鑑』『食用きのこ図鑑』のどちらで調べますか？」[17]

開始を確認したり、進行を促したり興味を喚起し、学習活動への意欲が増す質問がよい。

「次に行っていいですか？」「これって、重要だと思いません？」

② 受講者の思考を刺激する（質問は、参加者の活動を刺激する）

自ら答えを考えさせる。ときに挑発的な質問もすることがある。

「本当にそう思われるのですか？」「………まだ誰も答えませんね。新入社員でも分かる人がいるのに………」（ただし、あまり侮辱した言い方ではなく笑いを取るような形で）

③ 評価・要約する（学習効果のチェック）

全体の理解度を確認する。課題・活動の目的を理解しているかチェックする。

「ここまでのところで、○○について、まだ△△△と考える人はいますか？」

④ 話合いを始めたり、全体に周知させたりする

全員に平等に参加機会があることを周知させる（集団学習における質問は、参加者の優劣をなくすことができる）。

「ある監督署の話です。労働者死傷病報告書が 100 枚あったとして、そのうち法令違反は何割でしょうか？ 1回だけ手を上げてください」「1割？ 2割？ 3割？………」

---

17 設問の続き：毒キノコ図鑑で調べる、と答えた方にお尋ねします。毒キノコ図鑑に世界中の全ての毒キノコが載っていると思いますか。言い換えれば、毒キノコ図鑑に載っていなければ全て食べられるキノコですか？ 一方食用キノコ図鑑に全ての食用キノコは掲載されていません。言い換えれば食用キノコ図鑑に載っていなくても食べられるキノコはあります。しかし、今回もらったキノコが食用キノコ図鑑に載っていなければあなたは食べませんよね。この毒キノコ図鑑が「危険検出型」安全装置（確認）、食用キノコ図鑑を「安全確認型」安全装置（確認）といいます。安全装置といっても危険検出型は不完全な安全装置なのです。

「どなたでも結構ですが、疑問点がある人はおられませんか？」
⑤ 受講者の参加を促す（質問は、自発創造の原則により、参加者は受動的立場から能動的立場に変えることができる）

　個人的に質問を投げかける。当然、答えるのに時間の余裕を持つ。回答を受けるときはできるだけそばに行って受ける。感謝の気持ちで答えを受け取るが、仮に誤った解答に対しては安易な同調や批判は行わないようにする。

「なるほど、そういう風に思われましたか。その理由はお持ちですか？」
⑥ 受講者の態度を判定する（相手の興味や、能力を見る）

　参加の度合い、理解の質を判定するのに使用する。

- ・説明させる　・要点を挙げさせる　・定義させる
- ・比較させる　・追跡させる

⑦ テーマを発展させる

　質問する側は、自分の質問が学習目標に合った質問か、戦略を持って質問しているか、知っていることから知らないことへと誘導しているか、簡単なことから難しいことへと導いているか、などを自らに問いながら質問しなければならない。そのためにも、ベテランの域に達するまでは、指導案にどこで質問するのか等を記載しておき、講義修了後指導案を見直して充実させていくことが肝要である。

（3）良い（効果的な）質問の特徴

　質問は簡単に答えられることから始め、十分に答えられるようなら少しずつ難しくしていき、考える意欲を高めていくなどの配慮が必要である。

　受講者の学習意欲が高ければ、質問も活発に行える。講師としては、受講者の参画意欲を高めるためにも、一方的な講義を控えて、様々な質問や発問を工夫しなければならない。

　効果的な良い質問の特徴は
① 目的をもって質問する
② 簡潔な言葉で聞く
③ 聞いてしかるべき事を聞く：教える側のエゴや興味本位に、講義内容と

関連性の低い質問をしたら、正当性を欠いているといわざるを得ない。
④　相手の意欲が高まるように挑発したり意識を喚起する質問をする
⑤　いくつかの質問が、あちらにフラフラ、こちらにフラフラとならないように、常に焦点が絞られた質問にする
が良い質問の特徴である。

（4）質問の仕方

以上の質問の特徴を踏まえ質問の仕方をまとめる。
①　質問は具体的にはっきりと
②　答えられそうなものを
③　「はい」「いいえ」のみでないものを
④　多くの答を同時に求めない
⑤　やさしい言葉で
⑥　相手に恥をかかさない
⑦　質問の順序を考える
⑧　間をおいて
⑨　個人に向いた質問を

（5）質問の種類

①　**指名質問**：特定の人物を名指しで質問する。
　「○○さん、どう思いますか？」
②　**全体質問**：クラス全体に向かって、誰でも答えられるような質問をする。
　「皆さん、この問題について賛成の方はいらっしゃいますか？」
　「さて、この問題については、どのように考えたら良いのでしょうか？」
　このように全体に投げかけておいてから、個人を名指しして質問する方が効果的である。全体に投げかけて、自分に当たるかもしれないからと皆が考える時間をとってから、名指しする。
　講師「ここに列挙されている、労働衛生関係規則で、一つだけ書き方が違うものがあります。さてどれでしょう。」
　………（考える時間を与えてから）「○○さん。どうですか？」

○○さん「防止規則と予防規則、と書き方が違います。」

講師「正解です。よく気が付きましたね。」では「防止と予防。なぜこのように違う書き方にしたのでしょう？」

③ ブーメラン（反転）質問：相手が質問してきたときに、質問者自身が自分で考えてみるべきだと思ったときや、質問者の意図が不明なときに、本人に質問する。

「（質問者に対して）あなたはどうお考えなのですか？」

「その件について、もう少し詳しく意図をお聞かせいただけますか？」

④ リレー（中継）質問：質問者に対してブーメランするのではなく、質問者の質問を別の受講者に聞いてみるよう促す。

「ちょっと△△さんに聞いてみてください」

「だれか、今の○○さんの質問に答えられる人はいませんか？」

（6）してはいけない質問

① ひっかけ質問：わざと間違うように引っかける質問のこと。

「北の京と書くと北京（ペキン）、南の京と書くと南京（ナンキン）といいますね。では東の京と書くとなんと読むのでしょうか？」。受講者「トンキン」。講師「いいえ。トウキョウです」

② 無関係な質問：今学んでいることと関係のない質問。相手はなぜそんな質問をするのか戸惑って、注意が散漫になる。深読みしてあらぬこと、方向違いのことを考えてしまう。

例：チームワークの話をしているときに、突然"ところで、中国の経済は大丈夫ですかね"などと聞く。

③ 誘導質問：恣意的にある方向へ答えを誘導する質問。

「○○さんと食事をしたことがありますか？」

「そのときは、彼から誘われたのですか？」

「あなたは、○○さんの部下ですか？」

「ということは、○○さんはポジションを利用して食事を強要したと考えられますね。パワハラですね」

④ 大きすぎる質問：関連性はあるが、大きすぎて焦点が絞れないような質問。ただし、その前の講義の段階で説明等をしていればＯＫである。
「この商品のウリは、刺繍の付け方がユニークだということですね。では、このような刺繍の付け方にした時代背景は何でしょう？」
⇒ＯＫな質問の例「この直線裁ちの洋服が流行した時代背景は何でしょう？」（ＮＨＫ連続小説「とと姉ちゃん」を視聴している人が多い場合はＯＫである。視聴している人が少ない場合は、ＮＧである。）
⑤ 曖昧な質問：とらえどころのない、曖昧な聞き方。答えが何通りもできどう答えたら良いか迷うような質問。
「△△さんは、このところまあまあの調子らしいですが、いかがですか？」
「もし双葉山と白鵬が相撲で取り組んだら、どちらが強いと思いますか？」

（７）質問の仕方

① オープン質問（開かれた質問）：意見や興味を引き出したい、関心を持たせたい、引きつけたい時などに使用する。原則５Ｗ２Ｈを使った質問が代表的である。
　考えてから回答をするため、多少時間を要する。
「次は何をしたらいいと思いますか？」
「どこに行けば良かったでしょうか？」
「誰と話し合ったら良かったと思いますか？」
「なぜ労働災害が最近微増しているのでしょうか？」
② クローズド質問（閉ざされた質問）：とにかくテーマに関心を寄せたい、難しいと感じている受講者などに活用する。YesかNo、またはＡかＢのような選択肢で答えられる質問。回答に要する時間は少なくて良い。
「ＡとＢではどちらがより効果的でしょうか？」

（８）質問の受け方（優れた聞き手の条件）

基本的に３Ｋで受けてから２Ｋで対応するが原則であるが、ここではそれ以外の心構えを述べる。

① 口出しをしないで最後まで聞く（話の腰を折らない）。
② 聞く時間をしっかりとる覚悟で聞く。
③ 反応までの時間を急がない。回答をあせらせない。
④ 評価的でなく受け止める（否定的でも、同調的でもなく、「～ということですね」というような受け止め方をする）。
⑤ 回答者の意図をくみ取るよう努力する。早計に解釈や評価を下さない。
⑥ 言葉少ない回答でも、行間を聴き取るよう努める。
⑦ 回答者が複数いるときは、皆に公平に時間を与える。
⑧ 聞いているときは、よそ見をしたり、時計を見たりせず、話し手に注意を集中する（回答し終わってから時計を見て、「時間も押していますので取りあえず簡単に説明します。詳しくは講義の後で」と話すのがマナーである）。
⑨ 大げさな反応をしない。茶化したりしない（受講者は馬鹿にされたと思うから）。
⑩ 最後に何よりも重要なのは「正解」というか、講師が求めている答えを明らかにする必要がある。これが不十分だと、消化不良を起こし、その後の講義を聴く態度に大きな影響を与える。そして「解答」した後、その理由を分かりやすく説明し、納得できたかの確認を行う（２Ｋで対応する）。

B．問題解決手法

　この手法は、職場における問題について、一定の手順に従って、受講者自身がその解決策について、事実の確認、問題点の抽出、原因の確定、対策案の検討、実施計画の策定・実施という手順に従って討議決定させる方法である。ＲＳＴ講座では、災害事例検討だけでなく、いろいろな場面でこの手法の有効性を述べている。

（１）事実の把握（確認）

　事実とは、その場で見る、聞く、調べるものであり、大つかみの抽象的なものであってはならない。また事実の把握で注意すべき事は、事実と判断の区別を明確にすることである。

　事実とは、誰もが否定できないもの、誰もが結論が同じとなるものである。したがって、客観的である。

　一方、判断は事実をもとにその人の経験や先入観のフィルターを通してみた、意見や感想、推定、解釈のことである。判断はそれぞれの人の経験や先入観によって異なった結果が導かれる。したがって、主観的である。

　多くの人は、この事実と判断を区別して考える習慣がない。事実と判断の混同に気が付くことが思考力を高めることになる。

① 事実を把握する際の留意点
　・現場で、見る、聴く、調べる（３現主義で）。
　・事実の表現は原則として、五感で捉えたものを、具体的に表現するが、数値で表せるものは可能な限り、数値で表現する。
　・「いつ、どこで、誰が（誰に）、何を、どのように、いかにして」の５Ｗ１Ｈの視点より整理する。
　・記録に当たっては、具体的・客観的な表現にする。

② 判断と事実の例

判断	事実
・彼はネクタイをしているのでサラリーマンだ	・彼はネクタイをしている
・この部屋は蒸し暑い	・この部屋は温度30度、湿度85%だ
・あの人は急いでいる	・あの人は走っている

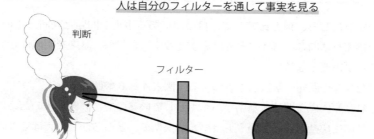

人は自分のフィルターを通して事実を見る

（2）問題点の抽出

　問題点は、事実を基準に照らして評価し、基準からはずれた事実を問題点とするのが一般的である。なぜ一般的としたのかであるが、基準からはずれていなくても問題となることがある（例：2012年12月12日の中央高速道「笹子トンネル崩落事故」は点検基準が「目視だけで良い」とし、そのとおり点検していた）。基準そのものが誤っていることもあり必ずしも「基準からはずれた事実」だけが問題となるわけではない。

　問題点の捉え方は図表4－5のとおり大きく二つある。
① 原因思考型：現在定められている基準・ルールに照らして、これに違反・違背しているかどうかで判断。割と簡単に問題点を把握できる。
② 目標思考型：将来を考えた時の「望ましいあるべき姿」、目指すべき「目標」（あるべき姿）を基準として、これに違反・違背しているかどうかで判断する。望ましい、あるべき姿のイメージなり見える化していないと問題点を把握するのは一般に難しい。

図表4－5　問題点の捉え方

1．「問題」とは⇒基準・目標・計画とのギャップ
2．基準は2種類
　①　原因思考型⇒現状の実態が、設定している基準・ルールと比較して「差」が生じている
　②　目標思考型⇒現状の実態が、望ましい「あるべき姿」と比較して「差」が生じている

　いずれにしろ、何と比較して、目の前にある事実を問題と判断したのか、言い換えれば問題を考えるときは必ず比較すべき対象・基準を明確にしておくことが重要となる。
　また、この問題の解決法も3つある（図表4－6参照）。
　それは原因思考型は、基準がハッキリしているので、問題解決のためには単に基準に戻せば良いというトラブル解決型で、どちらかといえば守りの問題解決法である。一方、目標思考型は、「目標＝基準」を新たに設定して、これにどれだけ近づけるかという攻めの問題解決法といえる。
　さらにこの目標思考型は、問題発見型つまり改善型と、あえて問題を創造していく改革型に分けられるが、改善と改革の問題については、別の機会に述べたいと思う。
　多くの企業内教育は原因思考型が多いが、現場力を強化している企業は目標思考型の教育が多い。

図表4－6　3つの問題解決法

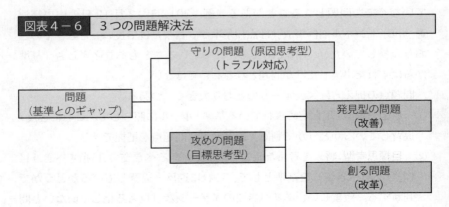

(3) 原因の確定

　原因の確定には、真の原因は何かを常に追求する必要がある。原因には直接原因と間接原因がある。

① **直接原因（一次原因）**：あることを引き起こしたと考えられる最も直接的な原因。きっかけともいう。例えばある物体が落下して壊れた場合の直接原因は、「落下」である。主因ともいわれる。一般に不安全行動、不安状態の事故の型、起因物は何かを確定する。

② **間接原因（二次原因）**：直接原因を引き起こしたことに一定程度関与した原因、あるいは一次原因が生じた理由。関与原因は多数ある場合がある。例えば、ある物体が落下して壊れた場合に、物体を落ちやすいところに置いていた、高いところに置いていた、緊結していなかった、揺らした等々様々な関与が考えられる。

③ **根本原因（背後要因、基礎原因）**：直接原因、関節原因の背後にある、根本的な原因。2次原因のまたその原因となるもの。これがなかったら、このような問題が生じなかったであろう、最重要の原因のこと。

　例えば、ある物体が落下して壊れた場合に、なぜそんなところに置かざるを得なかったのか。誰が何の理由でそこに置くことを命じたのか、というそもそも論が根本原因である。なお、多数の間接原因のうち、最重要の原因を根本原因としている説も多い。

　このように、最初に取り上げた原因（直接原因）に対して、「なぜその原因は発生したか」を少なくとも3回以上問いかけて出てきた原因がより真の原因（根本原因）に近づくことができる。これを5回行うのを「なぜなぜ5回」として、作業改善に取り組んでいる企業も少なくない。

　原因の表現は抽象化しない。例えば、「要員不足」「顧客嗜好の変化」「整理整頓の不徹底」「教育不十分」などの間接原因の途中での表現ではなく、根本原因まで記載する。

　災害原因の分析には、この直接原因、間接原因による方法のほか、4M法、FTA（故障の木解析）、ETA（事象の木解析）、などを始め多数ある。それらの手法を災害だけでなく一般の問題の原因究明に利用している例もあるが、本稿では割愛する。

（4）対策案の検討

　対策は、影響の大きいものから優先順位を決め、必要性、可能性を考えて、直接、間接、根本の全ての原因について立てる。したがって複数以上の対策が考えられるはずである。

　一つひとつ具体的で"何を""どのように"と5W2Hで検討する。最後のHはHow muchで予算である。予算がなければ対策の立てようがないし、予算が決まらなければ実施計画も立てられないからである。また、"誰が責任者か"をも明確にしておかなければ、実施に結びつかない。

　また、一般に基準から外れた状態を問題点として捉え、原因究明と対策を考えるが、原因分析状況によっては「基準そのものの変更」も視野に入れなければならない。その場合は必ずリスクアセスメントを実施しなければならない。

（5）実施計画の策定と実施

　実施計画は5W2Hを活かし、まず、主旨を明らかにし、実施責任の所在、実施方法を具体的に表現する。そして達成時期、達成状況等の進捗管理ができるものとする。

　以上の事実の確認から対策、実施計画までの一連の手順において作業の流れを分かりやすく表現する。

　また、実施する際に作業手順や作業方法の見直し、改善の事態が生じたら、必ずリスクアセスメントを実施することを計画書に記載し徹底する。

第 V 編

OJTについて

第Ⅴ編　OJTについて

OJTを述べる前に、教育と学習についてその概念を明確にしておきたい。

1. 教育と学習

（1）欧米と日本の教育の概念の違い

日本の国語辞典では概ね次のように定義されている。

教育とは「人に対して、意図的な働きかけを行うことによって、その人間を望ましい方向に変化させること。広義には、人間形成に作用するすべての精神的影響をいう。」（大辞林）

国内の辞典の多くがこれとほぼ同様の見解を示している。

一方、教育は英語では「Education」と綴るが、これはラテン語のe と duca、英語でいえば out と lead（導く、その気にさせる）という意味である。ドイツ語の Erziehen も er と ziehen（引きだす）という意味である。

つまり、欧米では「教育」とは「才能を外に引きだす」という意味であるのに対して、日本では「上から目線」で、望ましい方向に「変えてやる」という意味合いが強いということができる。

しかし、筆者はこれからの安全衛生教育は、本人の個性や能力を外に引きだす、後述するコーチングの手法をベースにすべきだと考えている。

（2）教えるとは

教えるとは、英語でいえばティーチング（teaching）であり、業務知識や技術などを伝えることで、一般に「階段型」といわれる。指導者が、①まずやってみせ（模範演技）、②次になぜそうするのか、そうなるのか説明し（急所等の説明）、③本人にやらせてみて（実習）、④それに対してコメント等フィードバックを行うものである。

基本的な知識をためるのには効果的な手法であり、受講者ではなく指導者の持っているスキルの程度が課題となる。教えることは社外研修や社外講師でも対応できる。

1. 教育と学習

　一般に、「教える」は、初等から中等の教育、予備校やスポーツの教習の場で多く見られるが、指導者はどちらかというと、上から目線で受講者をみることが多い。一方、受講者は指示どおり行えば、初級、中級、上級と階段を上るように上達していくやりかたである。ただし、受講者は指導者の意見等を取り入れることに専念しがちで、多くの場合、指導者のレベルを超えることは少ない（図表5-1参照）。

図表5-1　教える＝ティーチング

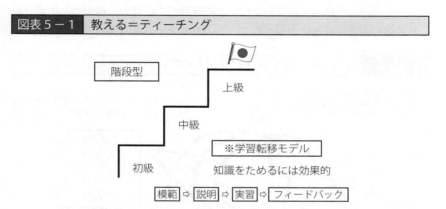

（永合佐千子「新入社員育成に何が必要か、育成者をどのように育てるのか」産業訓練 2011.7を参考にした）

（3）育てるとは

　育てるとは、仕事に関する考え方や人との関わり方など、人間としての成長を促すことで、一般に「山登り型（ロッククライミング型）」といわれる。1人ずつの成長を観て指導するもので、体系立てて指導することは難しいが人材育成には核となるものである。その際、学習の目的、ミッション、理由等を明らかにし、目標、課題を与えることが大切である。試行錯誤させ、立ち止まったときなどに適切なサポートを行うことが必要である。
　このサポートには、モデリング（見本）、スキャンフォルディング（足場かけ）、コーチング（問いかけと気づき）、ヒント、フィードバック等いろいろあるが、なかでもコーチングとフィードバックが重要である。なお、コーチングとフィードバックをあわせて、広義のコーチングとされている。

215

第Ⅴ編　OJTについて

山登り型育成の留意点としては、3点ある。
① 第1点は、指導（育成）者も「山登り」をする。
② 第2点は、その際、指導（育成）者は技術者であっても、プレゼンテーション・社会人モラル・仕事の進め方などのヒューマンスキルを育成しておかなければうまくいかない。
③ 「山登り型育成」は、到達すること以上に、その過程が重要である。途中でどのように試行錯誤したか、その経験がその後の、指導者と指導される側の両者の成長に生かされる、ということである（図表5－2参照）。

図表5－2　育てる＝（例）スポーツクライミング

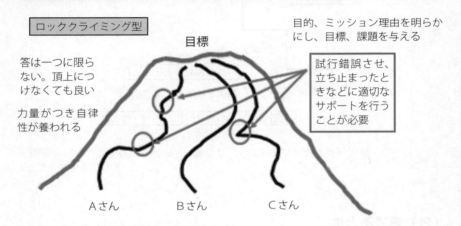

自分の持っている学習した知識・経験を使って登る。育成される側が中心で、育成者の立つ位置は頂上にいるわけではない

（永合佐千子「新入社員育成に何が必要か、育成者をどのように育てるのか」産業訓練 2011.7を参考にした）

育てるとは、指導者と指導を受ける者の立場は、対等、もしくは場合によれば指導を受ける者の力量が勝っている場合もある。

フィギュアスケートの羽生弓弦選手、浅田真央選手とコーチの関係を見たら分かるが、選手の方の技量が上である。コーチは選手と一緒に「どうしたら跳べるか」「どうしたら華麗に舞えるか」と工夫し、ヒントを与え、励まして選手の能力を引き出しているのである。

業務の面でまとめると、教えるということは業務知識や技術などを伝承することであり、育てるということは技術の伝承のみならず、自ら創意工夫・改善を行い、さらに人間としても成長することを促すことでもある。

さらにいえば、人は育てるのではなく、自ら成長するものである、という考え方、コーチングマインドで接するということである（コーチングについては後述する）。

繰り返すが、1人ずつ成長を観て指導するので、一般には体系立てて教えることは難しいが、人材育成には核となるものである。

なお、教えることと育てることの特徴と注意点は図表5－3のとおりである。

図表5－3　階段型育成と山登り型育成の特徴と注意点

	階段型育成	山登り型育成
特徴	・知識や技能の伝達に適している（技術研修など） ・評価しやすい ・達成することが目的（＝達成しないと意味がない） ・誰でも同じことを学ぶ ・学習プロセスが狭い（＝経験が狭い）	・問題解決力を養い、主体性、自律性の向上が期待できる（ヒューマンスキル研修など） ・評価しづらい ・経験自体が大切（＝達成しなくても学ぶ） ・各々違った経験をする ⇒最後のふりかえりが重要（情報共有）
注意点	・競争による「落ちこぼれ」意識に注意（⇒モラールの低下）	・できるだけ多くの経験ができるように指導者の工夫やサポートが必要（ヒント、助言）

（永合佐千子「新入社員育成に何が必要か、育成者をどのように育てるのか」産業訓練　2011.7）

（4）学習とは

　「教える」と「育てる」以外に、学習という言葉がある。角川漢和中辞典によると、「学」とは「もともとは、子供に世の中のしきたりの手ぶりを習わせることをいう。まねる。ひいて、ものをまなぶ。さとる。知る。まなびや。校舎。まなぶ人。」という意味である。

　「習」とは、「鳥が繰り返し羽を動かして飛ぶ練習をする意。ひいて、ならう。なれる。ならす。習熟。なれしたしむ。積み重ねる。」という意味であるとしている。習の時の下のつくりの「白」が百の意味であるという説もあり、羽を百回以上も羽ばたかせて練習するという意味もあるとのことである。

　「学」とは、親鳥が羽ばたくのをまねることであり、「習」とは、ひな鳥が巣立ちのために何百回も羽ばたきの練習をすることである。

　なお、学習とは、「勉強[18]すること。生後の反復した経験によって、個々の個体の行動に環境に対して適応した変化が現れる過程。新しい知識の獲得、感情の深化、よき習慣の形成などの目標に向かって努力を伴って展開される意識的行動」（大辞林）ということであるが、簡単にいえば、他人の良い事、先人の知識を真似て、繰り返し練習して自分のモノにすることである。

　なぜ真似るのか。それは素晴らしいから、憧れるから、尊敬するから真似るのである。真似ることは学習の第一歩であり、重要なことである。

　しかし、先人や先輩を真似ても、それだけでは先人や先輩を超えることはできない。それを超えるには「知恵」を磨かなくてはならない。

　別ないい方をすれば、守・破・離[19]が必要なのである。

18　勉強：勉の「免」が音を表し、たえずつづけるの意の語源からきている。人の及ばぬこともはげみつとめることういう（角川漢和中辞典）。力を込めて絶えず努力するさまである。強は弓とムと虫でできており、本来は昆虫の「アブ」のこと。キョウという音がつうじて、つよいの意に用いる（角川漢和中辞典）。よって「勉強」とは、精を出す。学問に励む。品物を安く売る。

19　守・破・離：まずは師匠にいわれたこと、型を「守る」ところから修行が始まる。その後、その型を自分と照らし合わせて研究することにより、自分に合った、より良いと思われる型をつくることにより既存の型を「破る」。最終的には師匠の型、そして自分自身が造り出した型の上に立脚した個人は、自分自身と技についてよく理解しているため、型から自由になり、型から「離れ」て自在になることができる。武道等において、新たな流派が生まれるのはこのためである（ウィキペデアより）。

（5）知識と知恵

　「知識」とは物事に関してすでにはっきり分かっている事実のことであるが、残念ながら知識が新しい別の知識をつくり出すことはできない。例えば、パソコン（PC）にいくら最新のデータ（知識）を入力し、データが膨大になったとしても、それだけでは何も新しい知識は生まない。1＋1＋1＝3なのである。

　「知恵」とは知識を正しく使用し、いろいろな問題を発見し解決する能力である。1＋1＋1＝4？5？＝∞になる。

　問題を発見し解決するためには、悩んだり、疑問に思ったり、工夫したり、発想の転換をしたりという「行動」が必要なのである。いくら知識があっても、この「行動」がなければ、何も変わらない。

つまり、「教える」ということは、学ぶ側から見ると「学習」であり知識をためることである。一方「育てる」ということは、本人が、工夫したり、悩んだりして新しい知識、つまり「知恵を磨く」ことであるということができる。

　当然のことながら、沢山の知識があれば多くの問題点を発見できるということは事実である。したがって知識の習得それ自体は重要なことである。

　これからの教育とは、知識のため込みではなく、自分の力で物事を解決できるようにしていくべきであり、その点からもOJT教育をする上で、後述するコーチングの手法は重要なツールとならざるを得ない。

2．OJT教育について

（1）OJT法による教育

OJT教育（on the job training）とは、ある仕事、役割を体験させる中で、必須な教育・訓練を行う手法である。

言い換えれば、この方法は、上司が部下に対して、仕事を通じて計画的に、必要な知識、技能、態度、および現在担当している仕事、近い将来担当する仕事に直結する問題解決法の能力向上、業務遂行能力のための教育訓練を実施することである。

① OJT教育の意義

OJT教育は、受講者が仕事をする中で、指導者の行動を模倣し、試行錯誤を繰り返しながら、必要な知識、技術を身に付けていくため教育効果が高い。また、機会教育といわれるように、受講者と指導者が接触する職場生活の場が教育訓練の場として機能する。そして、指導者にとっても教えることは学ぶことであり、OJT教育を進める中で、自らの指導能力について知ることができる等の特徴を持っている。

② OJT教育の特徴
ⅰ）仕事に役立つものである。
ⅱ）企業目的に沿っている。
ⅲ）具体的にやれる簡便さがある。

③ OJT教育の具体的メリット
ⅰ）仕事の場で直接、機械・設備・材料等を教材として利用するため実際的な教育ができる。
ⅱ）単に知識・技能だけでなく、心構え等態度教育も同時にできる。
ⅲ）教育訓練の結果がすぐに仕事に反映される。
ⅳ）受講者自身が教育訓練の成果を確認でき、達成感を味わうことができる。
ⅴ）受講者と指導者の間に相互理解ができる。

ⅵ）教育訓練の場が、職場自身であり、他の教育手法に比較し、推進上の負荷が軽い。

　なお、以上述べたＯＪＴ教育は、日本式の戦後確立されてきた教育方法であるが、以下述べる課題があり、最近はコーチング技術を取り入れたＯＪＴ教育が主流となりつつある。

（２）ＯＪＴをめぐる状況

　日本のＯＪＴによる教育技法は職場の安全衛生教育だけでなくモノづくりや「現場力」[20]においても、1990年代に西ドイツのマイスター制度を逆転したことは有名である。

　しかし、このときのＯＪＴは職長が部下に「俺の背中を見て学べ」方式のやり方であったが、後述するように昨今ではこのやり方が通用しなくなってきた。

（３）新人世代の課題

　昨今の若者の多くは子供の頃からの塾通い等で、小さい頃に外で子供同士で遊んだ経験が少ないものが多いこと、ガキ大将や子供の中での序列・力関係等の経験が少ないために人間集団の基礎を知らないものが多いこと、などが指摘されている。また食べたいものがすぐに出てくる家庭環境に育っていることが多いことから、自分から取りに行く・奪いにいく、というハングリーさが生まれにくい状況にあるということも指摘されている。

　この２つの体験（経験）をしないまま入社してきて、今まで経験したことのない権限を持つ上司に遭遇したり、厳格な組織に配属されたりすると、ある者はメンタル不調に、そしてある者はマニュアル人間化していった。

20　現場力：簡単にいうと、問題発見能力、問題解決能力ということになる。企業の企画部門が問題を発見して解決するのではなく、現場の社員こそが自ら現場の問題を発見し、解決していくための能力を発揮すること、あるいはその能力のある現場のことといえる。決められたことを淡々とこなすだけではなく、常に問題意識を持って改善していく現場こそが、企業の競争力の源泉なのである。

また、昨今の若者は受験で勝ち抜く訓練は受けているので、安易に成功ノウハウの入手をはかろうと考える傾向が強く、「とりあえず、どうすれば、うまく仕事ができるのか。周りの人とうまくやるには、どうすればよいのか。」ということの方に気を回す者も多いといわれている。

いずれにしろ、この2つの体験（経験）をしないまま入社して、人に頼ることを知らない新人は悪戦苦闘することになる。それが大卒後3年で4割弱退職という実態を生んでいる。

企業としては、折角自社に合う人材を採用して、金を掛けて人材育成しているのだから、辞めさせずに、いかに早く戦力に育てていくかが重要な課題となっている。

また、つい先日までの超就職氷河期では、就職活動の準備はしっかりと行い充実しているので、一般に礼儀、チームでのコミュニケーション、時間管理、自己研鑽などは「一定程度」身に付いているものの、思考力の低下が認められるため、討議させても深く踏み込んだ討議をせず、時間内にちょうど良い答えを出すことで満足しがちというヒューマンスキル[21]の低下が認められる。

逆に、昨今の売り手市場になってからは、「隣の芝生がよく見える」的感覚で、多少のプレッシャーをかけられると、先輩等に十分相談することなく、自分はこの仕事に向かないのではないか、他の仕事の方が合うのではないか、と腰が落ち着かない、定着率の悪い状況にある。

このようにヒューマンスキルが弱く聴く力が弱い若手社員には、従来のOJTでは危機状態に陥ることになる。つまり背中を見せて学ばすOJTではなく、先輩からアプローチするOJTへ、というお膳立てが必要となってきたのである。

例えばセールスの業務であれば、①仕事を任せて、人との関係を作り、小さな成功体験をつませる。②本人に提案させ、それが良ければ自分で説明させ回らせる。③できるだけ多くの人に会って話をさせる、等の経験をさせ、

21　ヒューマンスキル：第Ⅰ編1（10）②のカッツの理論でも述べたが、「対人関係能力」と呼ばれるスキルで、上司や部下、同僚、顧客、得意先などの相手方と上手くコミュニケーションをとる能力。

失敗してもいい、どうしたらうまくいくかを考えさせるような教育・指導が求められてきている。そのうち成功して面白みを知れば変わってくるはずである。例えヒューマンスキルが弱くても、それにあった環境作り、教育の仕方で、定着と早期戦略化は可能だったのである。

　企業の人材育成は個人の潜在的能力をうまく活用することにある。そのためには、先輩社員（職長等）がどのくらい育成に関わるかが、OJTの重要性と成功に深く関わることになってきた。

（4）OJTをめぐる課題

　しかしながら実態は、OJTが時代の変化、世代間の意識の変化の中で次第に職場任せの「成り行き」での育成の隠れ蓑になってきている傾向が見られるようになってきた。さらに仕事に関わる専門領域が高度化・深化し、先輩が体系化して教えることが困難になってきている傾向にもある。

　一方、「企業における中堅社員の現状に関する調査」（産業能率大総合研究所2009.5.26）によれば、企業が職長や中堅社員に求める役割は、職場の「後輩を計画的に指導・育成すること」（後輩の育成）が72.5％もあったのに対して、実際に「後輩の育成を遂行している」がわずか2.9％、「やや遂行している」が31.9％という状況であった。

　仕事の中身が高度化・専門化しているのに個人主義的意識の強まりという中で、OJTの前提である人間関係の希薄化が進行し、OJTが成立しにくい状況が強まってきている。

（5）これからの人材教育のあり方と課題

　企業を取り巻く環境は、否応なく逐次的に短期間で複雑な仕事を熟達させることを要求している。しかし現場は高度で複雑に分業化されているだけでなく、一方ではチームワークも要求している。このことから個々人の試行錯誤による学習の機会が少なくなってきている。

　このままでは、即応的な職能専門教育だけでは対応が不十分となるため、これからは幅広い問題解決能力とリーダーシップ能力を備えた長期的なキャ

リア開発と軌を一にした人材育成のなかで、OJTを進めていく必要性が高まってきている。

長期的なキャリア開発には、従来からのOJT、OFF-JTにプラスして、コーチングを取り入れたOJTの実施が望まれてきている。

（6）現状のOJTの問題点

旧来のOJTは「俺の背中を見て仕事を覚えろ！」が一般的であった。しかしこれでは、きちんとしたOJT教育計画が立てられていれば別であるが、そうでない場合や不十分な場合には、各職場で具体的に誰がどのようなスキルや態度を学習すべきか（誰に何をどう教育すべきか）が明確に定義されていないことが多いことと、多くを語らない非教示的な徒弟制度が部分的に温存されてきたがゆえに、学習する側も教育する側も、「成り行き任せ」で「仕事の経験を積み重ねる」ことがOJTであると錯覚している場合が多い。

しかもOJTの内容は、職能専門的なスキル（主に暗黙知[22]）と態度（心構え）に重きが置かれている。

これからのOJTは、様々な業務遂行に共通して求められる汎用的なスキル（主に暗黙知）、態度（心構え）に関する、実際の生産活動を通してなされる幅広い教育も視野に置かねばならない。

（7）不況と震災による懸念

リーマンショック、円高不況、東日本大震災等による正社員の少数化、工場の海外移転、そして若年労働力の絶対的減少、メンタルヘルス不調、就業年齢自殺者の高止まり等により、中小企業の人的資本投資の減少という傾向がますます強くなってきている。このままでは日本の現場力の衰退ということが避けられなくなってくる。今こそ従業員のOJTやOFF-JTを受ける動機を弱めたり、自己啓発が行われなくならないようにすべきである。

---

22 暗黙知：認知の過程あるいは言葉に表せる知覚に対して、（全体的・部分的に）言葉に表せない・説明できない身体の作動を指す。暗黙知とは「知識というものがあるとすると、その背後には必ず暗黙の次元の『知る』という作動がある」ということを示した概念である。この意味では「暗黙に知ること」と訳したほうがよい。暗黙知の反対が形式知といわれている。

(8) 長期的視点に立つコーチング手法を取り入れたOJTの実施

　新しいOJTとは、例えば、「コミュニケーション能力」や「課題解決能力」、および「変化への柔軟な対応」など様々な業務遂行に共通して求められる「汎用的なスキル（主に暗黙知）、態度（心構え）」に関する、実際の生産活動を通してなされる幅広い教育の実施である。

　言い換えれば、どのような仕事にも共通して求められる汎用的なスキルや態度（エンプロイアビリティ）であり、長期的なスパンで様々な仕事経験を通してしか習得できない暗黙知や心構えのことである。

　これらは、個々人の自信や自己効力感[23]の形成に深く関係し、長期的なキャリア形成パフォーマンスに重要な意味を持つものであり、長期的キャリア発達に不可欠なものである。これらはチャレンジナブルな仕事での成功体験と模範になるような優れた上司や先輩との密接な人間関係が保てる新しいOJTで実現される。

　繰り返すが、これからは、即応的な職能専門教育だけでは不十分である。幅広い問題解決能力とリーダーシップ能力を兼ね備えた長期的なキャリア開発と軌を一にした人材育成が望まれる。とりわけ次世代の経営幹部などを育成するためには、長期的なスパンでの人材育成を意識したOJT教育がますます重要となっている。

　OJTによる、人材育成の鍵を握るのは、ライン現場の上司、中堅社員、RSTトレーナー、職長などのOJT指導者（実施者・リーダー）である。

23　自己効力感（self-efficacy）：外界の事柄に対し、自分が何らかの働きかけをすることが可能であるという感覚。心理学などで用いられる。自己効力感とは、ある具体的な状況において適切な行動を成し遂げられるという予期、および確信。結果予期と効力予期の２つに区分される。結果予期とは、ある行動がどのような結果を生み出すのかという予期。一方、効力予期とは、ある結果を生み出すために必要な行動をどの程度うまく行うことができるのかという予期。

3. OJT教育の仕方

(1) 準備と心構え

　OJTを行うには当然準備が必要である。それは第Ⅱ編で記載してある、何のためにという目的、どこまでという目標と、どうやって行うかという手段を明確にすることで、通常の講義、プレゼンテーションと同じである。

　ただし、OJTは誰のために行うのかで目的、目標、手段が若干異なるので注意する必要がある。

　俺の背中を観て覚えろ、仕事は人から盗んで覚えろ、は論外としても、一般的には、OJTを受ける側のためにOJT教育が行われると考えがちである。

　確かに第一義的には、OJTを受ける部下や後輩のためであることは間違いない。しかし実際は、自身のOJTのスキルを高めると、対象者が望みどおりにスキルが上がり、会社の戦力となるため、上司にも喜ばれ自分の負担も減り、グループとしての業績や成果も上がることになる。

　つまり、自分のOJTスキルアップにより、自分のグループや自分自身も成長・発展し、業績を上げることで、結果として部下や後輩も成長するというプラスの効果が生まれることになる。諺の"情けは人の為ならず"である。

　こうしたことから、OJTの動機づけも目的も、第一義的なものから多少変更しなければならない。

(2) 動機づけ

　目標が「単に作業手順書どおりに仕事ができれば良い」、ならOJTを受ける側も、「なんだ。それだけか」となり、モチベーションも高まらず、動機づけとしては弱い。

　動機づけに当たっては、ベースとなる仕事、作業手順をマスターしたら「チャレンジナブルな仕事での成功を体験してもらう」「OJT指導者の成功体験や失敗体験等成長過程における苦労したことや、他の模範的な上司や先輩とのコンタクトの機会を与えて、そこから何かを感じてもらいたい」そして、どのような人間に育っていって欲しいか、期待される役割や目標を示す

ことで、心に何かを感じさせることが動機づけには必要である。

また、会社設立時の理念、夢などWhy（なぜ）にかかわる点も動機づけには大切なことである。

しかし注意しなければならないことは、「押しつけ」にしないことである。そのためには、十分なコミュニケーションをとる必要がある。

（3）目的

OJT教育は確かに作業手順書や仕事のやり方を覚えてもらうために行うがそれだけでは不十分である。人は産業用ロボットではない。

OJTを実施するのはその作業者の能力向上だけでなく、仕事を通じて一定の成果を上げてもらうために行うのである。

OJT指導者は、部下に確実に仕事を覚えさせることを前提に、実務能力を高め、それぞれの段階に応じた成果を出せるようにサポートしていくことが大切である。

ここで注意しなければならないことは、部下が成長していくに従って変化するOJT指導者の心の動きである。思いどおりに部下が成長していくのをみて、そのうちに部下に追い越されるのではないかという不安である。

しかし、後述するコーチングにもあるが、指導者（コーチ）はコーチされる側を支援するという気持ちを持つべきである。いつかは自分を乗り越えて欲しい、という気持ちを持つべきである。

そうはいっても、なかなかそのような境地には立てないという人には、もっと物理的な利益があることに目を向けていただきたい。

まず、仕事は通常グループで行っている。その部下が育ち、より大きな成果をグループとしても上げることができるようになったら、育てた人の評価はどうであろうか。

また、部下や後輩の成長が早く手がかからないことになれば、自分のやりたいことができる場面や機会も増え、結局は次のステップの扉が早く開く可能性も高くなる。後輩を育てることは自分自身を育てることになり、結局は会社に貢献することにつながるのである。

（4）目標

　目的が明確になれば、目標を立て到達点から逆算してスケジュール、つまり教育計画を立てることになる。

　OJTもトレーニングであるので「計画＝メニュー」が必要である。メジャーリーガーのイチローなど一流選手は自主トレでも思いつきで行っているのではなく、きちっとしたトレーニングメニューに従って行っている。OJTの場合も、3カ月後、1年後にどのような人材に育って欲しいかを本人と話し合って、計画的に着実に実施できるOJT教育計画を作成することが重要である。

　そのためには、現在のレベルをできるだけ客観的に評価し、話し合って達成目標を決め、それにあった「手段＝メニュー＝教育計画」を立てることが必要である。

① メニューは失敗を前提としたものにはしない

　初心者を教育すると分かるが、最初は失敗する確率が高い。昔のOJTは失敗することを前提として、失敗経験の積み重ねが進歩につながると信じられていた。

　確かに、「失敗は成功の元」、「艱難汝を玉にす」、という諺もある。じっくり育てるにはそれなりの意味があるが、しかし、現代はかなりのスピードで仕事をこなさなくてはならなくなっている。少子高齢化で労働力も潤沢とはいえない。

　また、一般に失敗を繰り返しながら成長させるには時間を要する場合が多い。失敗してもゆっくり待っている余裕がなくなってきている。また失敗が顧客に多大な迷惑を掛けたり、高価な機器類を破損させたり、場合によっては労働災害につながりかねない。また失敗の繰り返しはモチベーションを下げるだけでなく、メンタルヘルス不調も招きかねないのである。

　特に、未熟なまま「いきなりやらせる」のは、うまく行けば良いがそうでない場合は本人にとって打撃が大きく、労働災害や退職にもつながることがある。

　すぐにも戦力にしたい気持ちは分かるが、本人の能力等に合わせた指導で、一歩ずつ進めることが大切である。

「全然できないや」「また失敗するかも………」「なんで最初にそのことを教えてくれないの？」

一旦、こういう状態になると、元の状態を取り戻すのに、かなりの時間とパワーを要するものである。

もし、部下や後輩がなかなか思ったように成長してくれない場合は、自分の教え方、OJTの仕方に問題がないか疑問を持つべきである。仕事ができること、知っている、ということと「教える」ことは別である。

新人が入ってきたら、仕事が楽になるどころか、いろいろ苦労が増えて当たり前である。むしろ、新人を早く一人前にし、戦力にしなければ負担は減らない。今のやり方がダメなら、「教え方」を見直すことも必要である。

② 納期に合わせてOJTするな

早く新人を一人前にしたい気持ちを抑えていても、顧客の都合等でどうしても納期等が押して、猫の手も借りたいような状況になると、ついつい「もう間に合わない」「新人に、あれも教えて、これも教えてすぐにやってもらおう」と先輩は思うことがある。

しかし後輩にとっては、ほとんどが初めて見ること聞くことが多いのである。その結果「いろいろ教えられたがよく分からない」という状態になり、場合によっては損失や労働災害を起こすことにもなりかねない。

急いでいても、仕事は「積み上げ方式」で教えていかねばならない。急ぎの仕事はあくまでも「猫の手」「お手伝い」と割り切ることが必要である。

（5）手段（OJT教育計画の策定）

OJTとは、作業手順書による実地（実務）教育が主ではあるが、それだけでは教育効果を上げにくい。特に、新人の場合は集合教育（講義法）と組み合わせて実施すると効果が上がりやすい。

① OJTはPDCAで実施する

すでに述べたように、OJTを成功させるには、教育計画を立て（P）、実施し（D）、それをチェックし（C）、見直し・改善（A）という手法を用いるのが良い。新人が来たからまずはこれを教え、何か分からないことを聞きに来たらそれを教え、という場当たり的なやり方ではその教育効果

は疑問といわざるを得ない。
② 計画を立てる場合、目標に従ってマイルストーンを設置する
　　最終目標を「自立して自主的に判断し活動できる」社員とするなら、それをいつ頃までに育てるかを本人と相談しながら決める。仮に2年とか3年としたら、それから逆算して3カ月後、6カ月後………というように、四半期ごとの目標（マイルストーン）を設定し、それを計画書に書き込むのである。
　　OJT指導者は、焦らずにこの計画書に従って育てれば良い。
　　転入者なら、一定の素地もあるので、転入時教育（安衛則第35条）を実施した上、これも本人と話し合った上OJT教育計画を策定する。
③ OJT教育計画に入れるべき3つの要素
ⅰ）6W2Hが網羅されていること。
　　計画であるため、なぜ（作業の意味と急所 Why）、いつ（When）、どこで（Where）、誰が（Who）、誰に対して（Whom）、何を（What）、どうやって（How to）教えるかが記載されていなければならない。また実習や実技教育では消耗品が生ずる場合もあるので予算措置（How much）も必要な場合がある。
　　後述するが、この場合 Why から行うと応用が利き、現場力の強化につながる。
ⅱ）PDCAが回せるように、結果の振り返りと次のステップが分かるものであること。
　　評価と結果の確認は、指導者と本人が確認の上、記載するようにすることが重要である。
　　また、計画はその達成度に従って柔軟性を持って変更できるものでなければならない。
ⅲ）課長、OJT指導者、OJT対象者がいつでも計画を見ることができ、現状がどの段階にあるのか共通認識が持てるものであること。そのためには、PC、イントラネット、クラウドの活用が望ましい。
　　OJT教育計画書は、あくまでも関係者が目的を共有するためのツールであり、分かりやすいものであることが必要である。

4．OJT教育成功のポイント

（1）最初の基礎教育が重要

　　売り手市場の中で昨今の新入社員の傾向は、日本生産性本部の2015年度新入社員秋の意識調査によると、自己実現を求める、個人主義的傾向が強まってきている感じがする。

　　例えば、【管理職になりたい理由】について、2014年度では、「様々な業務に挑戦したい」が1位（36.0％）であったのが、「より高い報酬を得たい」が第1位（45.6％）に、「自分のキャリアプランに反する仕事を、がまんして続けるのは無意味だ」とする回答が設問設置（2006年）以来最高（43.6％）となったこと、「残業が少なく、平日でも自分の時間を持て、趣味などに時間が使える職場」を好むという回答も1998年以来過去最高（81.1％）であったことなどに認められる。

　　自己実現を求めることそれ自体は非常に良いことだが、「自分は面接の時、自分のやりたいことを述べたのに、配属された部署は自分の望むものではない。こんなことばっかりやっていて、果たして成長が望めるのか」、と悩み、自己実現が満たされないとモチベーションが下がり、いくらOJTで動機づけをしようとしてもうまくいかないということがある。

　　この場合は、雇入れ時教育の段階で、「仕事というものは楽なものではない」「仕事と労働[24]とは違うこと」等をしっかり教育しておく必要がある。

　　お客様の「手に入れたいこと」「解決して欲しいこと」をお客様自身ができれば問題ないが、その技術がない、時間がかかる、面倒だということで、お客様がお金を払って、自分の会社がそれをやるのが商売の基本である。

　　このお客様が「できないこと」「やりたくないこと」をお金をもらってやることが「仕事」である。その仕事をどうやって自分の「やりたい仕事」に

---

[24] 仕事と労働：仕事とは人が働くことで生まれた結果（アウトプット）のこと。労働とは人の活動そのもののこと、インプット（過程）のこと。「仕事」と「労働」の両立は難しい。生産的ではあるが人間的でない職場（例、ブラック企業）、みんな元気で仲良く働いているが生産性の低い職場などもある。「仕事」と「労働」の両立こそが、事業の生産性を高める経営のポイント、マネジメントの真骨頂である（P.F.ドラッカー）。

結びつけるのかは本人次第であるが、それを気づかせるのはOJTの指導者である、先輩・上司の役目である。

会社で賃金を支払ってもらい生活している以上、自己実現は、「成果＝利益」を出した先にしか存在しないということを、最初の段階で教育しておくことがOJT教育成功のための第一歩である。

（2）価値観を押しつけない

一般に、OJTは作業手順書に沿って行うことが多いが、手順書にはない作業や一定の価値観を伴うものもある（例、営業活動でのノウハウ、お客様への対応等）。

しかし、現代の若者の価値観は多様であり、モチベーションの源泉となるものも人によって様々である。

モチベーションの源泉には賃金、出世、やりがい………等々色々ある。もしも「認められたい」ということに生きがいを感じている人に給料（賃金）の話をしてもあまりピンとこないかもしれない。それを見極めて、叱咤・激励、ほめる、承認、叱責を行わなければ逆効果ともなりかねない。

したがって、OJTの指導は働くことについて自分の価値観を押しつけてはならない。なぜなら働く目的に絶対の正義はないからである。ただし、企業とは、お客様に喜ばれる仕事、サービスを提供している社会的に意義のある存在である、ということだけをしっかり共通認識にしておけば、取りあえず、本人が何のために働くのかの正解を持たなくても、現在教育計画でどの段階にあるのか、それをどう理解し、感じているのか、次のステップにいくために何を求めているのか、それに対してどのような支援の言葉を掛けるのかに気を配るのかがOJT成功の第二歩である。

もし仮に、声かけ、励ましに反応がなかったとしても、必ずしもヤル気がないとは限らないのである。

（3）充実感を承認する

だれでも、自分の仕事の本当の意味を知ったとき、あるいは自分が社会の

中で（職場で）必要だといわれたとき、上司やお客様にほめられたとき、難しい仕事をやり遂げたとき、失敗を取り返しリベンジできたときに「充実感」「達成感」「やりがい」を感じるものである。

しかし多くの、上司、OJTの指導者は、「まだまだ未熟」と思ってか、この充実感を軽視しがちである。このことが結果的に部下からやりがいを奪い、モチベーションを低下させることになる。

後述する適切な評価でも触れるが、承認するという行為をOJTに取り入れることが成功の秘訣の第三歩である。

（4）優しさは極力控える

OJTを行ううえで、少しずつステップアップしていくと一人でやらせなければならない場面もでてくる。場合によっては失敗や、お客様にある程度のご迷惑をおかけすることになるかもしれない。また、本人のストレス状況から、メンタルヘルス不調を起こすことがあるかもしれない。時間がかかり効率的でないこともある。

しかし、それらの問題を回避するため1～10まで手取り足取りして段取りしてしまうと、部下は苦労するということを経験しないまま、その仕事を終えてしまうことになりかねない。そのため仮に成果がだせても達成感がわかないということになる。何よりも失敗という貴重な経験をする機会を失い、リベンジするという経験も奪ってしまうことになりかねない。

冒頭の「未熟なまま、いきなりやらせる」のは問題があるが、一定の経験を踏んだ上での失敗の経験をさせるのは、OJTの成功のための第四歩である。

（5）達成度の評価を適切に行う

OJT教育計画に従ってOJTを行う場合、マイルストーン毎に評価を行い達成度を確認しなければならない。

その際に重要なことは評価が客観的かつ適正に行われているかである。

とかく、指導者の評価は厳しく、OJTを受けている側の自分の評価は高

めに出ることが多い。

　教育計画書の作成段階で、ある程度客観的な評価基準が示されている場合はそれに従うが、評価基準が曖昧なときや無い場合には、その都度「何ができなければならないか」ということを具体的かつ明確に示して、やらせた上、客観的にどうであったかを示し、本人にも確認させる方法が良い。

　その際に、一方的なダメ出しは反発を生みかねない。評価はサポート（支援）のためでもある。できていないことをともに確認し、どうやったらできるかを考えさせるきっかけにつながるものでなければならない。

　少なくとも自分が目を掛けて、少なくない労力をかけてOJTを実施してきたのである。めざましくとはいえないものの、確実に成長しているはずである。

　放りっぱなしにしないで、日頃からできているところは評価し、できていないところは適切にフィードバックを行うことが大切である。さらに時々、少なくとも3カ月から6カ月に一回程度は面接を行い、きちんとその能力の棚卸しをする、そういうコミュニケーションと気配りが求められる。

（6）承認することが更なる人材育成につながる

　OJTでの日常もしくはマイルストーンでの評価で、良かったこと、は正直に公正に認めることが大切である。

　「有り難う、助かったよ」「イヤー大変だったね。これができたのも○○さんのおかげだよ」「君がいてくれて本当に良かった」

　このようにこまめに感謝の言葉を伝えるだけで、部下のモチベーションはグッと上がるものである。成果を出しても無視、関心を持たれないのは大変辛いものである。

　認めるためには、まず部下・後輩に関心を持つことが大切である。日頃のどんな些細なことでも見逃さずに評価して、ほめる、ねぎらう、感謝する。特に成果に対してはきちっと評価、承認することが何よりも重要なことであるので、これらもOJT計画書等でルール化しておくのが良い。

（7）指導上の留意点

① 企業には、新人、中堅、高年齢社員といろいろ存在する。OJT教育は「仕事の中で教育を実施する」だけに、その採用に当たっては、対象者の特性により配慮しなければならない点がある。

　ⅰ）新人社員に対するOJT教育では、仕事の指示事項を確認する習慣化、仕事を学ぶ姿勢は欠かしてはならない項目となる。新人社員時代に身に付けたことは良い習慣だけでなく悪い習慣も容易には抜けないものである。

　ⅱ）中堅社員にあっては、職場の担い手であり、その立場・役割を正しく認識させ、どんどん仕事を与え必要に応じて権限委譲を行っていく。

　ⅲ）高年齢社員にあっては、指導者が年下の場合が多くなり、一般的に遠慮がちになるが、本人の長所を認め、人生の先輩として接し、原則的に特別扱いはしない。

　必要に応じて、しかるべき人の力を借りるなどの対応を考えておく必要がある。いずれにしても、対象者ごとに配慮することが望まれる。

② いずれのOJTも、指導者は教えるときには作業手順を声に出して教えるのを原則とするのが良い（声を出すことがはばかられるときはその限りでない）。また、教わる方が練習する場合も、必ず声を出してトレーニングすると記憶に残りやすく、定着しやすい。

③ トレーニング時でも、OJT指導者は、ほめる、承認する等のフィードバックを必ず行う。無視するのが一番いけない（フィードバックについては6で、承認については第Ⅵ編で詳述する）。

5．OJT指導者の育成について

　OJT教育では、指導者の力量により、教育効果は大きく異なる。したがって、教育効果にバラツキがでるのを防ぐには、OJT指導者の育成が必須である。

（1）OJTの指導者になることの意義を明確にする

　職長や主任にOJT教育を実施して欲しいと頼むと、この忙しいのになぜ俺がこんな面倒なことを引き受けなくてはならないのかと、拒否反応等を示すことがある。

　後輩や新人が配置されると、やむを得ずOJTを行わなければならなくなるが、OJTの意義と役割を十分に認識し、OJTの手法をある程度マスターしていなければ、時間と費用の無駄にもなるし、何よりも対象者にとって不幸な状況になる。

　そうならないためには、指導者にOJT教育をすることの意義を明確に示す必要がある、

① 自分のキャリア開発にとっても不可欠

　部下を育てるということは、自分にその仕事について、十分な技術や素地がなければできない。カッツの理論でいえば「テクニカルスキル」が必要だということを意味している。

　そしてOJTの場合は、対象者とのコミュニケーションがどうしても必要となる。つまり「ヒューマンスキル」も求められるのである。

　さらに、OJT対象者に対して、教育計画に基づいて、PDCAを行い、必要に応じて臨機応変に解決策を支援するという、コンセプチュアルスキルも求められるのである。

　このコンセプチュアルスキルこそ、上級の管理者層に求められるものであるとカッツは述べているが、OJTの指導者となることでこのコンセプチュアルスキルが磨かれ、将来のキャリア形成に役立つのである。

② 自分自身を客観的に見直す機会

　OJTとは、OJT対象者にチャレンジナブルな仕事での成功体験を意識的に伝授して、その気にさせることである。また、模範的な上司や先輩とのコンタクトの機会を提供することである。そのためには、OJT指導者（トレーナー・職長）は、自身のこれまでのキャリアに影響を与えた成功体験や、人との出会いや、やってきた仕事を振り返ること、いわゆる棚卸しをしなければならない。

　キャリア開発において、エンプロイアビリティを自身で高めるには、どこまでできていて、何が足りないのか、が明確にならなければOJTはうまくいかない。

（２）研修の概要

　効果的なOJT指導者（リーダー＝職長等）育成のための必要条件は、教育すべき人材に対して「求められる人材像」（期待される役割）や教育目標を具体的に定義することにある。

　例えば、OJT指導者（職長）とOJT対象者の役割を概念的に教示し、OJT（教育）計画書の事例を示してOJT指導者（職長）研修の講師がコーチングやフィードバックの模範を演じ、実際の指導対象者のOJT教育計画を作成したり、コーチングなどのロールプレイを実施し、最後にそれらに対して適宜フィードバックするようなプログラムである。

（３）OJT指導者（職長）研修の内容

① 将来役職者になった際に担う役割の一つである部下の指導・育成を正しい方法で取り組む。
② OJTの指導・教育を通じて一番学べるのは指導者側であることをしっかり認識してもらう。
③ OJTを効果的に進めるため広義のコーチング論を学ぶ、

の３点が不可欠である。

　そして、育成者として何が重要かといえば、ⅰ）部下をよく観察すること

と、ⅱ）良いことも悪いこともフィードバックすることの２点である。

観察は目的を持っての観察だけでなく、何となく表情や行動を時々観ているだけで十分である。日々観ていると、ある日その人がいつもと違うことに気付く（良いことも悪いことも）ものである。その気付いたことを言語化することがフィードバックである。

フィードバックするときは、「指示」ではなく、「問いかけ」を中心にすることが大切である。

図表５－４　フィードバックの例
・いつも以上に仕事に集中しているね！ ・この前より説明が整理されているね。 ・報告書の概要は分かったけれど、具体的な数字はある？ ・今日は元気ないね。 ・何か煮詰まっているようにみえるけど、ヘルプ必要？ ・頑張ったなー。よくやったよ！

6. フィードバックについて

(1) フィードバックとは

　フィードバック情報とは自分が行った行動がどのような影響（結果）を生み出しているか、またその行動が他者にどのように映っているかといったデータの交換のことである。

　言い換えれば、相手が何か発言や行動したときに、それに対して何らかの反応をすることである。

　上司はフィードバックによって、部下の言動や結果に対する観察内容を「情報」として伝える。目的は「部下のパフォーマンスを向上させること」であるから、当然パフォーマンスが上がるように伝達する必要がある。

　ただし、フィードバックは評価ではない！見えたこと、感じたことを"言語化"するだけである。相手にどうなって欲しいのか（目標や期待）を「育成者＝実施者（職長等）」が明確にし、相手にも伝えることが大切である（ここが狭義のコーチングとの違いでもある）。目標に対して、何ができていて、何が足りないのかをフィードバックすると、より成長力が増す。その際大事なことは他人と比較しないことである。また「ほめる」、「叱る」、「承認する」もフィードバックである。

　以下、ほめるチェックシート、叱るチェックシートを掲載する。いずれも永合佐千子「新入社員育成に何が必要か、育成者をどのように育てるのか」（産業訓練　2011.7）を参考にした。

図表5-5　「ほめる」チェックシート

☐　長所を見つけ出そうと意識していますか？
☐　良い行動、動作はその場ですぐに"ほめて"いますか？
☐　どこが良かったか具体的に"ほめて"いますか？
☐　"ほめた"行動・動作の有益性を伝えていますか？
☐　心から"ほめて"いますか（お世辞ではなく）
☐　人前で"ほめて"いますか？
☐　照れないで"ほめて"いますか？

図表5-6 「叱る」チェックシート

- ☐ 間違いやミスに気付いたらすぐに叱りますか？
- ☐ 感情的にならず冷静に叱っていますか？
- ☐ 間違いを具体的に指摘していますか？
- ☐ 相手の目を見て、叱っていますか？
- ☐ 相手が聞き入れられる状態のときに、叱っていますか？
- ☐ くどくど説教せず、手短に要点だけ伝えていますか？
- ☐ 叱った後のフォローをしていますか？

（2）フィードバックの6原則

フィードバックには次の6原則がある（以下、荒巻基文「『教え方』教えます」を参考にした）。

① 基準明確化の原則

前述したとおり、フィードバックは評価することではないが、例えば規範や手順に反する場合には、正しくないと事実を伝えることは必要となる。このように相手の言動が正しいか正しくないか、という「評価的」なフィードバックを行うときは、何が正しく何がいけないのかの「正・誤」の基準を明確にする必要がある。作業手順に基づくOJTであっても、なぜ正しいのか、なぜ間違っているのかの「理由」もいわずに、単に「正しい・間違い」だけをいうのはよくない。ただし、数回間違えているような場合や類推できるような場合は、本人に考えさせるというフィードバックはOKである。

② 即時対応の原則

フィードバックすべき点が見つかったら、その反応に対してタイムリーに直ちに行うことが重要である。良い場合であっても悪い場合であってもである。特に悪い場合のフィードバックの場合は、指摘する側も嬉しくないので、"後で機会を見つけて伝えよう"などと考えている間に機会を逃したり、タイミングがずれるとピンとこなかったり、「なんで今頃そんなことをいうのか」と誤解や不信を招きかねない。

6. フィードバックについて

③　具体化の原則

　　フィードバックは具体的に行い、相手方に修正や正規の路線への変更の方向を分かりやすく伝えることが大切である。ただし、相手の成長を考えた場合、すぐに正解を教えない。なぜこの作業をしているのかの意味を伝え、そのために何をしなければならないかを考えさせることがコーチングを活用したOJTだからである。

　　「もっとちゃんとしてください」等の"あいまい"な言い方は、効果的でないばかりか混乱を与えてしまう場合もある。

　　「○○のところを△△のような表現にしてみたらどうかな？」「この作業はなぜ、何の目的のためにあるかもう一度考えてみてください。このままだと××ということになりませんか？」というような言い方の方が具体的であり、サジェスチョン的であり誤解を招かない方法である。

　　また良い場合のフィードバックも「とっても良いです」のような曖昧な表現でなく、「この書き方のこの部分が、特に主張が明確でいいですね」のような、具体的かつ正確なフィードバックの方が効果的である。

　　正確にフィードバックするためには、指導者（講師）の側に物事を正しくみる目がなければならない。

④　事実限定の原則

　　勝手な解釈や憶測に基づくフィードバックはしてはならない。OJTの場合は作業手順書に基づいて行うので、あまりこのような問題は多くないが、作業手順書がない場合や記載されていない事項ではよくある。6つの原則の中では特に重要である。

　　「きっと過労が続いているので失敗したのかな」「夫婦関係がうまく行っていないのではないか」「株が暴落したからかな」などの、勝手な憶測で反応すると、事実に反することが多いばかりか、相手の反発を買うことになりかねない。

⑤　直接の原則

　　プロ野球の野村克也元楽天監督は、選手についての評価を直接本人ではなく取り囲んで取材している記者に話し、試合後のぼやきをテレビのスポーツ番組が放映することでフィードバックしていた。

しかしこれは例外に属することであり、良いフィードバックも悪いフィードバックも直接本人に伝えるのが正確に伝わるので良い。とくに悪いフィードバックの場合は「陰口」ととられかねない。

⑥ フォローの原則

否定的なフィードバックを与えた場合でも、努力をねぎらったり、励ましたりすることを忘れないことが大切。

「このような間違いを繰り返してはダメだ」と叱った後の休憩時間に、そっと近づいて「注意深く慎重に対応すればきっとうまく行くから頑張ろうな」などと声を掛ければ、相手も嬉しく気を取り直して頑張る気持ちにもなるものである。

以上、6原則を述べたが、あくまでも原則であり若干の変更はありえる。

（3）フィードバックの一般的な手順

フィードバックに絶対的なやり方や方法があるわけではないが、一般的には次のようなステップを踏んで行われることが多い。

① 状況を説明する

「今発言（もしくは作業）された○○について、××が気になりますので、少しコメントしてよいですか」というように、何についてフィードバックしたいのかを伝え、相手も今それを受け入れられる状態にあるかを確かめる。心の準備をさせる意味もある。

② 何を見たか（観察したこと、聞いたこと）を説明する

「○○について、〜〜というやり方をしていましたね」「△△に関して、〜〜と発言していましたね」などと、実際に見た事実をありのままに伝える。

この段階では、まだ指導者としての解釈や評価は与えない。

③ 観察結果を述べ、指導者が何を感じたか、考えたかを述べる（事実から行動の影響を伝える）

「〜ということは、結果的には××につながりかねないと思います。もう一度、今やっていることの意味と理由を考えて、他の方法がないかも検

6. フィードバックについて

討すべきではないかと思うのですが、いかがでしょう」

というように、指導者としての考えや評価、次への指示・期待などを述べて終わるのが望ましい。しかしあくまでも押しつけにならないよう、できればヒントを与えて、本人に行動の意味と対応策の考えを促すようにするのが良い。

④ 二つほめてからアドバイス

相手の言動に対して何かをいいたいときは、とかく相手方の欠点や問題点が目につくものである。しかし、欠点ばかり指摘されても嬉しいものではない。

できるだけ、良い点を発見して伝え、その後で問題点を指摘するようなフィードバックの仕方をするよう心掛けることが大切である。

なお、後述する「BUT」は使用しない（コーチングのところで詳述する）。

ほめる言葉は一事案毎に独立させ、まとめてほめない。

ほめたなら「次に改善のポイントを挙げるなら………」といってからアドバイスする。しかしこれでも改善点が強調されがちなので、できるだけ良い点を2つ以上指摘してからアドバイスを行う。ほめる点を明確にするためにはフィードバックする冒頭に「良い点は2つ、残念な点が1つあります」とすると明確になる。

良い点を2つ以上指摘しようとすると、指導者の側も真剣にならざるを得ない（欠点は割と簡単に見つかる）。指導を受ける側も"指導者は真剣に見てくれている。自分の良い点を認めてくれた"と信頼感が高まり、次に指摘される改善点にも耳を傾けるものである。

⑤ 相手方の今後のヤル気につながるよう、励ましや期待で終える

「いったとおりにしないともう面倒は見ないぞ。」という脅し文句、「やってもきっとうまく行かないと思うけどね。」などのような不安を与える言葉で終わってはならない。

「継続的に練習（実行）すればきっと前進するよ。」「期待しているから頑張ろうな。」という励ましの言葉、これからやってみるか、という意欲が高まる表現で終わるように心掛けると、頑張ってみようかという気にさせることができる。

なお、相手の軌道修正への決意を確認することも忘れてはならない。

（4）ほめ方、アドバイスの仕方の留意点

① 性別や年齢などで差別しない

相手方を平等に扱い、相手によっておべっかいやおもねたり、逆に威圧的になったり侮辱した表現が出ないように気を付ける。厳に、えこひいきは慎むこと。

② 興奮しない

相手が興奮したり、思いがけない反応をしたりすると、指導者の側も興奮して我を忘れたりすることがある。

しかし、感情に流されると適切な行動や判断を間違うことがある。一旦深呼吸をし、常に落ち着いて、冷静さを保つことが肝要である。

③ 主題をハッキリさせる

アドバイスのポイントを、今教えていることの主題、目的から外さないよう意識しておくことが大切である。わざと主題を外したコメントもあるが、その場合はそのようにいってから行うのが良い。

④ ボソボソつぶやかない（はっきり明快に伝える）

表現の仕方に関わるが、指導者（講師）の伝え方がハッキリとした口調で、明るく明快でなければ、せっかく良いフィードバックを与えても相手の心に響かない。

相手や周囲の人にもはっきり聞こえるように、ゆっくり大きな声で話す。特に、語尾を濁らせない。なお、あまり周囲の人に知って欲しくない事案や本人が萎縮してしまうような事案は別室等で行う等、ＴＰＯも考えること。

⑤ 性格面をいわない

「とても真面目な性格でいいですね」「もっとまじめに取り組まなければなりません。やり方がいい加減ですね」「男ならシャキッとしなさい。グズグズしない」などという相手の全人格を含めたようなアドバイスは、"そんなこといわれても性格だからしかたがない"というような受け止め方を

される可能性がある。

　　できるだけ、具体的な言動や結果に対して、ほめたりアドバイスしたりするのが良い。

⑥　他人と比較しない

　　「Ａ君はできたのに、どうしてあなたはできないのですか？」「Ｂさんの発表は良かったけれど、あなたのは少しレベルが落ちますね」などと他人との比較はしない。

　　本人が以前できたのに今回できなかったとか、本人が立てた目標と比較するのは良い。比較の対象は多くは模範解答とかゴールであり、他人ではない。

　　他者との能力比較は、指導者が好き嫌いをしてえこひいきに聞こえる場合もあるので注意すること。

⑦　努力して行ったことについては、必ず良い点を見つける

　　これは努力してアウトプットを出してくれた相手方に対する指導する者の基本的スタンスである。怠けていない限り、必ず良いところを２つ以上探し出し、それを口にして相手に伝える努力と訓練を指導者はすべきである。

　　そうすることにより、指導者の読み取り能力も高まるし、良い点を認められた側も嬉しくなる。そうすることで信頼感が高まれば、どんなアドバイスも真剣に聞いてくれるであろう。

（５）効果的な（優れた）フィードバックの特色（まとめ）

①　評価的ではなく説明的である

　　具体的なポイントを説明することなく、良い点悪い点を伝えても本人にとっては改善の方法が分からない。フィードバックの初期段階では、「このやり方（表現）を△△のようにできると、もっと良くなると思うのだがどうでしょう」などのように、注意すべき点、コツ、勘所を具体的に説明するとストンと落ちる。ただし、これはあくまでも初期段階のことで、できるだけ本人が改善点等に気付くようヒントやアドバイスを行うこと。そうでないと育たない。

② 一般的でなく具体的に

「表現は分かりやすく書くことが大切です」のような一般的な言い方をしない。

「あなたのこの表現を△△のようにすればどうだろうか」のような具体的な指摘にした方が指導効果が上がる。ただし、押しつけにならないように。また一定の段階からは本人が考えるようヒントを出したりするのが良い。

③ 批判的ではなく建設的に

「○○はまだ全然不十分ですね」というフィードバックはできていないところを直接に指摘している。本人にとっては批判しているように受け取られかねない。

「△△はかなり良くできていますね。さらに○○の部分にもう少し工夫するとどうなるかな？」という前向きなフィードバックの方が建設的であり効果がある。

④ 指導者の期待を込めたフィードバックを

"人は期待されたとおりの成果を出す傾向がある"という「ピグマリオン効果」というものがある（コーチングのところで詳述する）。

「お前はダメな奴だ」といわれ続けられた人はダメになっていく。一方「あなたは素質があるよ。きっと優秀な○○になるよ」といい続けられた人は優秀な○○になるという原則があるという。

言葉どおりの人間になるかどうかは別として、期待を示してあげれば相手は期待に添うよう頑張ろうと思うものである。

⑤ 信頼に基づく話し方をする

フィードバックに反応するよう相手との関係を維持することは重要である。しかし指導者と教わる側との立場がはっきりしていても、同じ人間としての尊厳を尊重し合い、相手の成長を信じて関わることが大切である。

見下したり、イライラしたりせずに、包容力を持って、相手の成長を支援する（コーチング）という態度で、落ち着いて指導する（話す）こと。

人は自分を信頼してくれる人がいなければ生きていけないと筆者は思う。人と人とが信頼できるためには、お互いを認めあわなければならない。

6. フィードバックについて

　良いところだけでなく、改善点も忌憚なくフィードバックしあえる関係ができれば、OJT教育での学習効果は格段に高まると考える。

　フィードバックによるOJT学習とは、本人の行動結果に対するフィードバックを提供することを通した省察[25]による学習である。適切にフィードバックすることにより、気付きとなり、さらなるヤル気、モチベーションが上がるのである。

　なお、このフィードバックの仕方は、後述するコーチングの基本的かつ重要なツールでもある。

25　省察：自分自身をかえりみて、そのよしあしを考えること。

7．具体的なOJTのすすめ方（例）

　昨今の新入社員は、マニュアル人間が多くなってきているといわれる。要するにマニュアルに沿った仕事はできるが、マニュアルから多少はずれると、想定外の事案であると思って、パニクッてなにもできない。あるいは、自分で主体的に考えて行動するのではなく、指示されなければ行動できないタイプの社員である。

　共通する特徴は、仕事の意味を自分1人で考えることができない、責任ある仕事を任せられると不安に感じる、ということにあるようだ。

　多くの会社では、このマニュアル人間を作らないよういろいろな工夫を講じているが、OJTは作業手順書つまりマニュアルに基づいて行われるため悩んでいるようである。

　本稿ではOJTでのマニュアル人間を作らない方法について考えてみる。

（1）「原理・原則と判断基準」と「なぜ」を教える

　原理・原則とは作業手順書の「急所」と「その理由」に該当するが、それだけでなくもう少し広いレンジで、その仕事の意味＝「なぜ」（Why）までも含むものである。

　作業手順だけを教えるとその作業しかできない。作業が多少変わっても手順も変わるため毎回イチから教えなければならなくなる。

　作業手順を教えるときに原理・原則をあわせて教えると、勘所が分かり、次からは自分で判断し、推測して、教えなくても自分でやってみることができるようになる。つまり、原理・原則を教えるということは判断基準を教えるということでもある。

　もうひとつ重要なことは、「なぜ」この作業が必要なのか。「なぜ」こうしなければならないのか、「なぜ」そうするのか、という「なぜ」を教えることである。

　「なぜ」を示したときに人は動くが、「何を」を示しても人は動かないからである（詳細は、後述のサイモン・シネックのゴールデンサークル論で行う）。

7. 具体的なOJTのすすめ方（例）

OJTでの指導を成功させるには、「原理・原則と判断基準」と「なぜ」（Why）を教えるということを丁寧に行わなければならない。

（2）始めは繰り返し、納得してスムーズにできるまで、丁寧に教える

よく、"原理・原則を教えた。判断基準も教えた。だからこの作業手順もできるはずだ"と思っても、それらを咀嚼する力が備わっていなければ、共通点や変更すべき方向が見えず、「この手順については教わっていない」ということになることがある。

人間というのは、必ずしも一度教えればそれで100％できるという者ばかりではない。また、できないのには他の理由や教え方にも問題があるかもしれない。

なお教える場合は、できるだけ声を出して教える。また練習するときも声を出しながら練習させるのを原則とすること。その方が記憶に残りやすく、忘れにくい。

（3）応用できるように、考えさせる

「やってみせ、言って聞かせ」までが教えるである。「させてみせ」が指示に当たる。

OJT指導者は一定程度その作業に習熟しているから、原理・原則や判断基準の意味が理解できるが、はじめての者にはなぜそれが原理で原則なのか、判断基準となるのかは「？？？」という状態もある。

したがって、実際にやらせる場合は応用ができるように例えを入れたり、別のケースを示してその共通事項が原理・原則になり、やり方を変更するにはこの点を考えて（判断基準にして）変更するという教え方をするのが良い。

そのためには、一方的に変更した理由を示さずに、本人にどこが原理・原則なのか、変更するに至った判断基準は何かを考えさせながら指示するのである。

何もかも、1から10まで教えない。1から3ぐらいを教えて、後は本人に考えさせる。

教えるということは「奪う」ことでもある。何から何まで教えてしまうと、後輩から自分で考える機会を奪い、単なる「指示待ち人間」にしてしまいかねない。

（4）確認すべきは「理解できたか」ではなく「理解した内容」である

「やってみせ、言って聞かせ」分かったかい？ と確認したところ、「はい」と答えたからといって必ずしも本当に理解しているとは限らない。

P・F・ドラッカーは、コミュニケーションの4つの原理を述べている。①受け手に認識（知覚）されてはじめて成立する、②受け手に期待されたものだけが受け入れられる（理解される）、③受け手に対して要求を伴う、④コミュニケーションと情報とは別だが、相互依存関係にある。

認識のズレが生じたとき、発信した情報は無効となるか、意味を持たなくなってしまうのである。そして部下が理解した情報のみが部下の行動に影響を与えるのである。

どんなに正しい情報をOJT指導者が発信しても、相手の理解が間違っていれば、全く意味をなさないのである。

だから重要なのは理解したかではなく、どう理解したのか、その内容を確認することである。

単なる返事だけでは、どう理解したか分からない。とくに危険な作業、慎重を要する作業等は、理解内容が合っているかに不安があってはならない。

その場合、上司からだけでなく部下からも、お互いに確認することを求める作業手順書にすべきである。

（5）あいまいなまま、仕事を進ませない

笑い話のようであるが、現実にあった話である。上司が新人にB4でコピーをとってきて欲しいと頼んだところ、新人は「ハイ！」と元気よく返事をし

て部屋を飛び出して行った。しばらくして、「あのー。会社の地下は２階しかないのですか。４階の地下はどこにあるのですか？」と聞いてきた。

　もう一つ。先輩が新人に、「新人たるもの、少し早く出社して、自分の机だけでなく、先輩、上司の机も拭いておくものだ」といったそうだ。翌朝、先輩は後輩が机を口をすぼめて、一生懸命「吹いて」いるのを発見。「何をしているんだ、もっと真剣にやれ」といったら、新人は顔を真っ赤にし、ほっぺたを大きく膨らませて、勢いよく机を吹いた。

　こんなことがないように、曖昧な指示はしない。曖昧なまま仕事を頼まない。上司の指示に、もし曖昧なところがあれば部下の方から、曖昧さを解消する確認作業ができるよう教育・訓練することも大切である。

　例えば、上司が「○○さんコピーとってきて」と頼んだとき、部下の方から、「何枚ですか？」「何時までですか？」「両面コピーですか」「パンチしますか、ホチキスで閉じるだけで良いですか」「会議室に持っていきますか？ 手持ち資料にしますか？」というように、部下の方から、足りない情報を確認する習慣を付けさせる教育が必要である。

　前述したＢ４事件、机を吹く事件のごとく、分かった振りをすることがまま見受けられる。そして、どうでも良いことは話をするが、混乱したりミスをしたりすると相談しに来ない。というより何を聞いたら良いのか、どう聞いたら良いかが分からないため相談しないことが多い。

　一般に、悪いものほど早く報告して善後策を検討するのが社会的常識なのに、若者は良いことを先にいって、悪いことは後まわしか場合によっては隠すという傾向がある。

　このような行動パターンがあるということを押さえてＯＪＴを実施する必要がある。

（6）ホウ・レン・ソウは待っているだけではダメ

　以上の行動パターンがあるということを前提とするならば、部下がホウレンソウをしてくるのをただ待っていてはとんでもないトラブルに巻き込まれかねない。

　特に、取り返しが容易でない事案については、上司からアプローチするこ

とも大切である。しかし、そのアプローチの仕方も工夫がいる。

例えば、「何か分からないことはないか」と聞いたとしても、部下は、何が分からないかが分からないこともある。その場合は黙りこくってしまう。

したがって、上司から分からないと思われること、悩んでいると思われることを先に質問するのである。

「○○は大丈夫か？」すると部下は「済みません。○○って何でしたっけ？」と分かっていないことに気づき対応できるのである。

（7）OJTの仕上げは、作業手順書を自分で（本人に）作成させる

作業手順書も見ないで、臨機応変に作業ができるようになったら、仕上げは自分のやっている作業について、一から作業手順書を作らせるのが良い。

この場合も、最初から全てを作らせるのではなく、OJTをしながら、作業分解シートを作成させるのである。作成させたら、さらに5W2H（Whomがあれば6W2H）で分解し、作業改善の着想をさせる。

こうすると、自分の頭で工夫・改善をするのでマニュアル人間にならないのである。

もちろん、作業改善した作業手順書をそのまま作業に取り入れてはならない。その作業に携わる作業員全員でのリスクアセスメントを実施してから、上司の許可・了解を得て実施することが安衛則第24条の11に規定されている。

（8）まとめ

OJT教育を成功させるためには、OJTを実施する上で失敗や損失があったとしても、その責任はすべてOJT実施指導者にある。一方、成果はOJTで作業している本人のものとする、という度量の大きさがOJT教育成功の大きなポイントである。

8．Why から始めよ！

（1）サイモン・シネックのゴールデンサークル

　　ニコニコ動画やTED.comのTEDスピーチで、サイモン・シネックのゴールデンサークル（インスパイア型リーダーはここが違う）が、再生1700万回を超えているそうである。日本経済新聞社からも「WHYから始めよ！」という本が翻訳・出版されている。

　　筆者も動画を視聴し（字幕スーパー付き）本も購読したが、この「WHYから始めよ！」という提案は、筆者がOJTの7（1）の「『原理・原則と判断基準』と『なぜ』を教える」でも同様のことを述べているので、少し詳しく紹介する。

　　サイモン・シネックは、ライト兄弟が飛行機をなぜ一番に飛ばせることができたのか、インターネットやSNSがなかった時代1963年8月28日にマーティン・ルーサー・キング牧師のもとへ、なぜ国中から25万人を超える人がワシントンDCに集まったのか、サウスウエスト航空がなぜ奇跡の再建ができたのか、などを説明した上で、成功した人達、会社、世界で優れたリーダー達の思考過程・行動パターンを分析して共通するものを見つけたといっている。

　　一般の人は「何を？ What」から始まり「どうやって？ How」そして「なぜ？ Why」の順で物事を考え、この順序で他人を説得しようとするが、これら成功者や偉大なリーダーはまず「なぜ？」から考え、他人を説得しているところが違うとしている。そして、「Why」を常に発信し続けている企業がアップルで、「What」から説明しているのがデルだというのである。

　　このアップルの製品は「Why」を発信しているため、翌週には何の苦労もなしに買えるiPhoneを徹夜してでも発売日に1番で買いたいという人が出てくる。しかし、デルにはそういう熱狂的なファンがいない。それはデルが「Why」から発信していないからだとしている。アップルは商品の説明ではなく、「○○をしたいから」を語っている。それに共感した消費者は「その会社、その商品のため」ではなく、「自分も○○をしたいから」購入す

るため徹夜で並ぶのだとしている。

このことをゴールデンサークルで説明している。ゴールデンサークルとは、三重の円を描き、その一番内側が「Why」、真ん中の円が「How」、一番外側の円を「What」としたものでサイモンが独自に付けた名前である。

一般の人の思考過程は、What ⇒ How ⇒ Why だが、成功者や偉大なリーダーの発想と行動は Why ⇒ How ⇒ What と逆パターンだといっているのは、概ね理解できるし支持できる。

このことを、仮に What を「現在もしくは過去」、Why を「未来」と考えると、一般の人は現在もしくは過去の条件から未来に何ができるかを考える。しかし成功者や偉大なリーダーは将来何をしたいかという夢を先に持ってから、その夢を実現するためには現在をどうやって（How）何を（What）をすべきか、変更すべきかを考えているということになる。

別な言い方をしよう。野次馬というのは、そこで何か（What）が起きていると、まず何が起きているかの興味を示すけれど、起きている状況が確認されればそれで目的は達成され、それだけで何も生まない。ところが一部の野次馬は、なぜ（Why）そんなことが起きているのだろうかと考えると、他人がどう思おうが自分で興味を持ち自分で問題を解決しようと考える、調べる、人に聴く。これがサイモンのいうインスパイア（鼓舞、発奮）された状態であると筆者は考える。

他人にいわれてではなく、自分からそうだと思わせ行動させるには、確かに Why から情報を発信しなければうまく行かないと筆者も思う。

だからこそ、ＯＪＴでの指導では、７（１）で「原理・原則と判断基準」と「なぜ」を教えることが大事だと述べており、この原則に従っていると考えてもよいのではないかと思われる。

（２）５Ｗ１Ｈの順番について

サイモンは５Ｗ１Ｈのうち３Ｗを使ってゴールデンサークルと称して説明しているが、果たして５Ｗ１Ｈでは説明できないのであろうか。筆者は小中学校の作文の時間に５Ｗ１Ｈで作文を書くのが一番良いと習った記憶がある。この場合の５Ｗ１Ｈの順番は、「いつ（when）」「どこで（Where）」「だ

れが（Who）」「何を（What）」「なぜ（Why）」「どのようにした（How）」だったと思われる。

　作文の良い例として「昔々（when）、あるところに（Where）、おじいさんとおばあさんが（Who）住んでいました。川で洗濯中に拾った桃を割ると中から子供がでてきました（What）。2人には子供がいなかったので（Why）、その子供を愛情込めて育てました（How）。」

　新聞の記事もおおむねこの順番で記載されている。「○月×日午後△時ころ、○○町のS鉄道S線の踏切で、ダンプカーの荷台が下り線の架線に接触した。けが人はなかったが、この影響でS線は上下40本が運休し、述べ△万人の乗客に影響を与えた。」

　5W1Hは英語での表現であり、日本語では「何時、何処で、何人が、何を、何故に、如何にして」となり、「何」が6つあることから、六何の原則といっている。

　しかし、「この6要素は、記事を書く順序ではありません。ニュースによっては、どのWから入っても構わないのです。」いつも同じ順序で書いていると、「記事がワンパターンになって、新鮮味がなくなります。いろいろ工夫をしてみましょう」（「記事の書き方」日本機関紙協会）という考えもあるので必ずしもこの順番にこだわる必要はないと考えられる。

　なお、捜査、起訴などの刑事事件は、八何の原則があるので参考までに紹介しておく。「何人が（犯人）、何人とともに（共犯）、何時（日時）、何処で（場所）、何人に対して（被害者）、何故に（動機）、如何にして（手段）、何をしたか（結果）」である。筆者が司法警察員たる労働基準監督官として、労基法違反、安衛法違反等で捜査したときに、先輩や担当検事にこの八何の原則の重要性を徹底的に叩き込まれたことを思い出す。

（3）職長教育ではどう教えているか

　「職長の安全衛生テキスト」（中央労働災害防止協会）で、この5W1Hが使われているところは5カ所ある。

　そのうち3カ所についてはWhyから始まっている。具体的には「教育計画の立案」、「指示の仕方」、「作業方法の改善」の項目である。

また「異常を発見した時ときの措置」の項目では記事の書き方や作文同様「いつ、どこで、誰が、誰に、何を、なぜ、どんな方法で」となっている。

さらに、「災害発生要因の抽出」の項目では「誰が、いつ、どのような場所で、どのような作業をして、どのような物または環境に、どのような不安全な状態または行動があって、どのようにして災害が発生したか」と Who、When、Where、3つの How という変形3Ｗ3Ｈを記載している。なお災害原因の Why は別途原因の究明で行うとしている。

これらのことから次のように推論できる。教育計画とか指示や作業方法の改善等の問題解決の技法では Why から始まるが、事象の報告や災害調査等の危機管理関係では Why から始めていないことが分かる。

したがって、ＯＪＴでも「原理・原則と判断基準」と「なぜ」を教えることが大事だと述べてあるのも、この原則にかなっていると考えて良いと思われる。

この作業手順で何を（What）やるか、どうやるか（How）よりも、何のために・なぜやるのか（Why）、つまり会社の夢、ポリシー、理念を表現するものを創るのだ、ということをＯＪＴではまず教えるべきだと考える。

第 VI 編

コーチングについて

1．コーチング導入の必要性とねらい

　最近はコミュニケーションの手段として、あるいは部下の業務指導を行うに当たりコーチング手法を取り入れている企業が増えている。確かにコミュニケーションの手段としても使われているが、その実態は前述したOJTの場面で多く使われるようである。

　OJTの実施者（指導者）は多くは職長であるので、職長教育においてもOJT教育とそれを支えるコーチングの技法を取り入れ、実施することが求められてきている。

（1）企業の置かれている状況

① 安全衛生教育について

　アベノミクスとはいえ2016年時点でもデフレ基調が改善されていないなかで、中小企業は依然として人件費を抑えざるを得ない状況にある。また東芝、シャープ等に見られるように依然として分社化やリストラが進展継続し、製造業の請負、派遣の増大傾向も変わらない。そのために正規社員採用が減少し、女性の職業生活における活躍の推進に関する法律の制定等による女性労働者の雇用増大、派遣法の改正等により構内下請け（アウトソーシング）、派遣・期間工・契約社員も更に増大することが見込まれるが、そのために十分な安全衛生教育が実施しにくい状態にある。

　また、グローバル化の伸張によりアジア等新興国との競争も激化し、国内市場の行き詰まりや円高への回帰懸念もあり企業の海外転出もしくは逆流を余儀なくされている。あるいは外国人技能実習法案の成立による外国人労働者の採用の拡大、実習期間の延長により外国人職長の誕生も予想されているが、安全衛生教育の困難さは克服されていないことが問題点としてあげられる。

② 管理体制では

　ピラミッド型労務管理システム（部・課・係長制）からフラット型労務管理システム（プレイングマネージャー制）、プロジェクトチーム制が増

加し、リーダーまたはマネージャーとメンバーといういい方が多くなり、かつメンバーが以前に比べて少なくなってきている状況にもある。

　また、成果主義を意識した生産・労務管理システムは、従来の業務命令型（監督・指示）からモチベーションを増加させる動機づけを伴う指導重視型と勤務評定とのセットの労務管理となり、そのために企業の体力の底上げを担う人材育成に困難をきたしているところもある（人材育成は各人が個人として行うキャリア形成にシフトしてきている）。

③　コミュニケーション

　団塊世代（60代後半）は企業内に雇用延長として一定数存在している。少数の50～60代の管理職の下に、多数のバブル入社（40～50代）がいて、その下に少数の就職氷河期入社（30～40代）、ゆとり世代入社（25～35歳）は若干多いが、最近は売り手市場のさとり世代が入社する、というジェネレーションギャップが存在する職場では、人員の構成比率も絡んでコミュニケーションが非常に取りづらくなっている。

　また、物いう株主の利益偏重、内部留保金の増大指向はあまり変わらず、利益偏重・安全衛生意識軽視という企業風土（文化）も変わらず、そのために個人主義重視、コミュニケーション不足、コンプライアンス無視の企業も一向に減らない（旭化成建材のくい打ちデータ改ざん、三菱自動車のデータ改ざん、タカタのエアバックデータの改ざん等々）。

④　行政の動向について

　安衛法の改正、第12次労働災害防止計画、ＯＳＨＭＳやリスクアセスメントの実施にむけて行政指導の強化と過重労働による脳・心臓疾患、メンタルヘルス不調者の増大とこれに対する過重労働対策、メンタルヘルス（ストレスチェックを含む）対策、快適職場、健康の保持増進等に関する行政指導の強化が求められている。

　こういう状況だからこそ、成長を求める企業は、少数精鋭でかつ高成果・高業績を求めている。それにはチームメンバーのやる気と潜在能力を引き出し、最終的にはパフォーマンス（各個人が起こした行動の「結果への影響度」）やチームでの仕事のプロセス（過程）とプログレス（進行状況）から生み出される結果（業績）を改善すること、言い換えれば「現場力の強化」が求められている。

（2）職長の役割・機能と職長教育

　今までの職長の役割と機能は「先取りの安全衛生管理＋情報管理」だけで良かった。そしてそれを担保するための職長教育は「問題点を早期に見つけ、解決する技術力」（10教科）、と「リーダーシップ能力の習得」（RAを含む2教科）で十分と考えられてきた。

　しかし、これからの職長はプレイングマネージャー（リーダー）としての役割も期待されるため、

① 　テクニカルスキル（専門的技術・技能）、
② 　コンセプチュアルスキル（問題解決／改善能力）、
③ 　ヒューマンスキル（対人間関係能力）

の3つの能力を持たなくてはならなくなってきた。

　そして一番重要なのが③のヒューマンスキル（対人間関係能力）である。なぜならメンバー（部下）は多様な価値観を持ち、かつそれを主張してくるからである。

図表6－1　ヒューマンスキル（対人関係能力）の構成要件

求められる事柄	必要な能力	具体的内容
コミュニケーション	意思疎通力	話し方、聴き方、話合いの進め方、相談の乗り方
部下のヤル気を高める動機づけ	部下指導のスキル	ほめる、叱る、激励する、応援する、承認する
組織全体の力を結集するチームづくり	動機づけ能力	適切な目標を与え、役割、責任をよく認識させ、お互いの協力関係をつくり上げていくリーダーの諸活動
リーダーの人間的資質・態度	職場の良い人間関係をつくり、みんなの気持ちを和ませる能力	ユーモア、自由に意見を述べ合える雰囲気づくり

（守谷雄司「リーダーシップが面白いほど身につく本」を参考）

(3) これからの職長教育や企業内教育に求められるもの

　デュポン社やフォード社では、労働者を上辺にした逆ピラミッド組織を目指したが、これは簡単にいえば、今までの職長が、「部下は管理しないと働かないものだ」と決めつけて、指示・命令、管理・監督をしていたもの（マクレガーのＸ理論：190頁参照）を、職長（上司）は部下が良い仕事をするために"支援"する役目を担うべき（マクレガーのＹ理論）という考え方に企業風土を変えたということである。

　これからは、従来以上に帰属意識の薄い、自己中の、マニュアル人間的な多様化した部下を、「コミュニケーションの改善＝コーチングの手法」を使ってチームの一員としてまとめあげ、改善や改革意識を持たせ、安全衛生や生産で成果を達成することが求められている。

　つまり、コーチングにより（自主的に）責任意識を育て、職長が適切なフィードバックを与えることにより、その過程で、パフォーマンスを改善するための結果測定をも行い、「進み具合」と「期待される結果」との関連性（リンク）を見出し、効果的にモチベーションをアップさせて期待する結果に近づけていくことが諸外国で求められ、日本の企業でも取り入れられてきている（石川洋「会社が変わる組織が変わるパフォーマンス・コーチング」）。

　ヒューマンスキルのさらなる向上のため、これからはＲＳＴトレーナー、職長、そして企業内各種教育のインストラクターも、コーチングの手法を学ぶ必要がますます重要となってきているのである。

2.（狭義の）コーチングについて

(1) ピグマリオン効果

　1964年春アメリカの心理学者ローゼンタール（ハーバード大学教授）が行った実験である。小学校1年生から6年生までの全員の生徒に、知能テストを実施した。ローゼンタールは知能テストの結果は全く無視し、無作為に選んだ子供について将来知能が伸びると、担任の先生に伝えた。

　1年後再び全員に知能テストを行うと、知能が伸びると伝えられた子供たちは他の子供たちと比較して、知能指数が著しく伸びていた。

　ローゼンタールらの研究では、知能が伸びると判定された子に対しての先生の期待が教え方やほめ方などに影響を与え、実際に知能を伸ばすことにつながったと考えられる。

　このように能力は生まれつきの要素だけでは決まらない。親や教師、そして自分が期待をすることでも能力は影響を受ける。

　人間は周囲の人が自分に期待をかけてくれると頑張ろうと思うものであるが、期待されていないと思うと、やる気がなかなか出てこないということを証明しているといわれている。

　このような現象をピグマリオン効果[26]と呼んでいる。

　"豚もおだてりゃ木に登る"という諺もあるように、人はほめられたり励まされたりすると、自分では気が付かない能力を発揮することが裏付けられ

26　ピグマリオン効果：ピグマリオン効果は、1964年に米国の教育心理学者ロバート・ローゼンタールによって提唱された、「人間は期待された通りの成果を出す傾向がある」という主張。ある実験で、「成績の優秀な生徒達を集めたクラス」と「成績の悪い生徒達を集めたクラス」を作り、それぞれのクラスの担任に逆のことをいってクラスを担当させた。つまり、「成績の良い生徒のクラス」の担任には「あなたが担当するクラスは成績の悪い生徒のクラス」だと告げ、「成績の悪い生徒のクラス」の担任には「あなたの担当するクラスは成績の良い生徒のクラス」だと告げて、それぞれクラスを担当させるという実験であった。その結果、「もともと成績の良かった生徒達のクラス」の成績は下がり、「もともと成績の悪かった生徒達のクラス」の成績は上がった。このことから、期待と成果の相関関係について、「人は期待されたとおりの成果を出す傾向がある」という結論が導かれた。生徒たちは自分にかけられる期待を敏感に感じて「やる気」を出して勉強に励んだり、「やる気」を失ったりしていたわけである。

た実験である。
　実は、コーチングもこの理論をベースに取り入れていると考えられる。

（2）コーチングの語源

　Coach とは名詞形では「公式馬車」「四輪大型の駅伝乗合馬車」「バス」のことで、動詞形では「馬車で運ぶ」、（家庭教師が）「受験指導する」、（競技監督者が）「コーチする」（「新英和大辞典」研究社）と記載されている。
　この動詞形は「大切な人を、その人が現在いる所から、その人が望む所まで送り届ける」という意味から生まれたもので、相手が望まない所に無理矢理連れて行くのは、「誘拐、拉致」となる。
　普通、人は自分の足で目的地まで行くことができるが、馬車を使って確実に早く着けるようにするのがコーチングということができる。

（3）コーチングとは

　コーチングを一言でいうと「人を育てるための一つの方法」である。モチベーションを重視し、人が自ら学習し育つような環境を作り出し、個人をのばし、そして職場の問題に当たり、自ら解決する力をつけることを目的としている。
　人は関心や期待を寄せられると、それに応えようとするものである（「ビグマリオン効果」）。上司から関心を払われ期待を寄せられると、「期待されるような人材になれるかもしれないな」と思い、「よし、一丁やるか」と発奮するのが、一般的な心情である。
　コーチングとは、部下に対し「期待」「関心」をもち、成長に必要なポイントを気づかせることで自己啓発させ、成長を促すことである。伸ばしていく方向性や手法に多少のやり方の違いがあるが、どのような手法でも、人間に生まれながらに備わっている「自己成長欲求」を刺激し、その能力を引き出させることがコーチングである。
　山登りの例でいうなら、立ち止まったときに、いままでの努力の成果を共に確認するとともに、どうしたら新しいルートを見つけ出し、どうやったら

一歩でも二歩でも前進できるかを、自分で考え、答を出させるやり方である。その際、指導者（コーチ）は答を出さない、示さない。答えを出せるようヒントを与えたり、過去に成功した事例を思い出させたり、自分で気づくまで待つという態度が指導者（コーチ）に求められる。ただし、明らかに間違った場合、危ない場面が生じそうなら、必要に応じて指示・命令することもありうる。

また、オリンピックを目指すスポーツのアスリートとコーチとの関係などは、気づくまで待つのではなく、お互いにどうしたら金メダルが獲れるかを、切磋琢磨し二人三脚で工夫・努力しているが、これもコーチングの一手法である。

ティーチング（教える）とは前述したとおり、仕事のやり方を知らない人に、仕事のやり方、組織のルールを教え、本人が目標をもって仕事ができるように教えることである。

一方、仕事のやり方を知らない人にはコーチングはできない。なぜならコーチングは、相手の可能性を引き出すためのコミュニケーション方法の一つだからである。したがって、新入社員に対する初期のOJTではコーチングよりティーチングが主流とならざるを得ない。

ルールややり方を知っている人に対して、相手の主体性を奪わずに、一層のやる気と自主性を引き出すという意味で、同時にコーチングはマネジメント手法の一つでもある。

マネジメントとは、組織を維持するための「統率する行為」であることから、当然、指示・命令が必要となる場面もたくさんある。

しかし、コーチングによる指示・命令とは、組織において、従来から行われている上司の部下に対する指示・命令と異なり、部下自らが仕事の解答を見つけることに価値を認めることにある。したがって、コーチングを導入するということは、リーダーが統率力をあきらめ、手放すことではない。明確なマネジメントが存在する組織にこそ、コーチングは活かされる。

（4）コーチングが有する３つの顔

以上をまとめると、コーチングには３つの顔（側面）があることがわかる。

① コミュニケーションスキル

コーチングとは、相手が求める目標や状況に到達できるように、相手の強みや能力を引きだし、自発的な行動を促進するコミュニケーションスキルの顔を持っている。

② コミュニケーションサポート

コーチングとは、相手が望む目標を達成できるように、相手の可能性を引き出し、考え方を整理し、あり方や行動を自主的に変えるための支援（サポート）する顔も持っている。

③ マネジメントツール

従来の指示命令型コミュニケーションに代えて、質問型コミュニケーションを取り入れることで、社員のモチベーションを引き上げ、自ら気づき、学び、能力を発揮し、成果を実現する自立型人材を育成し、現場力を強化する顔も有している。

（5）今、なぜコーチングなのか

まず企業を巡る経営環境が変化していることである（前述とは若干異なる観点から）。

① 一人ひとりの考える力が、ますます重要視されるようになった。企業のスリム化が求められ、マニュアル人間ではなく工夫し改善する考える従業員の集団、つまり現場力の強化がますます求められるようになった。

② 個人責任の重視。組織がスリム化すると同時にフラット化し、責任も下部層に移され、個人責任が重視されるようになってきた。

③ 業績主義の徹底。年功序列型から成果主義・業績主義が当たり前になってきた。

④ より良い人間関係をつくらなければ勝てなくなった。世代間のコミュニケーション能力のギャップが大きくなったので、従来の"あうんの呼吸"が通じなくなってきた。

⑤　知識・情報・答を持つ人が川上中心から川下重視に変更せざるを得なくなってきた。例えば、顧客本位の営業、消費者本位のモノづくり、部下本位のマネジメント、従業員本位のマネジメント（ワーク・エンゲイジメント）と従来の上から目線からの変更が求められてきている。

（6）コーチングの前提

人というものは他人が外から働きかけても、性格や人格を変えることはできない。これは人間社会の宿命である。躾もそれがどんなに良いものでも、型はめと感じたら、受け入れないか従わない。「心を入れ替えろ！」というが、心は入れ替えられない構造となっている。

しかし、他人では変えることはできないが、「自分から変わろうと思えば変われる」というのがコーチングの前提である。いかに自発性を引き出すかが鍵となる。

コーチングとは誰もが、意識すれば、身に付け、磨くことができるコミュニケーションのとり方であり、仕事をうまくこなしていくために、すべての人がマスターすることが期待される社会的スキルの基本でもある。

そしてコーチングスキルとは、他者の能力を引き出すことに優れた人のコミュニケーションを体系的にまとめたものである。

（7）コーチングスキルの要素

コーチングスキルの要素は①自分のやり方を押し付けない、②指示命令を最小限に、③話を良く聴く、④相手の存在を尊重する、の4つである。

言い換えれば、コーチングとは相手が自覚していない潜在的な知識やスキルを引き出し、それを知恵にまで高め、結果に結び付けていく作業でもある。

「知っていること」と「知っていること」を結びつけたり、「知っていること」と「新しい情報」を結びつけたり、考えたり、工夫したり、思いついたり、ひらめいたりしながら、これまでにない「新しい結果」＝「知恵」を作り出すことである。

指導者（コーチ）の仕事は相手の能力を認め、その能力が発揮できる環境を創ることにある。

2．（狭義の）コーチングについて

　昔は、体育会系のキャプテン経験者が数多く活躍していたが、少子化が進み、「帰宅部」[27]が増えた現在だからこそ、研修を充実させ、コーチングを活用して、組織の中に「キャプテンシップ」のとれる人材を養成していくことが不可欠である。現場で自ら行動するキャプテンに任せ、権限を委譲していくことが大切である。

27　帰宅部：部活動が存在する学校で、どの部にも所属していない生徒、またはその状態のことを指す俗語である。

3. コーチングの基本プロセス

　職場でのコーチングは、ラポールの構築、会話へ導入、現状の確認、問題・課題の特定、「望ましい状態」をイメージする、解決方法の検討、課題を達成するための計画書を作る、プランの確認、力づけるという9段階の手順を踏むことが多い。それぞれを簡単に説明する。

（1）ラポールの構築

　ラポールとは、「心の架け橋」という意味で、親密さや信頼感をあらわすことである。相手に対して、普段から関心を寄せていることを示しておくことが大切である。特に、会話を始める時点で、相手に注目していることを知らせる。会話をする場合、ミラーリング、つまり鏡に映したように相手と同調した動きをすること（ただ単に相手の真似をすることではない）や、ペーシング、つまり相手の話し方（速度、リズム、抑揚、声の大きさ等）に合わせるということを意識して（うなずいたり、相づちしながら）会話をすると、相手は警戒感を緩めるものである。

（2）会話へ導入

　「仕事の調子はどうですか」「A社への企画書づくりは進んでいますか」「この間の○○は好評でしたね」「OJTで教えたことでやりにくいとかわかりにくい、というところはないですか」など常に気にとめているよという態度を示す。この導入で相手はコーチングを受ける体制に入る。

（3）現状の確認

　現在の状況を確認する。あくまでも事実確認を中心に話を進め、それに対して相手がどう感じているのかをたずねる。その際の留意点は、相手とその状況を十分に理解すること。曖昧な場合は「～ということですか」と確認する。

3. コーチングの基本プロセス

（4）問題・課題の特定

　相手が問題を抱えている場合は、何が問題かを特定する。特定されなければ問題解決できない。同時に、特定を間違えるとコーチングの焦点がズレてしまう。相手の話にじっくり耳を傾け、現状を正確に把握し、その上で問題を特定する。なお、問題が特定できない場合、積極的傾聴法を使い、沈黙の場面をつくると少しずつ話し始めるようになる。話をしているうちに相手も何が問題かある程度整理されてくることがあるので、コーチはそれを整理するお手伝いに徹するのがよい。

　特に問題がない場合も、成長課題を一緒に探求し、特定する。

（5）「望ましい状態」をイメージする

　問題を解決した後、どのような状態になることが望ましいかを、相手と確認、あるいはイメージする。それは、相手の目標を明確にするということである。（例：「金メダルを取ろう。」「1時間以内でやれるようにしよう。」）

　指導者（コーチ）は、目指す状態を具体的に描くだけでなく、相手にもそれが具体的にイメージできるようサポートする必要がある。これが、通常の指導や指示と異なるところである。

　重要なことは、コーチの側の"思い"を強制するもの、押しつけるものであってはならない、ということである。

　あくまでも、本人の意思で目標をイメージできるよう、コーチはサポートに徹することが大切である。

（6）解決方法の検討

　問題を解決するため必要なことは何か、どうすれば解決できるか、最初は相手に自由に考えてもらう。次に、それで解決できるか、お互いにイメージを出し合う、というより、イメージを語ってもらう。

　そして、解決法、解決案は必ず複数出すようサポートする。できれば、文書化、見える化する。

（7）課題を達成するための計画書を作る

この場合、5W1Hではなく、6W2Hで計画（プラン）を立てることが肝要である。

なお、第Ⅴ編8（2）でも述べたが、Why から始めることが、自主的に考え行動するきっかけとなるので、コーチングにおいても重要なことである。

図表6-2　6W2Hの計画書を作成

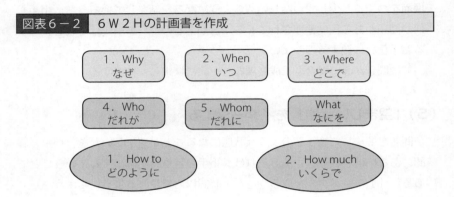

（8）プランの確認

（3）～（7）までのコーチングを振り返り、取り組みの意思を確認する。特に（7）の6W2Hをスケジュール表にし、期中管理として自分に対する"ご褒美"を書き込むように仕向けると楽しく実行できる。

（9）力づける

相手が行動を起こすことに対してエールを送る。その際に、"好子"や"魔法の言葉"を使うと効果的である。

好子とは、相手の成果や取り組み状況を「承認」し、何が成果を上げる要因だったかを一緒に「確認」することである。魔法の言葉とは、"がんばってるね"、"がんばったね"と「認める」「確認しあう」ことである。

「認める」という言葉の語源は、相手の良いところを「見て」＋「心にとめる」ことである。悪いところについては、「見とがめる」という。

3. コーチングの基本プロセス

　仕事の良くできる上司から見ると、部下のできていないところ、不十分な部分ばかりが目に入ってくる傾向がある。一人ひとりの部下の持ち味や、細かい進歩・成長は、よほど意識していなければ、見逃してしまうものである。「美点凝視」というように、部下の長所を認めて伸ばすのがコーチング的な発想である。

4. コーチングをしやすく継続的に発展させるために

　コーチングを社員研修や人材育成研修に取り入れている企業は少なくないが、なかなか定着していない傾向にある。
　理由は、研修が実際に働く場所ではなく会議室や研修室で行われ、あまり実務的でなく、その場で分かってもいざ実際に使用するとなると、使いにくいとか忘れてしまっていることにあるようだ。
　したがって、コーチングを実際に取り入れるにはコーチングを実施しやすいOJTで行うのが良い。OJTで使い慣れれば、他の一般の業務でも使用しやすくなるからである。

（1）実施体制の整備

　コーチングをOJTに取り入れて実施するにあたって、事業場では次のような方策を講じる必要がある。
① 　OJTにコーチングを取り入れることを組織（事業場）決定する。
② 　コーチングの研修を受けたRSTトレーナー、特別教育インストラクター等教育指導者（以下「講師」という。）がOJT実施者（以下「コーチ」という。）に対して、コーチングを取り入れたOJTのリーダー研修を実施する。
　　リーダー研修では、OJT実施計画案を作成させ、合わせてコーチングの手法（バックトラッキング、意味への応答等）を取り入れた声かけ、支援の方法についても実習を行う。
③ 　リーダー研修が終了したら実際にOJT対象者を決定し、対象者ごとのOJT実施計画書を策定させる。その際、コーチと対象者とのコミュニケーション、コーチと研修講師とのコミュニケーションを密にする。なお、実施計画書はなるべく電子媒体、社内LAN等を利用するのが良い（訂正と取り出し、保管が楽）。
④ 　OJTを実施するが、1カ月もしくは3カ月等毎の期中管理として、対象者、コーチ、研修講師の意見交換（調整）、評価、見直しを行う。

⑤ 評価、効果の高かったOJTの計画、実施結果を水平展開するとともに、評価の高かったコーチを表彰、顕彰する。

（2）コーチングに必要な環境

OJTにコーチングを取り入れるには（1）①～⑤の順序で行うのが普通であるが、うまく取り入れるためには、次の4つの環境整備が必要である。

① 組織および個人が明確なビジョンを持つ

一人ひとりのセルフコントロール（自律）を通して、社員に、自主的に責任が取れる働き方（自立）をさせることをエンパーワメント（empowerment）という。そのメリットは、これにより、権限を委譲された社員が、現場で直接問題解決を図ることで、業務の効率化と顧客への早い対応が可能となることである。

そのためには、明確な「判断基準」の存在が必要で、これがあれば、社員は迷わずにその能力に応じて自由に自主裁量で仕事をこなし責任を果たせる。判断基準が示されなければ、社員は自信を持って責任を果たすことは困難となる。

判断基準の中で最も大きな枠組みを表現するものがビジョンである。ビジョンとは組織が何のために存在し、何を目的としているかという、根源に関わる部分で、その中でも価値観がビジョンを実現するプロセスで一番尊重するものである。前述した「Why」である。

「こんな仕事をやって何になるのだろう」と疑問に感じるようでは、仕事に身が入らない。「君が今、こういう立場で、こういう業務を担当し、こういう能力を磨くことが、将来、こういう風に役立つよ」と、現在と未来を結びつけて説明すると、初めて「今の意味、今の意義」が理解され、やる気が出るということも少なくない。ビジョンを描き、それを分かりやすく伝え、組織全体でビジョンを共有するのがコーチ（リーダー）の役割である。

ビジョンや価値観、方向性がはっきり示されたとき、社員は決断を下せる。社員に自主性を求めるのであれば、組織は社員に対して明確なビジョンや価値観、方向性を提示しなければならない。

② 社内のコミュニケーションを円滑にする

　組織のリーダー（トップに立つ者）として一番重要なことは部下との直接の対話である。丹羽宇一郎（前中国大使、元伊藤忠商事会長）は次のように述べている。「リーダーとして周りを引っ張っていくためには、思いを共有しなくてはならない。そのためには自分の夢やビジョンを語り、部下がどんなことを考えているのかを知っておく必要がある。コミュニケーションをとって、お互いに思いや感動を共有するからこそ、仕事の目標や責任が明確になり、やりがいにつながっていく。ただ指示を出してそれで終わり、というものではない。」（「人は仕事で磨かれる」）

　伸びる企業の特徴は、個人のビジョン＋社内のコミュニケーション環境が整備されていることである。コミュニケーション環境が整備されているか否かは、その組織が明確な枠組み（ビジョン）を持っているかどうかを計る物差しでもある。

　人間関係の弊害を取り除き、快適な環境を整えると（ワーク・エンゲイジメント[28]な環境を形成すると）、時間やエネルギーの無駄がなくなり、本来従事すべき業務（自主的に何をすべきかを考え行動する）にその時間等を活かすことができる。結果として現場力の強化につながるのである。

③ 部下の役割を明確にする

　役割分担を明確にするということは、責任の所在を明確にし、組織のグレーゾーンをなくするということである。グレーゾーンの多い組織は、まとまりが悪く、非生産的なやり方が繰り返される。言い換えればチームとしての機能が果たせず、成果の上がりにくい組織である。グレーゾーンの多い組織は共通言語が少ない。

　共通言語の少ない職場とは「～のつもり、～じゃないの、たぶん～」という憶測の多い職場のことである。共通言語の多い職場とは「～となって

28　ワーク・エンゲイジメント：種々の定義があるが筆者は以下のように定義して使用している。「ワーク・エンゲイジメント（W・E）とは従業員が、仕事を通じ、組織に貢献しようという自発的な態度・意欲・姿勢と、実際に貢献可能な知識・理解・能力を併せ持つことで、成果につながる行動を取り得る状態のこと。また企業の側も、そのような状態をつくるべく、ワークライフ・バランスの確立、ダイバーシティの導入、スモールチームを作ったり、権限の委譲を行ったり、コミュニケーションの充実を図れるような快適職場をつくるべく様々な施策を講ずること。つまり、一方通行ではなく双方向（ウィン・ウィン）の状態をいう。

いる、～にならねばならない、当然～」という全員が同じイメージ、方向性を持つ職場のことである。

　また責任の所在が不明朗な仕事が組織のやる気をさらに奪う。報・連・相がうまくいかない組織でもある。部下は報・連・相がしたくないのではない。役割が明確でないため、自分が報告する主役であるという自信が持てないためである。

　役割を明確にするには、思い切って「任せる」ことも大切である。また、そうすることで、一人ひとりの自発性、やる気、創意工夫を引き出すことができる。なぜ（Why）、いつ、誰に、何を、どこまで、どのように任せるかの見極めは、なかなか難しいが、任せなければ「指示待ち」状態が続き、「自立型人間」に育たない。部下の可能性を信じ、勇気を持って、業務やプロジェクトを任せていくことが、組織の発展の鍵を握るといえる。

　任せることは、人材育成のためにも組織発展のためにも重要だが、「任せっぱなし」ではだめである。部下は、任された直後は、要領がつかめなかったり、プレッシャーを感じたり、本領を発揮できない場合も多いものである。そんな気持ちや不安を汲み取る形で、心理的なフォロー（支援、サポート）のコミュニケーションをとるのが、効果的な任せ方の秘訣である。松下幸之助翁は、これを「任せて任さず」といっている。

　そのためには、部下の役割と、上司の責任のとりかたを明確にしておく必要がある。部下を上司の手足としてではなく、仕事の主役として認める。そして、より良い仕事ができるよう援助し、彼らのパフォーマンスの向上を図る。

　したがって、指導者（コーチ）自身も、部下一人ひとりをチームの一員として位置づけ、どうしたら勝てるか、彼らがどんな援助を必要としているかを十分に汲み取る必要がある。参加意欲や責任感は、命令からは生まれない。そのためには部下との適切な人間関係を作る能力が求められるのである。

④　「目標」と良好な関係を持つ

　目標を立て、達成のために努力するとき、人は成長する。したがって、目標設定を形骸化させないことが重要である。目標は「ねばならない」と

いう重荷ではなく、組織と個人の成長を期待し、ワクワク感を生むものとする位置づけも重要である。

コーチングが機能する職場とは、(ア) まず目標を持つことの重要性が全員に理解されていること、(イ) 同時に、人によって目標との付き合い方が異なることが許容される環境であることが必要である。

したがって、指導者（コーチ）は一人ひとりに異なるサポートをする必要がある。目標達成とプロセスを活用して、社員の能力を伸ばす意識の高い組織ほど、コーチングが導入しやすい組織である。

目標と良好な関係を持つためには、「目標管理」から「目標による管理」に管理体制を改める必要がある。

目標管理とは、ノルマ管理の言い換えで、結果を管理することである。上司の役割は叱咤・激励、叱責、詰問が主となる。

目標による管理とは、会社全体の目標から個々人が自分の目標を考え、自律的な行動をうながすことである。目標による管理がコーチングの狙っているものである。なお、前述したとおり、目標は「ぐ・た・い・て・き」でなければならない（詳しくは第Ⅰ編3（8）参照のこと）。

5．コーチングの人間観

(1) 育つ環境を整えるのが仕事（自らもバージョンアップを）

　指示・命令関係は、支配する人と従属する人にわかれ、力は管理職に集中する。部下は上司が指示してくれるのを待ち、自ら動くことをしなくなる。そのような組織では、理念も目標も、人も育たない。

　人は潜在能力を備えた存在であり、できる存在である、人はより良い仕事をすることを望んでいる、といういわゆる性善説（Y理論：190頁参照）に立つことがコーチングの前提となる。したがって、OJTをするにあたっても、この前提で行うことが求められる。

　極端な言い方をするが、部下はいろいろな可能性を持った「種（タネ）」である。その「種」は発芽し、成長し、開花し、実を結ぶはずである。だからコーチはその「種」が大きく丈夫に元気に育つよう、水をやり、日光に当て、肥料等を与えて、環境を整備するのである。

　そのことから、「OJTの指導者＝コーチ」は、相手（部下）が良い仕事ができるようになれる「環境を整える」ことが最大の仕事だということを、まず押さえておかなければならない。

　当然ながら、人間は一人ひとり持ち味があり、得意不得意な分野が異なる。一人ひとりの得意分野を伸ばし、弱点を補強していくカスタマイズが必要である。しかも、人間には学習力があるので、相手の状況を把握し、それに合わせて常にバージョンアップして行くことが大切である。

　したがって「全員一律に同じ内容と同じ方法で教える」ティーチングには限界がある。

　コーチングは「相手に合わせて指導内容と指導方法を変える個別のアプローチ」方法である。これからの安全衛生教育の講師は、ここで述べられたことを学習するだけでなく、これをベースにさらに自己研鑽しコーチング力、OJT実践力を高めていただくことを期待する。

（2）忍耐と柔軟性を持つ

　リオ五輪の選考会で競泳選手の北島康介が五輪出場を逃した瞬間、辰巳競泳会場は一瞬静まり返った。この北島康介や寺川綾などを指導してきた平井伯昌競泳日本代表ヘッドコーチが次のように述べている。少し長くなるが引用する。なおカッコ内は筆者のコメント。

　（私＝平井は）ティーチングだけでなく、「私の物事の捉え方、考え方を率直に話すことも心掛けました。指導というより、私がどういう人間なのかを分かってもらう。私がどんなことに価値があると考えているかを理解してもらう。そして、康介はどう考えるかを聞き、一緒に考え、価値観を共有していきました。」（ラポールの形成）

　「最初の頃は私が指示したことの真意がわからないことも多かったかもしれない。先生の指示だから、ひとまず従っておこうと考えたこともあったかもしれない。しかし、もしそのまま、指示に従うことに慣れてしまえば、自分で考える習慣がつきません。」

　「といって『すべて自分で考えなさい』と任せきりにするのも違う。もちろん、自分で考えることは大事ですが、まだ自分で答えを導く基本回路のようなものが持てない状態で、闇雲に『考えろ』といわれても、途方に暮れてしまい、結局考えることが面倒になってしまうおそれがあります。」（フィードバック）

　「『オレはこう考えるけど、康介はどう思う？』。そんな具合にやり取りを重ねていく。すると、次第に互いの考え方を共有できるようになる。そうして信頼関係が築けてこそ、何か指示を受けた時にも、『平井先生はこういうことを意図しているのだろう』と類推し、分からないことがあれば尋ね、自分で納得したうえで、迷いなく練習に集中できるようになります。」

　「これもかなり『回りくどい』やり方です。実際、辛抱強さが必要です。しかし、信頼関係が築けないまま、いくら技術的な指導をしてもダメなのです。選手が指示にただ従うだけでは早晩、限界が来ます。」（忍耐）

　「どのような大会であれ、優勝はうれしいことですが、その結果に満足することなく、本当の目標に対してどのような位置付けにあるものかを意識することが大事。その後も、常に彼が全力で頑張れば手に届くであろう次な

る目標を提示し続けていきました。通過点で満足して成長を止めないために、です。彼にとっては辛い時もあったでしょうが、粘り強く努力してくれました。」(「『世界で勝てる人』を育てる〜平井伯昌の流儀」日経ビジネス2016.5.9)

　忍耐とは、望んでいることが起こるまで待つ心のことである。早く成果を上げたくてコーチは焦るが、「急いては事をし損じる」の諺のとおりである。
　しかし、同じことの繰り返しでは、なかなか変化が現れないこともある。その場合は、やり方を変えることも考えなくてはならない。従来のやり方に固執せず、新たな方法を、より良いと思われることなら、なんでも挑戦しよう、試みようという柔軟性もコーチは持たなくてはならない。

(3) 指導される者にあわせたコーチングを

　平井伯昌はこうもいっている。寺川綾は「それまでの失敗の経験から心が消えず、『できない理由を考える』癖がありました。やる気はある。努力も惜しまない。しかしその癖を抱えたままでは、新たなチャレンジをすることに弱腰になり、目の前の壁を突破できない状態が続いてしまいます。その癖を取り除くべく、私は彼女と、とにかくたくさん話をしました。」
　「萩野公介は大事なレースの直前になると、誰とも話さず1人で考え込む癖がありました。自分で考える力があるゆえに、自分で解決しようとする。うまく事が進んでいる時はそれでもいいのですが、うまく行かなくなると、ともすれば自分の中に生じた不安を自分で助長してしまうことになる。」「ここでも必要なのは信頼関係です」(前同)
　基本的なコーチングの方法は同じであるが、相手を見て、バリエーションを変えていく柔軟性が必要である。コーチングに魔法はない。一人ひとりの得意分野を伸ばし、弱点を補強していくカスタマイズが必要である。また、人間には学習能力があるので、相手の状況を把握し、それに合わせて常にバージョンアップしていくことが大切である。

（4）切磋琢磨・崖から突き落とす厳しい心も必要

　松下幸之助翁は「人間は磨けば光るダイヤモンドの原石のようなもの」と述べている。ダイヤモンドではなくサファイヤとかルビーの人もいるかもしれない。

　一見、ただの「石ころ」に見える人材にも、その内側には、素晴らしい可能性が秘められている。ただし磨かなければ「石ころ」のままである。輝くためには磨きをかけることが必要。このことを中国の古典「詩経」では、切磋琢磨[29]といっている。

　コーチと指導される者、あるいは指導される者同士の直接・間接的な接触（基本はコミュニケーション）によって、お互いに内なる輝きを引きだし合うのが、人間的成長の根本である。

　場合によっては、「獅子の子落とし」のようにあえて苦難の道を歩ませて鍛える厳しい心を持つこともコーチには求められることもある。

29　切磋琢磨：「論語」に、子貢（しこう）が「貧しくとも卑屈にならず、富んでもおごりたかぶらないならば、どうでしょうか」とたずねた。孔子は、「まよろしいが、道を楽しんで、貧しさを忘れ、礼を好んで富など眼中にないという境地にはおよばないな」と。すると子貢は、「詩経」に、「切するが如く、磋する（みがく）が如く、琢する（ついばむ）が如く、磨するが如し」（学問は骨や角を切りけずり、さらにこれをなめらかにみがき、玉や宝石をあらく琢ってから仕上げをするように、磨いた上にもみがき重ねる）とありますが、こういうことをいっているのですねといった。この故事から、「切磋琢磨」を、玉や石などを磨くように、道徳学問に努めはげむことをいう（「社交じょうずなことわざ格言集」光文書院を参考にした）。

6．コーチングのスキル

　コーチングスキルは100以上あるといわれているが、そのすべてが次の3つの目的を意識して適用されている。
- ◎　相手の自律性を促す
- ◎　相手の力を発揮させる
- ◎　相手の成長を促進する

　ここではOJTのコーチングでよく使われる、ペーシング、傾聴、質問、提案、承認について述べる（以下は平野圭子「部下を育てるコーチング　5つのスキル」を参考にした）。

（1）ペーシング

　コーチは部下に行動を促し続ける必要がある。そのとき、部下が抵抗感なくスムーズに行動に移るかどうかは、コーチとの間にある安心感、信頼感、ラポールの有無が大きく影響する。人は生き残るために常に目の前の人を敵か味方かを判断し、敵に対しては防衛体制を築き、味方に対してはいち早く協力関係を築こうとする。

　このとき、防衛を解き、相手との間に安心感を醸成するのに有効なのが「ペーシング」である。

　ペーシングとは、簡単にいうと相手に合わせることである。呼吸のリズムやスピード、使う言葉、話の内容、声のトーン、姿勢や表情などを相手に合わせることをいう。人というものは相手と違うと、不安感、危機感を抱き、同じであると安心感をおぼえる動物だからである。

　経験も多くスピードを重視するコーチや職長は、部下の話の途中で「でもね」「だけど」というBUTを使って口を挟みがちであるが、その瞬間、部下のさらなる反論の誘発や沈黙を招きかねない。

　ペーシングの具体例としては
・相手が使った言葉を自分も使う（バックトラッキング）
・相手のいったことを繰り返す（ミラーリング）

- うなずきや相づちを適度に挟む
- 相手と視線を合わせて話す（アイコンタクト）
- 相手の話を聴くときには、相手に注意を完全に向ける（パソコンをたたきながら、書類を見ながら、何か手作業を続けながら聞くのはＮＧ）

などがある。

（2）聴く

「きく」という言葉の意味は、漢字によっていろいろ異なる。その「きき方」によって、人間関係も異なってくる（以下「産業カウンセリング入門」より）。

- 「訊く」（ask）：尋ねる、問う、取り調べる、責めるなどの意味があり、訊き手が必要としていることを相手に「質問」して、答えを要求する。訊く側が能動的で訊かれる側は受動的である。
- 「聞く」（hear）：聞こえる、聞いて知る、声が耳に入るなど、音声などを耳に感じとることだが、聞く側が受け身。「心をこめて」とか「熱心に」という能動的な要素は少ない。話し手と聞き手の間には、はっきりした関係が成立していないことが多い。また、聞き手にとって都合の良い部分だけを主に聞き取る場合もある。
- 「聴く」（listen）：聴こうと努力する、心を込めて聴く、聞き漏らすまいと熱心に聴くなど、相手の言葉を聴きとろうとして、こちらから積極的に耳を傾けると意味がある。聴く側が、話し手に積極的な関心を示している。

ここで述べる「きく」は「聴く」である。

普段、上司は部下の話をどのように聞いているかであるが、人は１分間におよそ 100 ～ 175 語を話すことができるといわれている。一方、聞くことができる単語数は 600 ～ 800 語といわれているので、聞く方は聞くためにそれほど頭を回転させる必要がない。時間的な余裕ができてしまうので、聞くことに集中力を欠き、他のことを考えたり、気を取られたりする。

無意識に「聞いて」いるときに犯しがちな態度では、次のようなことが見られがちである。

- 相手が話しているときに、次に自分が話すことについて考えている。

- 相手の話に対する回答や質問、提案やアドバイスを考えている。
- 結論を急ぎ、話の展開やおちを先読みする。
- 沈黙を保てずに、相手をせかす。

コーチングによる「聴く」は、耳で聴いて、プラス目で聴いて、なおかつ心で聴く態度を目指している。意識的に聴くポイントは次のとおりである。

① 聴かれることによる安心感を醸成する

一般に人は話を聴いてもらえないと不安になり、それが続くと孤立し行動が止まってしまう。逆に、聴いてもらっていると安心感を抱き、さらに自由な思考や自発的な行動につながりやすい。話の途中で口を挟まず、結論を先読みせず、最後まで聴くことは、効果的な動機づけとなり相手の自発性や積極的な行動を引きだすことにつながる。

② 相手のアイデアや経験、情報を引きだす

誰かに話をしているうちに、話し始めには思いもつかなかった解決策やアイデアを思いついたという経験がないだろうか。人は話をするとき、実は自分でも自分の話を聞いている。この作業により、自分で悩んでいること、解決しなければと思っていること、アイデアに気付くことができるのである。そのような気づきやひらめきを引きだすような聴き方をコーチができれば、部下の能力は遺憾なく発揮される。

③ 言葉以外のメッセージを受け取る

部下が言葉では「がんばります」「うまく行っています」といっていても、声のトーンが低かったり、表情が暗いときなどは要注意である。そこで「何か困っていない？」「不安のことはない？」「何か力になれることはない？」と、話をさらに引きだすことで、部下の行動が起こりやすくなるものである。

（3）訊く…視点を変えるスキル「質問」

質問は普通、自分が知りたいことや確認したいことを聞くために質問をする。コーチングでは、相手に考えさせ気づきや発見を促し、結果として行動を引きだすことを目的に質問をする。そのため、目的をもって質問を使い分ける。

コーチングにおける質問の目的と質問には、次のような特徴がある。
- 視点を変える　「あなたが相手だったらどう感じますか？」
- 選択肢を広げる　「他にはどんな対策がとれるでしょう」「それだけで十分でしょうか？」
- 気づきを促す　「今回の失敗をどのように次に活かしますか？」「○○はどういうことを意味しているのかな？」

そして質問には大きく分けてクローズドクエスチョン（閉ざされた質問）とオープンクエスチョン（開かれた質問）があることは既に第Ⅳ編4A（7）で述べたが、もう一度述べておく。

① クローズドクエスチョンは、答えをYes、Noで要求する質問である。例えば、「対策はもう講じたのか？」のように、答えを早く出させたり、事案を明確にできるなどのメリットがある。しかし、思考に広がりがなく、相手に責められていると感じさせる場合もある。

② オープンクエスチョンは自由に答えられる質問である。例えば、「どんな風に対策を講じますか？」というように、相手に考えさせたり気づきを促したりするなどのメリットがある。しかし、一般的に回答まで時間がかかることが多い。

コーチングの場合、どちらが良いか悪いかということではなく、目的に応じて使い分ける事が肝要である。

しかし、普段自分がどちらの質問を多く使っているか考えてみることが大切である。確認や情報収集のために質問をしていると、どうしてもクローズドクエスチョンが多くなりがちである。その場合、オープンクエスチョンを意識的に増やすことで、相手からの新たな情報やアイデア、選択肢を引きだすことができる。

（4）リクエストと提案…前進させるスキル

コーチングの受け止める、相手に合わせる、待つというやり方について、どちらかというと受け身的ではないのかという印象を持たれるかもしれないが、それは違う。相手の自発的な行動を促すのがコーチングの役割とはいえ、すべてを相手方に任せるわけでない。コーチの側にアイデアがあるときや必

要と感じたときには、提案やリクエストを通して相手に働きかけることもある。

しかし、この提案やリクエストは、指示命令型のものとは違い、やはり相手の自律性、自主性を尊重するところに大きな特徴がある（なお、ここでいうリクエストとは提案よりさらに要求度の高いものいう。）。

① 提案の特徴
- 上司の都合ではなく、相手の成長や成功のために行う（目的は相手方に新しい視点を提供し、「相手の行動をサポート＝支援」することにある。）
- 押しつけない（提案する前に、提案が必要か、提案しても良いかの許可を取る。）
- 提案内容を採用するかどうかの選択は相手に委ねる（自分で選ぶことで責任やヤル気が生まれる。）

② リクエストの特徴
- 上司側の都合やニーズの実現のためではなく、相手の成長のために行う（人は自分の思考や行動に枠を設けてしまいがちである。リクエストはその枠の外に相手を連れ出し、新しい可能性を引きだす。）
- リクエスト内容が拒絶されたり、断られることもあるという前提を保つ（押しつけても良い結果はうまれない。この前提がないとリクエストではなく、指示になる。）

（5）承認

承認は英語でいうと「アクノレッジメント」（acknowledgement）になる。語源的には「そこにいることに気付く」ということであり、言い換えれば、その人の存在に気が付いてそれに光を当てること、そのことを伝えることである。単に認めるのではなく、「認めていますよ」というメッセージを意識的に伝えることが肝要である。すると、承認された人は明るく元気になる。

ほめることと承認は似ているが少し異なる。ほめ言葉も賞賛も相手のモチベーションを高める効果があるが、「ほめる」には相手に対する評価が加わっている。そのために、人によっては受け取りにくかったり（謙遜ででではない）、賞賛の言葉、あるいは賞金・賞品がないとヤル気が出ないという効果も与え

かねない危険がある。いわゆる「アメとムチ」の「アメ」になる可能性がある。
　承認は、基本的に評価を加えず、相手の変化や行動、成果を事実として伝えるものである。

① ほめ言葉、賞賛の例
　・「話し方が分かりやすくなって、前よりいいよ。」
　・「さすが一〇〇君。よくここまで勉強したね。やればできるじゃん」
　・「君って、すごいな。2キロもやせたんだ」
　などがある。「さすが」「すごい」という賞賛する評価が含まれている。

② 承認の例
　・「結論から話すようになったね」
　・「コーチングの勉強も始めたんだ」
　・「これだけ細かく業務日誌を書くのには時間がかかったでしょうね」
　・「毎日、計画どおりにウォーキングを続けていますね」
　・「5日間のRST講座を無事終了したね」
　・「この1年間、目標を達成し続けているね」
などがある。基本的に評価は含まず、どちらかというと、「ご苦労さん」「お疲れさん」というほめ言葉よりねぎらいの言葉が後に付けられるような言い方である。

　筆者は「ほめる」は上司からも部下からも「すごいなー」「おめでとう」という気持ちがあれば掛けられるが、「承認」はどちらかというと「上から目線」で、上司や権威のあるものが「認める」というニュアンスで使うことが多いのではないかと考えている。あまり部下の方から「承認」する言葉は発しにくい。だからこそOJTでの活用が効果的である（上下関係のない場合は承認は確認行為となる。）。

① 承認されることによる3つの効果
　ⅰ）相手のモチベーションや行動エネルギーを高め元気にさせる
　ⅱ）承認されることで自分自身の中に価値が高まり、さらに大きく伸びようとする
　ⅲ）お互いの理解が深まり、信頼関係が強くなる
　　例えば、あなたが一言「この1年間、がんばって目標達成しましたね」

と言葉に出して相手を承認すると、相手は自分の努力を認めてもらえたと安心し、ますますヤル気を出してもっと効果をあげようとする。承認されることにより、人は明るく元気になるだけでなく、承認することがお互いの信頼関係構築の基盤ともなる。部下は承認をとおして、自分の成長を再確認し、さらなる成長に向けてチャレンジするエネルギーを得るのである。

もし承認の言葉がなかったなら、「私のことを何も理解していない！」「口ばっか！」といって、信頼関係は結びにくくなる。

② 言葉を使った承認の伝え方

言葉による「承認」の伝え方は３通りある。

ⅰ）You（あなた）メッセージ

「あなた」が主語で始まるメッセージのことである。

「（あなたは）とても頑張っていますね」

「（あんたは）がまん強いですね」

ⅱ）I（私）メッセージ（とても効果的にメッセージを伝えられる）

「私」が主語で始まるメッセージで、You メッセージよりも力強く伝わる。

「私はあなたのヤル気をみて嬉しくなりました」

「（私は）すごくうれしいです」

ⅲ）We（私たち）メッセージ

「私たち」が主語で始まるメッセージである。

「私たちはあなたの早い回復を願っています」

「あなたの前向きな姿を見て、私たちもヤル気が出ました」

③ 承認は相手を観察することから始まる

「あなたの部下やプロジェクトのメンバーなど、だれか１人選んでください。その人を承認するとしたら、どんな言葉をかけますか？」

この問いかけをすると、ほとんどの人が何をいっていいか分からず口ごもる。しばらくすると、

「君ってすごいね！」「さすがだなー！」「えらいなー！」

など、誰に対しても投げかけられるような賞賛の言葉が口をついて出てくるのが関の山である。なぜなら、一人ひとりの行動や能力等について関心

を持ってかかわらなければ、どうやって承認したらよいか分からなくないからである。

　承認上手は、まず相手をよく観察し、その人特有の行動や成果を伝えることから始まる。これを気配りともいう。

「君は毎朝人より30分も早く出社して、皆の机を拭いてくれているね」
「今回の成績は、前回より20％伸びているね」
「この3カ月、お客様にあった靴選びができて楽しそうだね。お客様満足度も右肩上がりだね」

　これらの承認の言葉は、具体的な事実を伝えている。そして事実は観察しないと知ることができないから、承認されると本人は「上司は自分のことを見てくれている」という実感を持つことができ、これによって信頼感も築かれるのである。もしこれを

「君は早くから来てえらいね」
「20％も伸びているそうじゃないか。すごいなー」
「販売の仕方がやっとうまくできるようになったな」

などと伝えると、受け取った感じはどう変わるであろうか。この言葉がないよりはあるほうが良いのであるが、前者に比べて、これらには伝える側の評価が入ってしまうため、もともと承認が上から目線的に行われているのに、さらに「良い／悪い」、「評価する人／される人」、などが強調され、あまり気持ちが良くない。

　承認するには、まず部下をよく観察すること。そして、その人特有の強みや特徴を把握し、そのことを事実として伝えることが大事である。このような承認は信頼関係構築につながり、相手のヤル気や自発性を値良く促すエネルギー源となる。

④　簡単な存在承認の訓練

　以上、承認の仕方を述べたが、すぐにできるわけでもない。しかし、重要なことは関心を持つことにあるので、それへのきっかけとして次のことを励行することをお勧めする。

・挨拶する（ア：明るく　イ：いつでもどこでも　サ：先に　ツ：続ける）
・名前を呼ぶ

6. コーチングのスキル

- 仕事を任せる
- 労う、感謝する、お礼をいう（ありがとう）
- 約束の時間を守る
- ちょっとした変化に気付く（髪を切ったね、スーツを買ったの）
- メールや質問にすぐ答える
- 相手が前にいったことを覚えている（なるべくメモしておく）
- 意見を求める、相談する

などがある。新入社員教育でのビジネスマナーの基本とおおむね同じであるが、この基本こそが年配になると忘れ、承認できなくなるのである。

コーチングスキルの極意

◆相手の話は、「目で聴け！耳で観ろ！全身で捉えろ！」

◆答えは相手（部下）の中にあり！

◆まず相手を信じることから始まる。疑っているとコーチングは成功しない！

---

7. コーチングの具体例

　前述したとおり、コーチングとはこれらのスキルや手法を様々に駆使し、相手の成長を支援するものであり、一つの手法をマスターすれば良いというものではない。ただし、全てのスキルや手法を一気に取り入れなくてはならないというものでもない。大切なのは、まずは目の前の相手に興味を持ち、「この人の成長や成功のために、いま最も必要なかかわり方はどのようなものだろうか」という視点を常に持つことである。

　具体的なかかわり方が思いつかない場合は、これまであなたを成長させてくれたり、前進させてくれた先生や上司のかかわり方（もしなければ、テレビドラマでもよい）を思い出し、参考にしてみよう。

　以下、その参考の一助として、コーチングの例を述べる。なおこの例は、会議室等で行う座学のコーチングレッスンではなく、OJTでのコーチングをイメージしている（以下、菅原裕子「コーチングの技術」参考にした）。

（1）バックトラッキング

　相手の話の中からキーワードを見つけ、そのキーワードを繰り返す質問の方法である。その際、声の調子を合わせるとより効果的である。

◎効果的な例

> 上司：アルミニウムのティグ（アーク）溶接うまくできたかい？
> 部下：まだです。例の別件特急の鉄筋の溶接が入り仕事が遅れてしまって…
> 上司：あのエマージングの処理か
> 部下：ええ、相手の要求がいろんなところに波及しそうで、大変なんです
> 上司：うーん、そうか、大変だよな。アルミの方はどうしようか？
> 部下：それなんですよ。今夜、何とか開先だけでも行ってから帰りますから、明日、フィードバックしていただけますか？明日中には仕上げたいと思っています

　上司は、キーワードである「エマージング（緊急）処理」をバックトラッキングし、部下の状態を受け止めている。上司に理解されたと感じた部下は、

自発的にテーパ出しに取り掛かる。このようなとき部下は、喜んで上司と対話したいという気分になる。

相手の話を遮断して失敗した例もあげておく。

×失敗例

> 上司：アルミの溶接、できてるかい？
> 部下：まだです。例のエマージンシーの処理を行わなくてはならなくなって。相手の申出がいろんなところに波及しそうで、仕事が遅れてしまって…
> 上司：<u>エマージング処理は、アルミ溶接ができない理由にはならんぞ</u>
> 部下：ええ、それは分かっていますが…

最初の質問に対し、部下は自分の現状を話した。しかし、上司は部下の言い分を間髪をいれずに否定した。部下の状態に対する思いやりが感じられない。理由にならないといわれ、部下は怒りを抑えている。もし今後、アルミの溶接について悩んでも、この上司にはもう相談したくないと思うだろう。この状態では、コーチングは成立しない。部下が上司をコーチとして受け入れない限り、コーチングは不可能である。

(参考) アルミニウムの溶接は熱伝導が良すぎて、溶接熱により溶接金属は母材より柔らかくなり強度母材より小さくなることがあるので母材の厚さにより、少し太く（テーパ）したり、太くできない場合は、それぞれの母材を隅切りして溶接部分が多くなるようにしたり、開先（溶接する母材筒に溝を付けること）したり等の溶接前の母材加工をするなど、作業手順書どおりではなく、かなり技術的な要素が必要となる溶接となる。またアルミは通常の被膜アーク溶接では溶接できず、一般に交流パルス溶接もしくはアルゴン＋ヘリウムの混合シールドガスを使うＴＩＧ溶接の方法で行う。なお、テーパ出しとは、溶接面を盛り上がらせないように、あるいは熱伝導の違い等を考えて、溶接前に母材を円錐形状に削りとる、もしくは円錐状に太くする等の準備作業のことをいう。

（2）否定（BUT）から肯定（AND）の例

×失敗例

部下：早くマグ溶接、ミグ溶接やティグ溶接を行えるようにするためには、とにかく被膜アーク溶接をたくさん練習すればいいですよね。数多くやれば、うまくなるので、マグやミグ、ティグなども簡単にできると思いますので

上司：でもね、数を出したからといってすぐマグ、ミグ、ティグはできるとは限らないよ。どれもガスシールドだし、特にティグは非溶接式だから被膜アークとはやり方が相当異なるからね

　部下は被膜アーク溶接の溶接数を増やすという独自のアイデアを出しているが、上司は「でもね」（BUT）と否定している。部下は内心なんとなく気まずい思いをしている。話す意欲を失う。これが続くと、部下は自分のアイデアをいわなくなる。

　だからといってそのまま聞いていると、同意しているように受け取られかねない。共感を生みながら、自分の意見を伝え、かつ部下の口を閉ざせない方法がANDを使う方法である。

◎効果的な例

部下：早くマグ溶接、ミグ溶接やティグ溶接を行えるようにするためには、とにかく被膜アーク溶接をたくさん練習すればいいですよね。数多くやれば、うまくなるので、マグやミグ、ティグなども簡単にできると思いますので

上司：そうだね、被膜アーク溶接が増えれば、溶接技術も高まるよね。こういうのはどうかな。数は多くなくても、アーク光を長くしたり短くしたり、ビード幅や波紋をきれいにするとかクレーターの修正部分が分からなくなるようにとか、あらゆる被膜アーク溶接では一番になるというのは。そろそろ、君はその段階にきていると思うよ。そんな被膜アーク溶接のプロに挑戦してみないか？

　上司はBUTではなく、「そうだね」と一旦受け止め、バックトラッキングしている。そして「こういうのはどう？」とANDで自分の意見を述べている。そうすることで、やる気をキープさせたまま、被膜アーク溶接を数多くやることよりも、お客様のニーズに合った物を作るよう、自然と動機づけている。

「でもね」＝ BUT は×。「そうだね、でもさ」＝ YES ＋ BUT も×。「そうだね。こういうのはどう？」＝ YES ＋ AND は○。こうなれば評価は大きく変わる。

（3）感情への応答例

◎**効果的な例**

部下：あいつとは絶交したいと思ったんです
上司：そうか、絶交したいと思うほど腹が立ったんだ
部下：う〜ん。腹が立つというか、自分が情けなくなって
上司：そうか、本当は言えなくてつらかったんだ

　部下の感情的な表現（言語化されていたり、言語化されていなかったりする）を注意深く聴き取り、それを伝え返す技法で、部下が経験している内的世界を上司が理解しているということを示す。
　感情への応答によって、部下は「上司に自分の気持ちが分かってもらえた」という安心感を持つことができるし、また、部下が自分の感情に気づくのを助けることができる。

（4）意味への応答例

◎**効果的な例**

部下：同期のあいつはいつも遅刻してる。仕事もミスばかりだ。でも、お中元とかお歳暮とか課長へのとりなしがうまくて、自分より出世している
職長：自分より出世して、くやしいという感じか？
部下：悔しいという気持もありますが、ずるいというか要領がよいというかという感じです。自分もあやかりたいと思うんだが…ん〜、でもできない
職長：そうか、君にはできないのか。正直に生きたいということかね
部下：そうですね。被膜アーク溶接の第一人者といわれるようになり、自分に正直に生きていれば、人のことなんか気にしなくたっていいですね

　「意味」とは人生の意味づけ、つまり本人が生きるうえで大切にしている価値観、信条などをいう。意味は、名誉、出世、仕事、家族、ライフスタイルなど、一人ひとり違う。

「意味への応答」は、部下（相手）の発言から意味をとらえて、部下の経験（ある出来事の結果部下に生じる思考、感情、行動）とのつながりを明確化し、フィードバックすることである。

その結果、部下は自分で自分（の行動や考え方）を評価し直し、新たな価値観、信条を見つけることができる。決して、上司は「〜すべき」「〜が良い」などとのサジェスチョンはしない。

もし仮に、部下が「僕も、お中元やお歳暮を贈らなくては」と言った場合であっても、

> 職長：そうか、君もＡ君と同じく、お中元を贈りたいのか。

と少し残念そうに無理しても同意すべきである。そうすると、また部下は別のリアクションを示すかもしれない。示さないかもしれない。

いずれにしろ、コーチングではコーチは自分の考えを押しつけてはならない。ただし、「職長はどう思いますか」「職長はどうしていますか」と訊かれたら、自分の考え等を伝えるのは問題ない。

（5）コーチングで使う気づきを引き出す質問法

コーチングは、相手に気づかせることが重要であるので、質問もできるだけ気づきを引き出す開かれた質問が良い。「気づき」とは、意識にない情報を、無意識のレベルから探り当てた状態のことである。その発見を邪魔するものが、周りからの過剰な情報や押付けである。気づかせるための質問は、場合によれば攻撃的な質問になりかねないので注意すること。また、質問するときは間を置きながら、相手が記憶をたどり気がつくのを待つようにゆっくりと情報を引き出すようにする。

質問法	例
相手が省略している言葉を訊ねる	ハッキリしないというのは誰にとってハッキリしないのですか。 「前記の職長：くやしいという感じか」がこれにあたる。
言葉の意味を訊ねる	柔軟な対応というのは、例えばどのようなことをいうのですか。 「前記の職長：正直に生きたいということか」がこれに該当する。
判断基準を訊ねる	何をもって、〜に自信がないと判断しているのですか。
一般化していることを具体化する	皆とは誰のことを指すのですか。
相手に考えさせる（開かれた質問をする）	相手が「上司とうまくいかないのです」と切り出したら、「それはなぜですか」と聞くのではなく、「うまくいかないことにあなたはどう思っているのですか」と問い返す。相手が話し始めたら、その流れに沿って話を聞くこと。自分の知りたいと思う方向への質問をして相手の邪魔をしないこと。「前記の上司：そうか、絶交したいと思うほど腹が立ったんだ」がこれに該当する。

（6）沈黙を恐れない

　質問をしたら、その後は黙って相手の答えを待つ。ただしすぐに答えが返って来ず沈黙してしまう場合がある。その場合、沈黙の理由が何なのかを考える。沈黙の理由としては次の4点が考えられる。
① 質問の意味が分からず答えられない。
② 質問の答えを探している。
③ 見つかった答えを、どういえば伝わるかを考えている。
④ 答えは分かっているが、何らかの理由でそれを口にしたくない。
　いずれにしろ相手の沈黙を恐れないことが肝要。ラポールを築くことができれば沈黙は怖くない。相手も居心地が悪い。我慢して待てば、相手は自然に話し始める。そうすれば、おのずと沈黙の意味が分かってくる。

（7）沈黙を待つための方策

　沈黙が待てない理由の一つに、前述したように「人間の話す速さは、聞く速さよりはるかに遅い」ことがあげられる。このことが、相手が話しているときに、余計なことを考え、会話に集中できないばかりか、相手にもそのことが気づかれる。したがって、相手の話を聞きながら、次の4点について話題を集中するのが良い。

① 話の方向性を確認する…今後の対策について話したいということですね。
② 相手の論拠を検証する…なぜそう思うのか、具体的に話してくれますか。
③ 論点を整理する…ちょっと整理してみましょう。つまり、〜ということですね。
④ 非言語的コミュニケーションの背景を知る…表情や身体の動きなどを観察し、相手が心理的にどういう状態にあるかを察知する。

第Ⅶ編 危険体感訓練（教育）について

第Ⅶ編　危険体感訓練（教育）について

　昨今「危険体感訓練（教育）」もしくは危険を安全に体感するという意味で「安全体感訓練（教育）」を自社内施設あるいは、有料の危険体感訓練（教育）機関、施設に従業員を送り込んで行っている企業が増えている。

　本書の第Ⅳ編までは、どちらかといえば、紙とテキストと映像による教育の仕方を基本に述べてきた。

　しかしながら、「百聞は一見に如かず」「百見は一技（体験）に如かず」という諺があるとおり、聞いて、見て、触れて、体験しなければ分からない・身に付かないことが多い。いくら名調子の講義であっても実体験には負けてしまうことがある。

　しかし、その実体験で災害や事故を起こしてしまったら、当然安全衛生教育にはならない。

　そこで、擬似的に危険を体験する危険体感訓練（教育）が考案されたのであるが、単なる一時的かつ衝撃的な体験に留まり、労働者の実質的な安全態度の向上につながらないような危険体感訓練（教育）の実施には注意しなければならないことがある。あるべき望ましい危険体感訓練（教育）の仕方を以下に述べる。

1．危険体感訓練（教育）の現状

　インターネットで検索すると多数の体感研修機関が存在している。自社で行えない場合これらの機関を利用するのであるが、費用対効果を考えるとその選定はなかなか難しい。体感訓練（教育）の内容も建設業、運輸業、製造業等にそれぞれあった危険体感ができるようになっている。その内容の概要を紹介する。

① 高所危険体感
・安全帯ぶら下がり体感（1本吊りおよびハーネスタイプ吊り）
・安全帯衝撃体感（ランヤードの長さ＋15cm、30cmで落下。同上）
・5m墜落衝撃体感（人間と同型、同体重のマネキンの墜落）
・安全ネットによる墜落衝撃体感（実際に1mから高さを変えて本人が体

感)
- 飛来・落下危険体感（5m上方から落下したハンマーの衝撃荷重の大きさを体感。ヘルメット等が壊れる）
- ハシゴ作業体験、脚立作業体験

② 電気危険体感
- 低圧電気危険体感
- モータ漏電危険体感
- たこ足配線・過電流危険体感
- 手持ち電気工具感電体感
- 静電気火災爆発危険体感
- トラッキング現象の危険体感
- 高圧線近接接近危険体感
- 残留電荷危険体感

③ 回転体危険体感
- 稼働設備清掃巻き込まれ危険体感
- 回転体巻き込まれ強さ体感
- Vベルト・ローラー・チェーン等巻き込まれ危険体感
- ドリル巻き込まれ危険体感

④ 玉掛け作業危険体感
- つり荷落下体験（一本吊りによるワイヤ切断）
- つり荷落下危険体感（当て物不備によるワイヤ切断）
- 手・指挟まれ危険体感
- 荷振れ衝突され危険体感（重心移動）

⑤ 空圧危険体感
- センサー誤検知の危険体感
- 空気残圧の危険体感
- 空気力の危険体感

⑥ 油圧危険体感
- 油圧ホース破損の危険体感
- 油圧残圧の危険体感

- 油圧力の危険体感
⑦ ガス・酸欠危険体感
- ガス・酸欠の危険性の体感（空気呼吸器を装着し煙の充満した部屋での救出作業を体感）
- ガスの特性危険体感（ガスの比重によりガス溜まりができ、中毒する危険）
- 呼吸用保護具の不正使用による危険体感
⑧ 荷役運搬機械危険体感
- ベルトコンベア、スクリューコンベア等運搬機械等の保守・点検時危険体感
- クレーン、移動式クレーンのつり荷による挟まれ、つり荷の落下、移動式クレーンの過荷重による重心移動等の危険体感
- フォークリフトの走行時の機材の落下、足の轢かれ危険体感

等々、それは数多くある。ただし、募集案内には「ロボットや機械・車輌・道具等を使って『危険とは何か？』『ルールを守るとはどういうことか』など、安全の大切さを"からだ全体"で感じていただく」「考えて、さわって、動かしてみて、災害の怖さを体験し、考えていただく『体験教育』と、見て、聞いて、感じて、災害の怖さを体感する『体感教育』により、安全への感性を高める」「疑似体験により、災害の恐さと安全行動の重要性を教育します」「危険を肌で体感！"怖さ"を理解させるとともに、『何が危ないのか』を考える力を育成します」等々であった。

パンフレットなので、舌足らずなのかもしれないが、その多くは後述する「危険感受性」の強化に力点に置いているようである。「危険敢行性」を防ぐ手立てに言及している施設、教育機関は見当たらなかった。

また、同じく募集・案内チラシで見る限り、危険体感教育としているのが7～8割であった。危険体感訓練と記載しているのは少数であった。

2. 訓練か教育か

　なお、本論に入る前に、なぜ筆者が、巷で主流の表記である「危険体感教育」とせず、「危険体感訓練（教育）」と訓練を前に置き教育をカッコ書きにしているかの理由を述べる。

（1）避難訓練はあるが避難教育はない

　筆者が訓練と教育の違いに意識をとめたのは、避難訓練といういい方はするが、避難教育といういい方はせず、同様に危険予知訓練とはいうが危険予知教育とはいわない。これと何らかの関係があるのではないか、と疑問に思い大辞林で調べてみた。

　「訓練」：①あることについて教え、それがうまくできるように技術的・身体的練習を継続的に行わせること。〈職業訓練所〉②児童・生徒に直接働きかけ、目標に到達できるまで継続的に行わせること。③ある事を習熟させるため、実際にそれをやらせること。〈実地訓練〉〈訓練生〉

　「教育」：他人に対して、意図的な働きかけを行うことによって、その人間を望ましい方向へ変化させること。広義には、人間形成に作用するすべての精神的影響をいう。その活動が行われる場により、家庭教育・学校教育・社会教育に大別される。〈子供を教育する〉〈義務教育〉〈教育のある人〉

　どうも明確には分かりにくいのであるが、「訓練」は技術的、身体的な練習行為という技術的・技能的な教育のこと、そして「教育」は「技能＝技術的・技能的教育や対策」も含めたもっと広い概念のようである。辞典的には教育は訓練をも含む広い概念であるらしいということが分かったが、どうして避難教育、危険予知教育といわないかについては、辞典的説明では不明のままである。

　そこで筆者は次のように考えた。第Ⅵ編2（6）コーチングの前提のところで述べたように「心を入れ替えろ！」というが、心は入れ替えられない構造となっている。この「人の心」「感情」「感性」に関係するのではないかと考えた。

（2）危険の認識や感覚は個人毎に異なり、教育しても原則変わらない

　人間の恐怖感（危険感受性）、恐怖感に打ち勝ってでもあえてトライする感情（危険敢行性）は、人それぞれ千差万別である。そしてこれらの感性や感情は、教育ではなく訓練すれば若干変わるという程度のものである。恐がり症の人を一定程度訓練すれば、バンジージャンプや落下傘降下ができるかもしれないが、多くの場合進んで行うようにはならない。その逆に、豪放磊落（らいらく）で怖いもの知らずの人に、細心の注意を払って危険予知を行ってやれといっても、教育ではなくある程度痛い思い（実体験）をしてもらわないと、すんなり腑に落ちた行動をとれないものである。

　危険に対する感受性、敢行性は各人で異なり、それは言って聞かせやらせてみてという教育の方法ではなく、ある程度感性や感覚に訴えかけ、覚えさせる訓練でしか変更できないのではないかと考える。

（3）脳の情報処理と教育の関係

　筆者は、うっかり・ボンヤリ、錯覚、危険感受性、危険敢行性等は脳の働きからくると考えている。

　私たちの脳はいろいろな情報を処理した上で何らかの操作を行う。図表7－1のとおり、まず五感で情報を脳に入力する。その情報は過去の経験等で前処理されノイズとか不要と判断されれば、その段階で何らかの処理（主に不必要という処理）が行われる。この前処理の段階でも、先入観とか習慣等でのエラーを起こす可能性がある。

　次に必要とされた情報について、長期記憶等と照合し一定の判断を行う。この段階で、照合しない、判断しない等のエラーを起こす可能性が生ずる。

　判断の後、実行すべきかどうか決心をするが、ここでもエラーを起こす可能性がある。決心したあと実際に操作という行動を起こすが、ここでも操作しない、不適切な操作等のエラーを起こす可能性がある。そして、感覚で受容してから操作までの時間は 10^{15}bit/s 程度の瞬時なので、一般に教育でこのエラーを矯正することはできないといわれている。

2. 訓練か教育か

図表7-1　情報処理プロセスにおけるエラー誘発要因

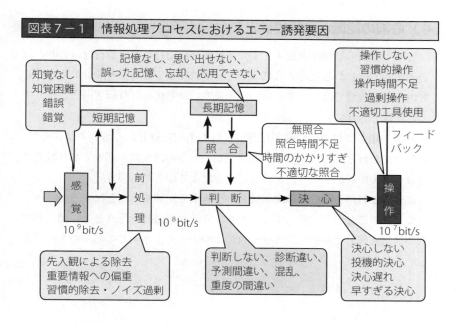

（黒田勲「ヒューマン・ファクターを探る」）

　このエラーを一般にヒューマンエラーというが、前記のようにヒューマンエラーの防止対策は教育ではなく、別途ヒューマンエラー対策が必要であるという根拠になっている。知識不足は知識教育で、経験不足は技能教育で、そして躾等は態度教育で対応するが、ヒューマンエラーは教育ではなくヒューマンエラー対策で対応しなければ、災害は防止できないのである（図表7-2）。

図表7-2　不安全行動とその対応

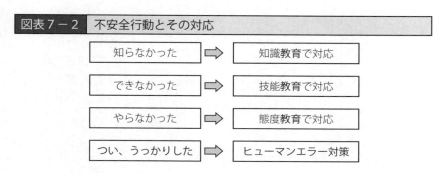

（4）危険の認識、敢行性はどこからくるのか

　危険の認識の処理は図表7－1の前処理判断で行われ、敢行性は判断と決心の段階で行われると考えられるが、いずれにしてもヒューマンエラーの範囲内であり教育では対応できない。訓練でしか強化したり研ぎ澄ましたりすることはできない。

　危険予知も同じで、危険予知訓練、危険予知活動という言い方はするが、危険予知教育といわないのも、危険予知というのは人間の感性であり教育ではなく訓練で対応すべきだという考え方によるからだと思う。

　よってこれからは危険体感訓練という言葉で記述することにする。

　またこのことから、後述するとおり、危険体感訓練を行うときには、必ず脳の情報処理とヒューマンエラー対策についても、説明しておくことが望ましいのである。

3. 危険体感訓練が必要となった背景と課題

(1) 取り巻く環境の変化

① ノウハウの継承がうまくできていない

　安衛法令が改正され、リスクアセスメントや労働安全衛生マネジメントが普及しつつあるも労働災害の減少は鈍化している。その理由の一つに、安全衛生や労働災害防止について経験豊富な労働者が減少し、安全衛生のノウハウがきちんと継承されてないという問題がある。

② 労働災害に対する経験不足

　労働災害が多発していた時代では、災害は決して他人事とはいえない深刻な出来事であったのが、発生件数の減少に伴い災害に直面するという経験自体が稀なことになり、それが労働者の危険に対する感受性を鈍化させているという問題がある。

③ 社会全体の安全化により、学校教育時代にゲームなどを通じてバーチャルな空間での格闘競技は経験しているものの、実際にケガをする等の危険との遭遇、経験を有しないまま育ってきた。そのために現場の危険を知識として理解しているつもりでも、具体的・実践的に把握することが困難な労働者が増加している。

④ 指差し呼称、朝礼といった安全対策の実施取組みが浸透してくると、少しずつマンネリ化し、次第に何のために行っているのかの意義が忘れられてしまう危険性が増加する。それを防ぐためにヒヤリ・ハット報告・対策会議と作業手順見直し・改善会議等を行っている企業もあるが、しかしマニュアルとテーブルを囲んでのミーティングとなりがちで、果たして、これだけで安全に対する意識を向上させることが可能かという、疑問をもつ企業もあらわれている。

　また、②③のような状態の労働者に、危険予知訓練をしようにも何が危険かが分からない、リスクアセスメントを行うにしても危険源が指摘できないという状況にある。

⑤ 作業環境や設備の安全化が進展してさらに労働災害が減少することに加え、機械等のブラックボックス（Ｂ・Ｂ）化に伴い、危険要因の潜在化が進み、労働者にとって何が危険なのか、どうなれば危険なのかが直感的に分かりにくくなっているという問題が指摘されている。

⑥ 設備や環境・作業方法が次第に改善され、さらなる安全化が図られ着実に成果を上げているものの、これら安全化の進展に対して、本質的に大きく変わらない人間としての特性との間にミス・マッチが生じ、従来では想定できなかった新たな災害原因を生み出してしまう、といった矛盾も懸念されている。

⑦ テキストやマニュアルによる安全衛生教育が多く、作業を一般化し、広く情報を共有することでは大変優れているが、その中身は文字・写真といった視覚に限られるという弱点があり、ビジュアル化や動画化するにしても限界がある。

こうしたことから、知識・技能・技術・経験など様々な側面において、これまで以上に労働者自身の資質向上に対する要求は高まっており、それを実現するための安全衛生教育の手法の高度化が求められるようになってきた。

（２）コンピュータによるバーチャル体験教育と疑似体験教育の実施

コンピュータ技術の進展と普及に伴い、安全衛生教育手法に変化を生じさせたのがシミュレーションによるバーチャル体験である。

この最たるものが、飛行機のパイロット養成のためのコクピット（操縦席）の操縦シミュレーション装置である。これを建設作業や自動車運転さらにフォークリフトや車両系建設機械の操縦にまでバーチャル化し、体験できるようにした。さらに発展させたものとして中央労働災害防止協会では「３Ｄシアター」をつくり、労働災害を再現させたが、維持管理に相当の費用がかかったため、事業仕分けの際に廃止となった。

そこで、シミュレーションによるバーチャル体験に代えて、実際にダミー（人形）やこんにゃく入り軍手、竹の棒などを使用した簡易な疑似災害を実体験する、それ程費用のかからない疑似危険体感訓練が考案された。

（3）危険体験訓練の目的と諸課題

　危険体感訓練の主な目的は、職場に存在する様々な危険を具体的に示し、「見て、聞いて、感じる」という人間の基本的働きを通じて直感的な理解を促進し、危険感受性を高めることにある。座学による講義法ではなく、経験・体験として感じとる「体感（実技教育）」が中心的な柱となる。単なる知識としてではなく、体験・経験を通じて感じとり考え類推（イメージ）することにより、経験不足を補い、安全意識の向上を図るとともに、安全技能の伝承にも効果を発揮するものとして期待されている。

　しかし次のような諸課題も指摘されている。

① 指導方法や教育内容によっては、体験型教育を実施することにより、後述するように、危険敢行行動をとることがあり、受講者の不安全行動を助長することにつながりかねない側面もあり、慎重な対応が必要となる。
② 効果音などに驚いてしまい、災害そのものへの注意がそれてしまう。
③ 順番に体験するため、待っている間に目で体験しすぎて、効果が薄れる。
④ 単に「体験者を驚かせる」「恐怖心を植えつける」といった内容に傾倒し、本来の安全教育という目的とそぐわない内容になってしまう。もし恐怖心だけを求めるなら、遊園地のジェットコースター等の絶叫マシンに乗ればよいのである。
⑤ 体験者が「実際には現場ではこのような危険が生じることがない」とか「自分はこんな状態に陥ることはないから大丈夫だ」などと自分とは切り離して考えてしまうと、安全教育としての疑似体験の意義そのものが失われることになる。

　　　　　　　（中村隆宏「安全教育における擬似的な危険体感の効果と課題」参考）

4. 危険補償行動と危険感受性・危険敢行性

(1) 危険補償行動

　危険補償行動とは、Wilde G．J．S(1974)によって提唱された概念である。「ある対策をとることで得られる安全面でのプラスの効果を、運転者がより危険な行動をとることで相殺する傾向」を指すということである。

　危険補償理論では、個々人は自分なりの「受容可能なリスクレベル」を持っており、周囲の状況や環境の変化に応じて自らの行動を変化させ、このリスクレベルを一定に保とう（補償しよう）とする傾向があるということである。

　例えば、高速道路の追い越し車線で車間距離を異常に狭めて走る「高速追従走行」時の、後車のドライバーの心理状態を考える。この場合、「ドライバーは速く行きたいことを重視しており、追突の危険性を感じながらも接近追従走行を行っている」（田中聖人「高速追従走行時の危険補償行動の評価」）と考えることができる。「現実には、前車が突然にしかも急激に減速することはほとんど無く、接近追従走行が追突事故に至る確率は極めて小さいが、ドライバーは危険を感じながら接近走行をしていることにより、そこには危険を補償するような行動」例えば、「前車に注意を集中させ」つつ「走行位置を横にずらして前方の状況を把握する」、ブレーキランプと自車のブレーキペダルの反応を、スピードと車間距離の関係で変更する等の行為を行うことである。

　一般的に何らかの安全対策を実施してその作業のリスクレベルが下がっても、その現場で作業に従事する労働者が対策実施前の同一のリスクレベルを保とうとすれば、以前よりも不安全な行動をとる等の「補償」を行うというのである。

　高速追従走行でいえば、スピードが遅くなればそれだけ車間距離が短くなったり、ブレーキを踏むタイミングが遅れるということである。

　もし単なる一過性の衝撃的な体験をさせるだけの教育内容にとどまれば、この危険補償行動の理論からすると、次のような事態が懸念される。

① 通常では経験しないような特殊な教育（特に技能訓練）を受ける。
② 教育を受けることで自らの技能や能力への信頼感が高まる。
③ 高まった信頼感によって、ある危険事態でのリスクを低く評価する傾向が強まる。
④ その結果、教育を受ける以前には受け入れなかったようなリスクでも受け入れ、危険敢行行動をとるようになる（図表7－3参照）。

図表7－3　教育による副作用（危険補償行動）

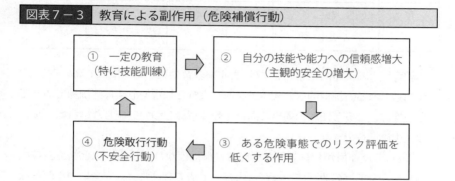

「すなわち、教育や訓練の効果としての災害の減少あるいは増加は、最終的には、教育効果と危険補償行動の大きさとのバランスで決定されることになる。教育効果の有無と危険補償行動の大きさの関係については、図表7－4に示すⅠ～Ⅴのパターンが想定できる。

Ⅰが最も理想的であるが、ⅡおよびⅣでは、時間と労力の無駄でしかない。ⅢおよびⅤでは、教育を行うほど事故率が高まるという皮肉な結果になってしまう。」（参考「危険体感教育テキスト＜講師用＞平成23年度」（社）日本労働安全衛生コンサルタント会）

図表7-4　教育効果の有無と危険補償行動の大きさの関係

パターン	教育効果	危険補償行動	事故発生率の変化
Ⅰ	あり	なし	教育効果に見合うだけ低下
Ⅱ	あり	あり	一定
Ⅲ	あり	教育効果を上回る	増大
Ⅳ	なし	なし	一定
Ⅴ	なし	あり	増大

　教育による災害防止を図るには、まず「教育効果を如何にして高めるか？」が問題となる。擬似的な危険体験を取り入れた教育や危険体感訓練であっても同様に、こうした教育効果の向上を強く意識しつつ実施しなければ、災害の減少は期待できない。

　「教育の反作用が教育効果を上回る（自信ばかりがつく）ことなく、技能向上や安全態度の改善につながる内容・手法でなければ、安全につながらない。実質的な技能向上や安全態度の改善が達成される一方で、自分の能力に対する主観的評価は低下しているような教育となることが最も望ましい。」（「危険体感教育テキスト」）

　実はこのことが危険体感訓練で一番難しい課題であり、多くの危険体感教育実施機関がしっかりと取り組めていないところでもある。

　筆者は、第一には受講者の予想を上回るはるかに高い水準の技能を提示する。もう一つは、自分の能力だけでは回避しようのない危険事態を深く理解する、あるいは予測（推測）することで一定程度取り組めるのではないかと考える。これが後述する「イメージ・トレーニング」と「継続的なイメージの連鎖」である。そのために、前述したコーチングの手法を駆使して本人にイメージさせることが重要である。

（2）危険感受性と危険敢行性

　危険感受性とは、「どの程度危険に敏感か」という指標のことであり、感受性が高ければ危険に対して敏感で、感受性が低ければ危険に対して鈍感、

4．危険補償行動と危険感受性・危険敢行性

ということになる。

　危険敢行性とは、「どの程度危険を受け入れようとするのか」の指標であり、「受容可能なリスクレベル」に関する概念である。敢行性が高ければ、危険だと分かっていても敢えてその危険に飛び込む傾向が強く、敢行性が低ければ危険を避ける傾向が強い。

　簡単にいえば練習して慣れてくると「怖さ＝危険感受性」を感じなくなり、逆に自信がついてこれくらいなら大丈夫と思い危険敢行性が高まる。

　この「危険感受性」と「危険敢行性」の二つの指標を組み合わせれば、一般的に「安全な」あるいは「不安全な」とみなされる行動は、大きく図表7－5の4つのタイプに分けることができる。

図表7－5　危険感受性と危険敢行性の次元危険敢行性

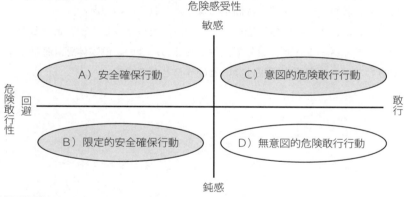

《補足説明》
A）安全確保行動：危険感受性が高く、危険敢行性が低いタイプ。危険を敏感に感じ、その危険をできるだけ回避する傾向が強い。
B）限定的安全確保行動：危険感受性、危険敢行性ともに低いタイプ。危険に鈍感だが、基本的に危険を回避する傾向があるため結果として安全が確保される確率が高い。初心者に多い。通常では危険を免れ得るが、状況の危険に対応して回避しているわけではないため、特殊な危険事態や複雑な状況には対応しきれない。
C）意図的危険敢行行動：危険感受性、危険敢行性ともに高いタイプ。危険を敏感に感じ取っていても敢えてその危険を避けようとせず、危険事態に入り込んでいく。
D）無意図的危険敢行行動：危険感受性が低く、危険敢行性が高いタイプ。危険に対応して鈍感であり、かつ危険を避けようとしない。

出典：蓮花一己「交通危険学－運転者教育と無事故運転者のために－」

すなわち、危険感受性が低い労働者に対してどれほど気を付けるように指示しても、何が危険なのかが分からないままでは、当人にとっては気を付けようがない。

　一方、危険敢行性が高い労働者に対して、安全に作業するようにと指示しても、当人は危険を十分承知の上で危険を受け入れ行為するのだから、単なる口頭での指示がどの程度効果的かは疑問である。加えて、そうした不安全行動によって「作業が効率的にできる」「手間が省ける」「安価にできる」「（彼女に）かっこよいと思われる」などの利得につながる背景要因があると、さらに危険敢行行動を高める原因となることも多い。

　すなわち、単に「安全に」と指示する場合でも、それが危険感受性の問題なのか危険敢行性の問題なのかを区別する必要がある。

　そして、この危険感受性も危険敢行性も個人の人格・性格等に深く関わっていて、教育という手段では簡単には変えられないのである。

　とすれば、多少痛い目に遭ったり怖い目に遭ったりした後、どうしたらよいのかをイメージさせ、自分で気付かせるしかない。危険体感訓練はそこまで行わなければ費用対効果はないということができる。

5. イメージ・トレーニングについて

（1）擬似的な体験に基づくイメージの形成

　　危険体感訓練の体験科目・道具・機械等は、日常使用している機械や作業とあまりかけ離れていてはイメージがわかず、単なる「面白い経験をした」「ちょっと怖い経験をした」で終わり、日常の作業の安全対策につながらない。

　　したがって、危険体感訓練での作業、道具、機械等は現在の作業とある程度関係したものであることが必要である。しかしながら、リスクを排除したいわばリアリティがある程度犠牲にされたものにならざるを得ない。その場合、このリアリティの欠如を何らかの形で補うことが必要となる。

　　「危険体験」と称されていてもあくまでも擬似的で作為的に生起させられた事象は、実際には体験者に危害を及ぼすものではないはずである。しかし、そこから更に踏み込んで、擬似的な体験と実際の作業場面における経験との結びつきを促すことができれば、疑似体験のリアリティの欠如を補う手がかりを得ることができそうである。具体的にはコーチングの気づきを引きだす質問法や感情への応答例等の手法を使う。

図表7-6　気づきを引きだす質問例

- これまでの現場作業の中で、似たような体験をしたことはありませんか？
- （ロールに挟まれる体験で）実際の作業ではどれくらいの力でどれくらいのスピードで引き込まれると思いますか？　その場合あなたならどう対応しますか？
- 似たような状況下で同じような要因がそろった場合、実際の作業現場ではどのような事態になると思いますか？
- （巻き込まれの体験をした後に）実際の作業現場で類似した危険が生ずるとすれば、どのような状況のときだと思いますか。
- そうした事態に巻き込まれることはない、と断言できますか？

（2）関連づけのイメージから災害発生のイメージへ

次に、（1）で疑似体験のリアリティの欠如を補うことができたとしても、これでは単に災害の発生過程を把握しようとするに留まっている。

したがって次の段階では、実際場面での危険事態が生じる可能性がある場合に、もう一歩踏み込んで、どのような災害防止の方策が選択可能かについて検討すべきである。具体的には、体験者に対して以下のような問いかけをすることが効果的である。

図表7－7　体験者への質問例
・想定される危険事態を事前に察知できるような手がかりはありますか？ あるとすればどのようなものですか？ ・そのような危険事態に陥らないためには、どのような回避行動が必要ですか？ ・実際にそれらの回避行動をとることは可能ですか？ ・どの時点までにそれらの回避行動をとれば、災害を防止できると思いますか？ ・危険事態への対処方法が作業効率や作業コストに及ぼす影響はどの程度だと思いますか？ ・それらの対処方法は現実的なものですか？

こうした問いかけに対する答えは、体験者のイメージに基づくものかもしれないが、その対象は擬似的な体験内容を離れ、自分の現場での作業内容に移行している。むしろそのイメージを膨らませることによって幅広い展開も期待できるのである（グループ討議やカウンセリングへと発展させることも可能である。）。

このような一連のイメージ・トレーニングを行うことによって、擬似的な体験では避けられなかったリアリティの欠如を補いつつ、体験者は実際の現場作業に有用かつ実践的な知識を習得することが可能となり、災害の危険性に対する準備性を整えることができるようになると期待される。

以上、実技での疑似体験からイメージの形成を促し、問いかけやグループ討議等で災害の背景要因と災害防止対策について検討するに至るプロセスについて整理すると図表7－8のとおりとなる。

5. イメージ・トレーニングについて

図表7－8	危険体感教育プロセス

① 擬似的な体験内容と実際の作業現場での経験・体験を結びつける
② 実際場面で起こりうる災害の発生原因や発生過程を具体的に、詳細に、イメージする
③ 災害防止のための回避行動や対処の方策について検討し、今後の現場作業への展開方法を検討する

(中村隆宏「安全教育における擬似的な危険体験の効果と課題」)

　この段階までが教習機関や社内危険体感訓練において実施して欲しい事項であるが、一部の機関では時間の関係もあるのかもしれないが、単に疑似体験させて「面白かった」「怖かった」「こんなことはつくりごと」などの感想しか与えないことに終わっているのは残念である。

(3) 継続的なイメージの連鎖（H・Hの活用とRA）

　危険体感訓練を修了してそれで終わり、としない事が大事である。実際の現場での作業においてヒヤリ・ハットがあった場合に図表7－8の①～③のイメージを膨らます作業を小集団のグループ討議で行うのである。ヒヤリ・ハット事案はおそらく無数あるので、常にこのイメージ・トレーニングを繰り返すことにより、長期にわたり労働者としての資質向上を図ることができるようになると思われる。
　そしてできれば、このヒヤリ・ハットによるイメージ・トレーニングにリスクアセスメントを取り入れれば、災害防止対策についてPDCAを回すことができ、安全衛生管理体制の飛躍的充実が図られると考えられる。

6．効果的な危険体感訓練をするために

（1）実施する上での留意事項

① 実技教育は、実際の現場作業と密接に関連する現実的な内容であること。
② 実技教育を実施するための条件・設備・手順等について予め安全性を検証し、実施方法を定めること。また、定められた実施方法に基づいて実技教育を実施すること。
③ 方法、内容、手順等を変更する際には安全性について再度検証を行い、定められた実施方法に反映すること。
④ より効果的な教育を追求しようとして過度な内容へとエスカレートする場合があるが、過度な体験は実技教育実施の際の安全性を脅かすばかりではなく、教育効果を著しく低下させる。教育における「体験」の意義と位置づけを明確にした上で、全体の構成を工夫すること。
⑤ 実技教育を通じた体験そのものは教育の目的ではなく、あくまで教育の一手段である。一過性の体験に留まることなく、「体感を通じて何を学ぶのか」という教育の目的を明確にし、常に意識して取組むこと。
⑥ 危険感受性向上とともに、危険敢行性の低下を実現する教育内容・指導方法に配慮すること。
⑦ 体験者の想像力を刺激し、自発的な「気付き」を促す教育内容・指導方法に配慮すること。
⑧ 危険補償行動に留意し、災害防止のための知識・技能の習得と安全態度の形成を促す教育内容・指導方法に配慮すること。

（「危険体感教育テキスト〈講師用〉」）

（2）指導案の作成

　自社で危険体感訓練を行う場合は、体感訓練指導員は必ず以下の内容を含む指導案を作成する必要がある。体感訓練を外部に委託する場合はできるだけイメージ・トレーニングを行う機関を選定し、帰社後のイメージ・トレー

ニングの連鎖が行える体制づくりを行ってから労働者を送り出すようにすること。

① 目的：「危険体感（見て、聞いて、感じてという基本的な働き）を通じて、直感的な理解・感覚を促し、危険感受性を高め、危険敢行性は低める。」という主旨を含める。

② 目標：「イメージ・トレーニングを行い、疑似体験から職場で起こりうる災害をイメージし、さらにその災害防止対策まで検討できるようにする。想像性を高める」という主旨を含める。

③ 手段：

- 十分に安全に配慮した（リスクレベルⅠ）疑似体験機器を使用して1班8人以内で交替で全員体感できるようにする。
- その際にリスクアセスメントの結果を踏まえた安全装置、安全対策の状況を説明する。
- 1人が体験した後、指導員は必ず、図表7－6の問を発し、イメージの回答があった後次の人に体験させる。
- 体験は2回以上行う。その際に1回目とは異なる図表7－9の体験を行わせる。その際も図表7－7の発問を行い、さらにイメージを膨らませる。
- 全員が終わった後、全員で図表7－9の確認事項の対策についてグループ討議を行う。
- グループ討議が終わったら次の疑似体験に移る。
- すべての疑似体験が終わったらアンケートを実施して、挨拶をして修了する。

もちろん、人数、体験する機械・装置、指導員の数により上記のとおりいかない場合もあるが、できるだけ上記手段の方法が採れるように社内で検討する必要がある。

図表7－9　2回目以降に行わせたい体験

体験項目	ねらい	体験方法	確認事項
死角等に関わる危険体験	・職場内には様々な死角が存在する。 ・普段は何も問題が無いとしても、人間の判断や行動によって、隠れた危険が表面化する場合もある。 ・ここでは、日常的な何気ない作業にも死角に関わる様々な危険が存在することを、諸条件が変化することによって危険の質も変化することを体感し、死角に関わる危険性に対する感受性を高める。	①操作する人の身長の違いで体感が変わるか？（作業台の高さを変える） ②立つ位置（左右）の違いで体感が変わるか？ ③作業者と装置の間に障害物の有無、程度の違いで体感が変わるか？ ④体感中他者からの声かけ等の有無・程度（携帯電話も含む）で体感が変わるか？ ⑤力の入れ方、引っ張られる力の予測（ＫＹの有無）の違いで体感が変わるか？	・どんな職場にも死角に関した様々な危険が存在する。自分の職場、機械、作業にはどのような死角があるか。 ・これらの危険は必ずしも一定ではなく、周囲の状況や、その場所にいる人間の行動により変化する。具体例はないか考える。
「見た目」等による違いの危険体験	・職場内に存在する様々な危険の中には、「見た目」だけでは正しく判断できないものもある。 ・また、短時間であれば自覚症状がなくとも、長年にわたる積み重ねによって徐々に影響が大きくなる危険もある。 ・退避の方向と距離、緊急対応時に陥りやすい危険、押すと引くとの力の差や速さの違い、等々についていろいろ経験させ、考えさせる。 ・防護具・保護具、安全装置などに関する正しい理解を促し、「自分で自分を守る」「同僚を守る」ために何が必要かを考えさせる。	①思っていた（見た目の）重量の違いで体感が変わるか。 ②思っていた（見た目の）なめらかさ（滑りやすさ）の違いで体感が変わるか。 ③思っていた（見た目の）引っ張り強さの違いで体感が変わるか。 ④思っていた（見た目の）作業の複雑さの違いで体感が変わるか。 ⑤保護具、安全装置等の有無で体感が変わるか？	・「見た目」等との違いで、事故・災害、ヒヤリ・ハットがあった事例を紹介してもらう。 ・機械とのたたかい、重量物との力比べ、衝撃の強さ。どんな対策、手段を講じたらよいか？ ・とっさの時に、自分はどんな行動をとりがちなのかを考え、どうしたらよいかも併せて考える。 ・使いやすい保護具、安全装置はどうあるべきか考える。

（3）指導案の各段階ごとの必須記載事項

※記載例を巻末に添付

① 第1段階（10分程度）
- 指導者の（自己）紹介
- 体感訓練の概要と概ねの時間
- 体験者の健康状況（ペースメーカーの有無等も含む）の確認を行う。不調者は見学か可能な機械のみでの体験とする。
- 自社あるいは自工場、自職場の災害動向（ヒヤリ・ハットも含む）、事故の型、起因別状況を明らかにする。単なる災害統計ではなく、接触災害が多い、挟まれ・巻き込まれ災害が多い等を、できるだけ、曜日、時間、経験年数等も含めて説明する。できれば体感訓練機械・器具をイメージきるようにする。

② 第2段階（30分程度）
- 危険体感訓練の目的・目標を述べる。
- ヒューマンエラーの原因と対策の概要について述べる。
- 危険感受性、危険敢行性、危険補償行動等について述べる。
- 危険体感装置の構造、コンセプト、安全対策・安全装置、リスクアセスメント結果について
- 危険体感訓練の留意事項、注意事項について

③ 第3段階（体験訓練＝実習）（180分程度）
- まず指導者が体験機械等を見せ、どういう目的の体験をしてもらうかの説明後、安全装置等の説明をする。その後体験を実演する。必要に応じて対象危険源を説明し、第1段階で説明した実際の災害事例の説明を行う。
- 1人ずつ体験させるが、1回目は感想と図表7－6の質問を投げかける（1人1問で良い）
- 2回目の体験では表7－9の体験を行った上、図表7－7の質問を投げかける。
- 最後に時間があれば、グループで図表7－9の確認事項の対策等についてリスクアセスメントや災害防止対策を検討する。

④ 第4段階（20分程度）
・自作業に戻ってから何をするのか。宿題を出す。
・質疑応答（3Kで受けてから2Kで対応する）
・感想文・アンケートの記載（15分は設ける）

　休憩を除いて4時間のカリキュラムであるが、第1段階の災害事例の説明を丁寧にするならば、第2段階で行うとして60分、またヒューマンエラー等の講義部分をしっかり行いたい、危険体感訓練装置が沢山ある場合にはそれなりの説明が必要になるので、第1段階と第2段階で合計3時間（午前中）を費やし、午後第3段階、第4段階と1日の研修にすると、筆者の経験上、かなりしっかりとした体感訓練の目的・目標が達成できたと思われる。
　なお、第2段階の多くをDVDで行っても内容が適切なら問題はない。特にヒューマンエラーの講義が難しい場合は、DVDで代行するのが良い。

（4）危険体感訓練トレーナーの養成

　自社で危険体感訓練を実施する場合は同トレーナー選任が是非とも必要である。大阪安全衛生教育センターが国内で唯一の養成機関と思われるが、残念ながら建設業関係、運輸業関係の危険体感訓練は経験できない。
　トレーナーの資格は特段定められていないが、「教えること」を知っている、RSTトレーナー、あるいは各種特別教育インストラクターが行うのが望ましい。

（5）危険体感訓練を外部に委託した場合等

・自社に体感訓練の機械・器具がなく、外部機関に委託した場合、カタログ等での説明では分からないこともあるので、必ず自社の責任者が立ち会いを行うことが望ましい。
・体感訓練が修了した者に対してアンケート[30]を実施して、危険感受性がどの程度高まったか、危険敢行性がどの程度下がったかの傾向を確認する。
・危険体感訓練の成果を継続的に維持するため、ヒヤリ・ハット報告でリス

30　記載例を巻末に添付

クアセスメントを実施する[31]、あるいはユニークで効果的な危険予知活動を行っているグループに対して表彰等を行うなど後フォロー体制を組織としてつくる

等が望まれる。なお、このことは自社での危険体感訓練でも同様の措置をすることが望ましい。

　繰り返し述べるが、危険体感訓練はコーチングの手法を使って、気付かせ、イメージさせてこそ、その効果と神髄を発揮する。そしてその感性を持続させるためには日常のヒヤリ・ハット、危険予知活動、リスクアセスメントの実施が求められている。

31　詳しくは（「ＲＡに生かすＨＨ報告」第一線監督者のための安全衛生ノート　労働新聞社　2010.7　拙稿）参照のこと。

第Ⅷ編

プレゼンテーション用の教材の作り方

1．教材の準備

　指導案ができれば、どこでどんな教材や事例を使ったら良いかが明らかになる。教材としてはテキストがメインとなる。法令、通達等で求められている安全衛生教育には基本的に中央労働災害防止協会でテキストを発行している。このテキストは厚生労働省で示したカリキュラムに沿った章立てとなっているので、講師の方も利用しやすい。ただし、どの産業や職種にも共通的な観点で編集されているので、自社の安全衛生教育には「帯に短し、たすきに長し」の感が否めない。長い部分はカットして説明すれば良いが、短い部分についてはできるだけ身近なところから題材を拾った自家製のものを追加することが望ましい。

　特に安全衛生教育の効果を上げるためには、単にテキストを通読したり受講者に輪読させるだけでなく、ＰＰＴやＤＶＤなどを利用した視聴覚教材で補足する教育が、興味をわかせるし、理解度を高めることができる。また、記憶保持のためにも有効である。この方法によると、そうでない場合に比べ１/12の学習時間で同じ事柄を習得させることができるといわれている（野原石松「安全衛生教育のすすめ方」）。

　最近では、プレゼンテーションの場合に用いられるツールとして、そのほとんどが視覚に訴えるものが多い。しかし、プレゼンテーションにしろ講義にしろ、主題は話し手による話の内容であり、プレゼンテーション・ツールはそれを補完する道具であるということを理解しておかねば、例えば「セミの講師」のように道具に使われる事態となってしまう。

　代表的なプレゼンテーション・ツールは図表８－１のとおりであるが、いずれも利点と欠点があり、これさえ使えばうまく行く、という万能のツールはない。目的と場面にあった道具を選択することが肝要である。

1. 教材の準備

図表8－1　代表的なプレゼンテーション・ツール

種類	方法	利点	欠点
レジュメ	配布	・記録に残る ・誤解の出る余地がない ・細かい内容も正確に伝えられる	・多すぎると逆効果 ・聞き手が読むことで、あるいは結論を見て安心し、話を聴いてくれない場合がある
実物資料 （サンプル）	配布 提示	・インパクトがある ・聞き手の興味を惹きやすい ・容易に理解しやすい	・実物のインパクトが強すぎて、話に注意が行かないことがある
PPT	提示 配布	・大会場向き ・反復使用しやすく変更も容易 ・要点を分かりやすく提示できる	・長時間にわたると冗長になる危険がある ・画面が主役で話し手がかすむことも
書画カメラ （OHC）	提示	・小さなサンプルを全体提示できる ・インパクトがある	・操作タイミング（切り替え）が難しい ・スクリーンが一般に暗く、カラーもくすんで見える
ホワイトボード	提示	・特別な技能が不要 ・即時性があり、ライブ感がでる	・顧客や上司相手には原則的に不可（失礼にあたることがある）
映像メディア （VTR／DVD等）	提示	・動画や音声などを組み合わせて強くアピールできる	・話と組み合わせにくい
ポスター／パネル	提示	・美しく作ることで好印象を得られる ・聞き手にとって親しみやすい	・大会場には不向き ・提示の仕方に制限がある

（大島武「プレゼンテーション概論」参考）

2．主要なツールの特性

（1）テキストの特性と使用法

① テキストの特性
  ⅰ）テキストは、伝統的に教材の中心である。
  ⅱ）基本的な資料であって、受講者に対して必要な知識、技能の供給源となる。
  ⅲ）テキストには、一般に、図表、写真、絵、統計など必要なものが説明されているから、講師の労力が大変省ける。ただし統計関係は古くなると陳腐化するので、PPT資料等で最新のものを補足する必要がある。
  ⅳ）講師が複数となった際、指導内容と進度の統制が図りやすい（私は○○ページまで、あなたは△△ページから終わりまで、等々）。
  ⅴ）一般に、テキストはよく検討して作られているから、試行錯誤が起こりにくい（ただし、自分の見解と異なる場合は、その違いをキチッと説明する必要がある）。
  ⅵ）予習・復習ができるため、受講者の理解度を早めるとともに、積極的にさせる。
  ⅶ）「記憶は、思考によって再生される」といわれるように、忘れていても後日思い出す資料となる。

② テキスト使用上の留意点
  ⅰ）指導案を作る際は、テキストの主旨を、受講者の能力に合わせたものにすることが大切である。
  ⅱ）黙読・音読することは、国語力の向上につながる。
  ⅲ）テキストの解説には、質問・発問などによって、受講者の理解と応用力を試しつつ進めることが大切である。

（2）レジュメ

　聞き手の一人ひとりに配る資料は、記録・証拠として残るという大きなメリットがある。重要なポイントをプリントの形で配布すると、「確かに伝えたよ」いう証拠になるし、聞き手も「こういう話だったな」と確認したり、思い出したりしやすい、記憶の保持にも役にたつ。

　ただし、あまり精緻で行き届いた資料を渡すと、聞き手は逆に「必要な情報は全てそろった」と安心してしまい、話に集中してくれなくなる場合もある。そこで一般的には、話の柱だけを記したレジュメと参考資料を組み合わせたものを配布することが多い（詳細な資料を渡したい場合は、講義の最後に配布するのが良い）。（以上、大島武「プレゼンテーション概論」参考）

　なお、レジュメの項目の順序を無視したプレゼンテーションは混乱を与えるので、レジュメは話す順序に沿って項目を立てることが大切である。

（3）実物資料

　呼吸用保護具、測定器、機械や装置、サンプル（試供品）を目の前で実演してみせたり作動させてみたりすることは、説得力を高めるうえで、非常に有効である。実物を見せることで、視覚・聴覚以外の聞き手の感覚（＝嗅覚・触覚・味覚）に訴えることも期待できる。

　実物を提示・配布するデメリットはあまりないが、強いていえば、そのモノに頼りすぎ、話が疎かになったり、受講者が実物に興味を持ちすぎて話をよく聴かないことがあるので気を付ける必要がある。（以上、大島武「プレゼンテーション概論」参考）

　なお、実物を摸した、「標本、模型」は、直接的、立体的であることから理解促進に効果がある。また分解や稼働できる模型は、受講者の理解力を容易にするのに役立つ。

（4）パソコン（PC）

　プロジェクターを併用し、大画面で提示するのが一般的である。機器やソフトの改善・発達によって、豊かな表現効果が可能となった。ＰＰＴでの操作中にＤＶＤやインターネットの上映やデジカメ写真の映写も可能となり、美しい画面やアニメーションなど、他のツールをはるかに超えた感動を聞き手に与えるなど、説得力の持つツールである。

　しかし、プレゼンテーションを行う会場の設備や、資料作成の手間、操作技能の必要性等、時間や労力などの問題もある。また、配付資料なしに、あまり長時間ＰＣによるデモンストレーションを続けすぎると、聞き手に冗長な印象を与えてしまうこともあるので、ボディランゲージを使ったり、プロミネンスを使ったり、配付資料を使用するなどプレゼンテーションに若干の工夫が必要となる。

　しかし、時間の調節が割と自由であり、講義中必要時に詳しく解説ができるという点は他のツールにはない長所である。そのために指導目的に合わせて自主的に作成する必要がある（他人の作成したものを使用すると、かなりぎこちなくなる。）。

（5）書画カメラ（OHC）

　オーバーヘッドカメラ、実物投影機などともいう。紙にした資料をそのまま拡大投影して表示するシステムである。小さな商品サンプルをそのまま載せて見せることもできる。

　紙の資料の場合、シートを取り替えるときに手・指が映り込んだりして見苦しくなることもあり、ある程度の習熟も必要となる。

　なお、機械の性能で一概にはいえないが、資料がカラーの場合、若干色落ちがしたり暗くなったりする場合もあるので、可能なら予行演習した方が良い。一般に部屋を暗くしないと見にくくなることが多い。

　昔は、透明のシートを使うＯＨＰ（オーバーヘッドプロジェクター）が主流であったが、ＯＨＣの開発によりＯＨＰは最近では使用されなくなった。

（6）ホワイトボード／黒板

　このツールは普段からなじみがあり、話を進めて行く中で、自分の好きなときに好きなスペースに自由に書いたり消したりできる、手軽なツールの代表である。板書する時間がもったいないので休憩時間中に必要なことを事前に書いておくということも全くないではないが、多くの場合は事前に準備する必要がなく、上手に使えばプレゼンテーション全体にライブ感を出すことができる。

　ただし、原則的には顧客や上司などに向けて話すときは用いない方が良いとされている。理由は、板書するということは暗黙のうちに「それを書き写しなさい」というメッセージを含んでおり、失礼に当たるからだとされている。しかし、ＰＰＴ等でのプロジェクターを使っての説明の時に補足説明として板書することは差し支えない。

　なお、板書に当たっては、見やすい・読みやすい字、皆に見える大きな字、話の流れに沿った板書に心掛けることが大切である。特に話の流れに関係なく、空いているスペースにランダムに書いていくと、聞き手は書き写すとき苦労するからである。

　また、書き写しているときに講師が次の話をし出すと、何に集中して良いか分からなくなったり、書き写すことに夢中となって講師の話を聞き逃したりすることもあるので、板書の直後には書き写すための「間」をしっかりと意識して講義するのが良い。

　字の色は、ホワイトボードのペンは黒と緑や青は遠くからだと色別がかなり困難になることと、黒板では黄色が目立つもののホワイトボードの黄色はかなり見にくくなるので注意する必要がある。

　また、ホワイトボードの場合、ペンのインクが出ないことがよくある。一流のホテルでもあり得るので、講義（講演）前に時間があるなら、必ずチェックしておくことをお勧めする。

　もし本番中に書けなくなったら、冷静に「カラーペンのインクが出なくなったんですけど………」と、会場設営係の人に笑顔でお願いする。そして聞き手には「本当に、どこにでもトラブルがありますね～。」「段取り八分、といいますが、段取りが悪くて本当に申し訳ありません」といって、笑いを取る

余裕が欲しい。

　筆者は、基本的には板書は必要最小限にするべきであると考える。その理由は、板書を書き写す時間は、聞き手にとって単なる書き写しの「作業時間」であるが、それは頭を使うより手を使う作業であり、一般に考えたり、疑問を持ったりする時間を奪うことになるからである。

　聞き手の目的に合わせて絶対に覚えて欲しいこと、注意しなければならないことに絞って板書し、「講義のポイント、重点は板書の部分にあります。あとは、テキストの知識をプラスすれば、さらに補強され、理解や応用しやすくなります。」とすると、はるかに講義内容に集中し、考えることにつながると筆者は考える。

(7) 映像メディア (DVD / VTR)

　あらかじめ用意したDVDなどをスクリーンに投影するやり方である。音声や動画の力あるいはストーリーの構成により受講者に強いインパクトを与えることが可能である。ただし、一般的に上映中はプレゼンターの話を絡ませにくいし、あまり長時間になるとプレゼンテーション全体のバランスが損なわれるおそれがあるので、注意が必要である。

　また、市販のものは一般に高価であり、内容の変更もかなり難しい。あくまでも講義の補完もしくは討議法の問題提起・課題提供に使用し、このツールに頼りすぎないことが肝要である。

　全般的な概念を与えたり、予備知識を得るのに役立つ分野が大きいから、一般に導入過程に活用すると効果が大きい。ＲＳＴ講座では教科の冒頭部分で概要を掴ませるＤＶＤ、教科の講義の後半でまとめ的にＤＶＤを使用する場合、あるいはグループ討議を行うためにＤＶＤを使うといろいろな使い方をしている。

（8）パネル／ポスター

　フリップチャートという大型カードや、模造紙などに描かれたものを台に掛けたり貼り付けたりして使用する。それ以外にはパネルやポスターなどがある。事前に時間をかけて作成するので、完成度の高いものが掲示できる。
　討議法で討議の参考になるもの、実習での手順（例：ＡＥＤ作業手順）、模型に代わる内部構造図など受講者の理解を手助けする効果がある。
　ただし、それほど大きなものは作成できないので、見る距離との兼ね合いで席を交換したり、移動したりしなければならないことがあるが、その点を除けば、手軽な材料で事前に作成できること、一度作ると何度でも繰り返し使用できるという、便利で安価なツールである。
　なお、掛図（チャート）は講師自身で作成した方が、受講者に親近感を抱かせて効果も大きい。

図表8－2　視聴覚教材の効果

◎理解する時間
　・理解度　　　　60分（講義）　　⇒　　　　　5分（視聴覚活用）
　・記憶の定着時間　1時間（同上）　⇒　1時間30分（同上）
　・注意度　　　　54.6%（同上）　⇒　　　81.7%（同上）

◎記憶保持時間
　・話すだけ　　　70%（3時間後）　⇒　　　10%（3日後）
　・見せるだけ　　72%（同上）　　⇒　　　20%（同上）
　・見せて話す　　85%（同上）　　⇒　　　65%（同上）

◎理解力
　・講義だけ　　　1/10　　　　　見せて話す　3/10
　・質問しつつ話す　5/10　　　　討議　　　　7/10
　・実技（演技）　9/10

（「安全衛生教育のすすめ方」大阪安全衛生教育センター）

（9）視聴覚教材使用上の評価と留意点（まとめ）

① 評価点
　ⅰ）注意力の集中、理解、関心、興味をわかす。
　ⅱ）行動の時間、空間、音、色などを伝えることによって、知識の理解と技能の訓練に役立つ。
　ⅲ）過去の現象や、関連物を再現することができるので、直接体験のないものに触れることができる。
　ⅳ）拡大・縮小によって問題点を捉えやすくすることができ、全体に同時に共通の経験を与えることができる。
　ⅴ）動作の良否を比較対照したり、関連性を表現することができる。

② 欠点
　ⅰ）多くの場合作成するのに相当の時間・経費がかかる。
　ⅱ）安易な観察をする習慣を助長しかねず、思考に訴えることを忘れさせる。
　ⅲ）準備に時間を要することがあり、指導の流れを乱すことがある。
　ⅳ）制作に技術を要し、誰でも簡単に作成できないものもある。

③ 使用上の留意点
　ⅰ）指導の過程に使用し、その結びつきをよく説明すること。
　ⅱ）その使用目的をよく理解させること。
　ⅲ）説明のための教材として使用するときは、なるべく30分以内に終わるようにすることが望ましい。
　ⅳ）DVD、VTR、スライドなどは、十分下見、模擬上映を行い、内容と時間を調べ、指導を乱さないように計画すること。
　ⅴ）使用時間、方法を決め、その前後に説明（講義）、質疑、討議を行うと効果的である（できるだけ単独で上映はしない。）。
　ⅵ）教材はあくまで指導目標に到達するための手段であるから過信してはいけない。
　ⅶ）教材の利用について、特に留意すべき点は、実施後その効果を確かめて、次の活用時における修正、改善について検討すること。

3. ツールの活用の仕方

（1）ツールは「さしすせそ」で提示するが原則

> さ……さりげなく提示
> し……主役はあくまでもプレゼンター
> す……スライドは1枚1分
> せ……正確性の徹底
> そ……即応が大切

（大島武「プレゼンテーション概論」）

「さ、こちらをご覧ください！」とあまりにもハイテンションで「見せるぞ！」「どうだ！」という気持ちが前に出過ぎると、聞き手は逆に気持ちが引いてしまうことがある。自信満々の資料であっても、あえてさりげなく提示するのが奥ゆかしい。プレゼンテーションの主役はあくまでもプレゼンターであり、決して資料を主役にしてはならない。TEDのプレゼンでは重要なところでピンポイントで使用している例が多い。

PPT等のプレゼンテーションソフトを使って提示するときは、原則としてスライド1枚を1分間で見せると良い。それ以上に短いと消化不良となるし、逆に画面が長く続くと、聞き手は飽きてしまう。ただし、講話に力があり画面を離れてプレゼンターの方に注意が向けられる場合や、PPT資料の内容でいろいろな説明ができる場合は1分間にこだわらない。

持ち帰りが前提の配付資料は、後からクレームにならないよう正確を期さなければならない。また新聞や雑誌、他の文献を引用する場合は、著作権等に気を付け、了解を取る必要が出てくるので、できるだけ現物ではなく、加工してから提示するのが良い。その場合でもなるべく「〇〇を参考にした」と記載するのが良い。

そして一番大切なのが即応性である。用意していた資料がうまく表示できないといったトラブル（PCやプロジェクターの故障、不意の停電等）の可能性は、いかにリハーサルを重ねても「ゼロ」にすることはできない。予定

外のことが起こっても、焦らず、落ち着いてその場の状況に対応できるような臨機応変さが肝要である。(以上、大島武「プレゼンテーション概論」を参考にした)

筆者は、プロジェクターの故障に出くわし、紙の配付資料で講義したことがある。

(2) 目的に応じた演出

(以下、大島武「プレゼンテーション概論」参考)

① 情報提供型(説明をするとき)

一般に、50名以上の、安全講話等のプレゼンテーションである。講演や説明をすることで、聞き手の共感や同意を得るという目的のプレゼンテーションは、住民や関係者への行政方策の説明会や、学校や企業が行う募集や商品のPRのための説明会などにも見られる。

これらの講演・説明会は、広い会場で多数の人に対してプレゼンテーションを行うことが多く、なによりも大きく見やすいことを考慮に入れたツールを使うのが良い。したがって、一般的にはスクリーンを使ったものとなる。また、場所によっては、ポスターやフリップボード、ホワイトボードなど、従来から用いられている手軽なツールも親しみが持てて良い場合がある。

しかし、「すごい」と思わせるなど、センスを必要とする説明会などでは、最先端の音とレーザー光線等の光の技術と感性を駆使したツールを使い、聞き手を圧倒することが大切である。

この場合、プレゼンテーションに注目してもらいたいので、できるだけ聞き手が手元の資料を見ないようにする工夫が必要である。場合によっては、配布物はあえてプレゼンテーション終了後に配ることもありうるが、その場合は事前にその旨のアナウンスをしておくと混乱が少ない。

② 発表型(報告をするとき)

旅行や研究、または自分の考えなどを報告し、聞き手の人々の賛同やコミュニケーションの増幅を目的とするプレゼンテーションにおいては、プレゼンテーション全体を楽しく明るいものとすることが第一である。そのためにはプレゼンター自身にゆとりが必要である。

したがって、用いるツールは何よりも手慣れたもので、プレゼンターが気軽に使いこなせるものが良い。このプレゼンテーションは、プレゼンターが話し上手であれば口頭だけでも十分であるが、より理解と賛同を得るためには、やはり眼に映える資料があると心強い。例えば、文字の少ない画面や写真、グラフなどを、得意なツールを使って「見せる」とよい。

③ 説得型（決定・決断を促すとき）

50名以下の少人数の安全衛生教育や商品セールスなどの説得型プレゼンテーションにおけるツールは、テキストの内容、ＰＰＴの配付資料、あるいは商品そのものである。ただし、安全衛生教育で注意しなければならないのは説得型といっても「上から目線」で、教えてやるという態度は嫌がられる。また商品を提示し、利点・便利性等を実証して見せ、相手がこれを確認・体験し、自分自身の五感で納得してもらうところにあり、これに勝るプレゼンテーションはない。

そしていずれも強力な武器は、プレゼンターの「話術」と「人間性（人格）」である。そしてこの「話術」と「人間性（人格）」を補完するのが、ＰＰＴ資料やテキスト、商品に対する詳細なデータや説明である。これらのデータや使用例などは、できるだけ文字が少なく（図解したもの）、美しいイラストや写真のパンフレットを配付資料にすると、説得力の付加となる。

一方、企画などを提案し、その企画を採用してもらうことを目的とするプレゼンテーションも、決定・決断を促すためのものである。

この場合は、聞き手の人数に関わらず、スクリーンやボード、フリップチャートなど大きい図や映像を用いて行い、話の順序に従って聞き手の理解が進む手法を採るのが良い。このプレゼンテーションでは、通常、質問が多く、それに答えるときには３Ｋで受けてから２Ｋで対応する。ときにはすぐに質問の画面やパネルに戻って確認し、答えるようにすることが重要である。想定内の質問なら予め解答のスライド等を用意しておくと理解が深まりやすい。

なお、いずれの演出であっても、相手の心を動かすには、なによりも自分自身が話す内容に感動し、情熱を感じているかが大切である。

4. ビジュアル化について

(1) ビジュアル化の必然性

　古代から私達は、大切なことを証拠として残すとき、文字を用いて書き記してきた。そして、それらの文字や文書を大量に生産し、手軽に活用できるよう版木から活版印刷等の技術の発明・発展がなされてきた。

　しかし、情報の受け手にとって、文字だけでは現実感や臨場感がわいてこないことが多い。それは、初めてのこと、目新しいこと、革新的なことはイメージがわきにくいからである。そこで、イメージがすぐにつかめる現物をそのまま映す方法として写真が登場しフィルムでの映写が登場した。そして、さらに情報技術は進み、テレビやパソコン、携帯端末（スマートフォン）、ウエアラブル等が生まれてきた。

　これらの機器や技術は、現物や臨場感を間近に示すことができ、「見える」という感動を運んでくれる。この感動という心の動きは、情報伝達にとっても学習の意欲にとっても大きな成果でありインパクトである。

　機器や技術は日進月歩の勢いで開発され、ますます素晴らしいビジュアル情報として一般的に活用されるようになった。こうなると、たとえどのような上質な情報や意思であっても、もはや文字や言葉だけでは振り向いてもらいにくい。人々は、自分の目に見える具体的なものでなければ興味を示さなくなり、納得もしないという状況になってきている。このように、今や情報には表現力あるビジュアル化が不可欠になったのである。

　昔から「百聞は一見に如かず」の諺のとおり、見ることによる理解度は、聴くことよりも数段高い。したがって、教育の場においてもビジュアル化による、視覚に訴えた情報伝達は欠かすことができなくなっている。

　講義にあたり、プレゼンターは前節で述べたツールを使い、様々な教材のビジュアル化またはビジュアル機器を使用することになる。

　なお、TEDでは、スティーブ・ジョブズのように、ヘッドセットマイクを使いiPhoneを見せたり操作しながら、ステージを自由に歩き回るスタイルが主流だが、例えば18分間で130億年の歴史をPPTで上映し感動を

4. ビジュアル化について

与えるというやりかたもある(デビット・クリスチャン2011年3月)。

(2) ビジュアル化の目的とメリット

　社会における情報のビジュアル化は、効率性の追求の帰結といえる。図表8-3は1分間あたりの情報量の違いを示したものであり、図表8-4は視覚による認識が圧倒的影響力を持っていることを示し、図表8-5は人が情報を取り入れる知覚機能別の割合を示したものである。見せることが如何に効率的かが理解できるだろう。

　また図表8-6では、聞き手の記憶保持率への影響も「視覚+聴覚」による効果は極めて大きい。

　ビジュアル化の目的は、「①聞き手の理解を助ける」、「②聞き手に、興味をわかせる」、「③記憶にとどめさせる」、「④時間を節約する」の4点にある。

　これを言葉で、「ビジュアル化の目的は4点です。一つ目は………、二つ目は………、三つ目は………、四つ目は………」と話す場合は、ビジュアル化していないと最初の一点目を忘れてしまうかもしれない。図表8-7のようにビジュアル化すれば忘れにくいし理解しやすい。

　このように、記憶という点においても、読んだり、聞いたりした場合よりも見た場合の方が「定着率(保持率)が高い」ので、何かを見せながら話すと聞き手の記憶に残る点では最も効率的であり、ツールを使ったプレゼンテーションには理にかなったものなのである。

　ビジュアル化は人間の五感の中で、大きな役割を担う視覚に訴えるだけに、口頭での説明に比較し、いかに適切にビジュアル表現をできるかも含めて、講義内容のビジュアル化は、プレゼンターにとって欠かせないスキルとなっている。

| 図表8－3 | 1分間あたりの情報量の違い |

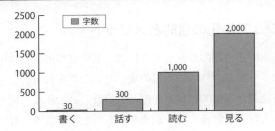

（小林敬誌、浅野千秋 「プレゼンテーション技法＋演習」）

| 図表8－4 | 知覚機能別情報量グラフ |

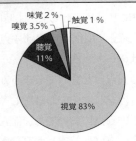

（小林敬誌、浅野千秋 「プレゼンテーション技法＋演習」）

| 図表8－5 | 情報吸収と五感 |

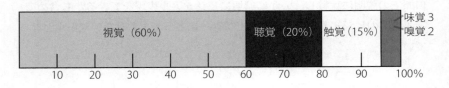

（中央労働災害防止協会「産業安全ハンドブック」）

4．ビジュアル化について

図表8-6　記憶保持率と五感

《記憶保持率》

感　覚	3時間後	3日後
視　覚	72%	20%
聴　覚	70%	10%
視聴覚	85%	60%

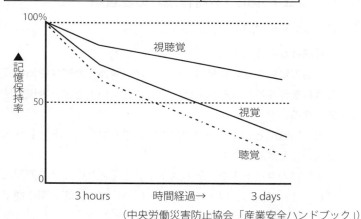

（中央労働災害防止協会「産業安全ハンドブック」）

図表8-7　ビジュアル化の目的

① 聞き手の理解を助ける
② 講義内容に興味をわかせる
③ 記憶にとどめさせる
④ 時間を節約する

（3）ビジュアル化時代に求められる能力

　現代においては、それまで絶対的に求められていた人間関係と言語能力に加え、機械をどう操作するかの能力と美的センスも重要な能力となってきた。講師、ビジネスパーソンに限らず、誰もがビジュアル感性と機械操作技能が問われるような時代になったのである。
　それはとりもなおさず、プレゼンテーションを行う上においても、ビジュ

アル化が必要条件になったことを示している。プレゼンテーションを学ぶ者としては、ビジュアルツールの種類と特性をしっかりつかむことにより、そのツールを最適な方法で活用し、最高の効果をあげることを目標にしたい。

(以上、大島武「プレゼンテーション概論」参考)

(4) ビジュアル化（教材作成）の注意点

ビジュアル化の原則は、次の3点である。

① 受講者から見えること

受講者に見えない教材は、それだけで講義への興味を損なう。必ず見える教材を作ること。それには、第一に文字の大きさ、表現方法に工夫が必要となる。

第二に原則として1つの教材には1つのコンセプトとし2つ以上書き込まないことが肝要である。

1行目のタイトルで、そのスライドで伝えたいことを簡潔な短文（ワンフレーズ）で表し、以下はその主張についての詳細説明や補足データを示すようにする。複数のポイントがあると感じたら、迷わずスライドを1枚追加して、1スライド1メッセージとするようにする。

第三に、プロジェクター等を使用する場合、拡大機能を活用するとよい。その場合、最後列の受講者に見えるかどうか確認する。

② 情報を加工し、印象度を高めること

加工対象となる情報は、一般に「文章」と「数字」の2種類存在する。ビジュアル化にあたり、図表8－8のとおり、前者は基本的にチャート方式で加工し、後者は基本的にグラフ化するのが良いといわれている。情報を生のままで伝えても、プレゼンターにとって「伝えたい事項」「強調したい事項」が、受講者にとってうまく伝わらないことがある。また、伝わるのに時間がかかることにもなるので、表現方法に工夫が必要となる。なお、ＰＰＴ資料作成でのビジュアル化のテクニックについては後述する。

③ 教材のねらい、目的を明確にすること

情報の加工は、教材のねらい、目的を明確にする上でも欠かせない。文章をビジュアル化するには、後述するように、その文章の中で一番重要な事項、アンダーラインを引いたところをマルや四角で囲い、それを⇒でつないでいくのが良いのであるが、言い換えればそれはその教科のねらい、目的を明らかにしていくことにもなるからである。

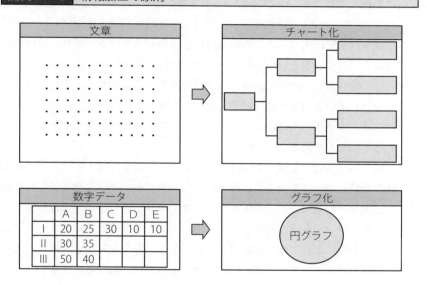

図表8-8　情報加工の原則

それ以外のビジュアル技法は次のようなやり方がある。

図表8-9　情報の性質とビジュアル技法

① 時間の流れ・作業プロセス・スケジュール　⇒　流れ図（フローチャート）
② 概念の関係（並列・対立・因果関係など）　⇒　関係図
③ 平面的な概念・位置関係　⇒　地図・レイアウト図
④ 数値データ（売上げ・収支など）の傾向　⇒　グラフ
⑤ 物事の印象やイメージ・人間の感情　⇒　イラスト
⑥ 商品・建物・イベント風景など　⇒　写真

（大島武　「プレゼンテーション概論」）

5．PPT資料（スライド）作成の基本事項

（1）メディア特性を理解する

（以下、大島武「プレゼンテーション概論」参考）

　ソフトを使ったスライドづくりは、美しい色使い、かわいいイラスト、面白い動画やアニメーションと思いのまま取り込むことができ、上映できる。しかし、見栄えのよい資料を作ることが目的ではない。聞き手がプレゼンテーション全体を受け入れるのに貢献するかどうかがポイントであり、そのためにはまず、スライドというもののメディア特性を理解する必要がある。

① 　第一の特徴は、次々に画面が入れ替わるという点である。1枚のスライドを見せている目安時間は前述したとおり1分程度である。配付資料がなければ、聞き手の前に提示されている資料は1分後には全く別の情報に変わっているのである。

② 　第二の特徴は、見るだけのPPTスライドの場合、聞き手にとって記録性がないということである。提示されたスライドの要点を全てメモしていくことは不可能である。すると聞き手は、カメラやビデオで記録を撮ろうとする。フラッシュがたかれ、プレゼンテーションに集中できないこともある。会場によっては、撮影禁止、録音禁止をしている場合もある。この点を補うため、スライドを配付資料としてあらかじめ配る方法がとられることがある。

　筆者は、講義や研修の場合、しっかりと理解してもらう必要があるということで、全資料を配付しているが、提示資料と配付資料を同一のもので済まそうとする安易な姿勢であると批判する声も少なくない。

　そこで、一部の資料を配付せず「上映のみ」として対応しているプレゼンターもいる。しかし、後述するように、配付資料は単なる文章の羅列ではなく、講義のポイントや要約であり、前述したバーバル・ノンバーバルコミュニケーション等のプレゼンテーション技術を使えば、「講義と配付資料は同じである」、「スライドを読み上げているだけだ」という批判はかわせると考えている。

5. PPT資料（スライド）作成の基本事項

　なお、沢山のPPTスライドを持ち込み、その日のプレゼンテーションの演題や講演時間によって、適当にチョイスしながらする講師もいるが（その場合は当然配付資料の印刷も行われていない）、あまりにも安直で受講者に対して礼を失する態度だと思う。

　指導案を作成していれば、当日どのようなスライドを使用するかが分かっているはずで、それならば配付資料も渡せるはずである。手抜き工事といわれてもしかたがない態度である。

③　PPTは講師の立場からすると、ホワイトボードやOHC、ポスターなどと比べて表現上の自由度が高い。その上、聞き手を驚かすようなアニメーション効果を付けることもできるし、音声や動画の挿入も、ある程度のスキルがあれば可能である。

　以上のことから、PPTスライドはプレゼンターにとっては自由度が高く使いやすいが、聞き手にとっては情報過多になりがち消化不良を起こしかねないということである。プレゼンテーションにおけるPPTスライドは聞き手の情報処理能力を考え、詰め込みすぎにならないよう気を付けたい。

（2）スライド作成の基本

① スライド数

　1スライド1分間を目安とするが、経験上30分の講義の場合は、20〜25枚程度、60分の場合は40〜50枚程度、90分の場合は60〜75枚程度にしておく方が良い。なぜなら1枚のスライドで2〜3分の説明を要する場合があり、また1スライドを1分で説明することはかなり忙しいからである。また受講者の側も、時間中ずっとスライドを見せられ続けるとかなりの負担を感じる。画面から目を離して講師の仕草や表情を見る余裕が欲しいし、講師も「セミの先生」にならないようスライドの画面から目を離しアイコンタクトをとる必要もあるからである。

　場合によっては、ブラック/ホワイト（パワーポイントでは、前者はBボタン、後者はWボタンで表示できる）などの技法を使い、スライドを見せない時間を設けるように心掛けたい。

② 文字の大きさ/行数
　タイトル文字は36～40ポイント、本文の文字は24～32ポイント程度にするのが経験上良い。タイトルの44ポイントの見出しは本文とのバランスで大きすぎる。本文も20ポイント以下では多数行を入れることができるが、行数は6行くらいまでが見やすく効果的である。
　内容にもよるが、10行以上だとかなり細かく、込み入った印象を与えるので気を付けたい。10行以上になる場合はスライドを縦に2分割するとか、2枚以上のスライドで表現するようにしたい。

③ 基本レイアウト
　基本のレイアウトは、「タイトルとコンテンツ」を採用し、横長・横書きで、原則として各スライド上部にタイトルを入れる。下部にページ番号を入れておくと質疑応答に対応しやすいが、他の講義等でスライドの使い回しを行う場合や一部のスライドを配布しない場合には、ページ番号の乱れに気を付けなければならない。
　発表日や演題名、発表者の所属もしくは発表者名は、配付資料を配付する場合にはPPTの場合は「挿入」⇒「ヘッダーとフッター」⇒「ノートと配付資料」の各項目に記載して「すべてに適用」をクリックすれば、あえてスライド本体には記載しなくても良いと思われる。

④ 色づかい
　表紙のタイトルも含めて全てのスライドを同じデザイン（テーマ）、同一色で統一している例があるが、所属する企業のテーマを使用することが義務づけられている以外は、写真、グラフ、表等のスライドがある場合は多少見にくくなるおそれがあるので、筆者は採用していない。
　美しい色づかいはスライドの印象をよくするが、多くの色を使いすぎると逆効果になりがちなので注意を要する。
　筆者は、タイトル部分は黄色、コンテンツ部分は標準色の「薄いブルー」を基調とし、コンテンツが増えるごとに「明るいグリーン」「明るいブルー」「薄いピンク」「薄いブラウン（ベージュ）」を使用している。
　これは後述する、図解でも同様の色づかいとし、色づかいの統一性、規則性で受講者に安心感を与えるのがねらいである。

⑤ 装飾

　文字色を変えたり、太文字や斜体にしたり、フォントを変えたりしてアクセントを付けることである。図形でも「グラデーション」「影付き」「立体化（３Ｄ化）」「白抜き」「塗りつぶし」などいろいろ工夫を凝らせることができる。しかしこれらもやり過ぎないことが大切である。色づかいも含めて、全体の統一感を損ねないよう十分注意して採用したい。

⑥ アニメーション

　スライドの途中で文字が浮き出たり、回転したりとアニメーションの効果を入れることで強調したいポイントをダイナミックに提示することができる。

　しかし、一般にアニメーションを取り入れると、時間がかかり１分間に１枚のスライド上映時間は維持できなくなることに注意する必要がある。

　文字があまりにもゆっくりと浮き出たりしすぎると聞き手はイライラすることがある。また、クリックのタイミングを間違えると白抜きの解答部分が速く出過ぎて「発問」にならなくなることもあるので、できるだけリハーサルを行い、操作やアニメーション効果を確認しておくことが大切である。

6．効果的なプレゼンテーション資料の作成

5で述べた基本事項を守って作成すれば取りあえずはプレゼンテーションは行える。しかし、まだこれだけでは十分でない。聞き手に強いインパクトを与え、興味を持ってもらい、なおかつ記憶にも残るような効果的なスライドの作り方について述べる。

（1）キーワード化

スライド作成の基本ともいえるやりかたである。例えば、テキストがありそれをスライドにする場合、そのテキストの文章をそのまま書き写したとすると一般に文章が長くなる。プレゼンテーションのスライドでは、長い文章は字のポイントが小さくなり、見にくく、禁物である。

不要な言葉を省いて短文化し、箇条書きで示すのが原則である。また、簡潔で、歯切れの良い表現にするために、です、ます、である、の部分を省いた「体言止め」を多用する。カッコ記号や感嘆詞などでアクセントを付けるのも良い。

テキストを短文化、箇条書きにする作業は一般に次のようにすると良い。

① まず、テキストを読むのであるが、その際に重要と思われるところにアンダーラインを引く。これは、指導案作成の第2段階「一番伝えたいこと」での作業での「黄色のマーカーを引く」と同じである。

② 次に、これを箇条書きにして順番に並べる。箇条書きはできるだけ6箇条程度に収める。それを超えるようであったら、1つのタイトルと2つのコンテンツのスライドを使用するか、12箇条を超えるか字のポイントが24を下回るようなら新しいスライドに記載する。

以下に箇条書きにする例を述べる例文は「職長の安全衛生テキスト」第一編　職長の役割　から）。

6. 効果的なプレゼンテーション資料の作成

> 　<u>職長とは、「作業中の労働者を直接指導、又は監督する者」</u>と定められている（労働安全衛生法第60条）。したがって、<u>職長とは総称に過ぎず、事業場によっては、監督、班長、リーダーシップ、作業長等、様々な名称で呼ぶことができ、また呼ばれている</u>。名称はともかく<u>仕事を行う上で、現場で指揮、命令する人は必ず必要となる</u>。
> 　労働安全衛生法では、様々な安全衛生教育の実施が義務付けられている。特に、製造業等の一定の業種において新任の職長に義務付けられている<u>「職長教育」（労働安全衛生法第60条）は、職長としての職務を果たすために必要な能力を付与するもので、その実施要件が法令等により定められている</u>。

「職長の安全衛生テキスト　13頁」

　アンダーラインの箇所を並べてみる

◎　職長とは、「作業中の労働者を直接指導、又は監督する者」と定められている
◎　職長とは総称に過ぎず、事業場によっては、監督、班長、リーダーシップ、作業長等、様々な名称で呼ぶことができ、また呼ばれている。
◎　仕事を行う上で、現場で指揮、命令する人は必ず必要となる。
◎　「職長教育」（労働安全衛生法第60条）は、職長としての職務を果たすために必要な能力を付与するもので、その実施要件が法令等により定められている。

これを、体言止めにする
● 　職長とは、作業中の労働者を直接指導、または監督する者
● 　職長とは総称
● 　監督、班長、リーダーシップ、作業長等、様々な名称での呼称
● 　仕事を行う上で、現場で指揮、命令する人は必ず必要
● 　「職長教育」（労働安全衛生法第60条）で、職長としての職務を果たすために必要な能力を付与
● 　実施要件が法令等により規定

なお、アンダーラインとすべき箇所は、それぞれ各人によって異なるのが普通である。筆者と異なる場所に付けてもなんら問題ない。それは、指導案第2段階「一番伝えたいこと」を特定するための、「赤アンダーライン」を引くときも同様である。

（2）図解にする

　箇条書き（体言止め）は見やすいといっても、毎スライドが箇条書きでは飽きられる。いくつかの箇条書きをできるだけ図に変更するのが良い。
　その理由であるが、箇条書き（メモ）には次の6つの問題点があると指摘されている。

【問題点】
① 言葉を全て書かないといけない（時間がかかる）
② 話が飛ぶと収拾がつかない（関係性や構造がつかめなくなる）
③ 問題点がつかめない、矛盾に気づかない
④ 覚えられない、記憶に残らない
⑤ 一度書いたら、そのまま放置。展開しづらい
⑥ 資料を作るときは、別途図式化しなければならない
（永田豊志「頭が良くなる『図解思考』の技術」参考）

　一方、図解メモには次のメリットがある。

【メリット】
① 言葉を省略できるからスピーディーに記録・理解できる
② 話が複雑でも関係性を理解しやすく、簡単に説明できる
③ ヌケ、モレ、矛盾を発見しやすい
④ 記憶に定着しやすい
⑤ 後からアイデアを展開しやすい
⑥ 報告書やプレゼンテーション資料にそのまま転用できる
⑦ 全体を把握できる
⑧ 分析から発想まで幅広く使える
⑨ 思考プロセスの「見える化」ができる
（永田豊志「頭が良くなる『図解思考』の技術」参考）

6. 効果的なプレゼンテーション資料の作成

　図解のメリットの一番は「⑥報告書やプレゼンテーション資料にそのまま転用できる」である。
　したがって、ここではメモではなくプレゼンテーションに使用できる図解について説明する。
　なお、ここでいう「図解」とは「図で説明する」「自分の意図・考えを図で伝える」という意味で使用する。
　私たちの「脳」の働きは「文字」という記号を受け取った場合よりも、「図」という記号を受け取った方が「理解」への変換が楽だという説がある（藤沢晃司「分かりやすい図解コミュニケーション術」）。その説が正しいとするならば「脳は図で理解したがっている」ともいえる。
　そして藤沢氏は、図とは「整理された思考の表現」であるともいっている。整理とは「要約」することでもある。
　また「図解」には「解」という字があることから、解説する、解釈できるという意味も含まれている。つまり「図解」とは、「図で説明する」「自分の意図・考えを図で伝える」の他「図で解説する」「図で……と理解させる（理解してもらう）」ということも意味している。
　さらに「解」には「分解」、つまり、「分ける」という意味も含まれている。説明したいことがらを要約して要素までに分解すると解される。
　以上のことから、「図解」とは「図で要素まで分解して説明すること」「図で要約して理解してもらうこと」ということができる。
　したがって、図解には「要素分解」「関係説明」という基本的な性格を有している。

① 図解の基本的なパターン
　　基本は「四角形と矢印、不等式」のコンビネーションである。

　i　因果関係「AだからB」　A⇒B
　ii　変化・供給「AからB」　A⇒B
　iii　やりとり、提供「AはBにXを」　A⇒B（X）
　iv　対立・矛盾「AしかしB」　A⇔B
　v　関係「AとBはXの関係だ」　A⇔B（X）

vi 双方向・やり取り「AはBにXを、BはAにYを」 A⇄B
vii 思考の流れを表す「AからBになりそしてCに至る」 A⇒B⇒C
　なお、矢印の太さで、⇒大量、→少量の違いを表したり、破線（--->）や ⇨ で「予定」を表したりする。
ほかに次のような矢印が使用されている。

上昇・下降	⇗⇘	分　　岐	⊢→	統　　合	→|
分化・展開	≪	収　　束	≫	予想・予測	……>

　また、≠≒≦≧∴∵∞　などの記号を用いる場合もある。さらにPPTの画面の構成上、⬆や⬇を使うこともある。PPTではスマートアートという既製のイラスト使用することがある。
　いずれにしろ、プレゼンテーションの内容と見た目を一致させることが大切である。
　なお、法令の場合はある程度正確性が求められるので、図解は矢印ではなくチャート式が良い。

② 図解すれば論理が高まる
　物事は、理解、誤解、曲解で判断されるということを認識しておかなければならない。このことを明らかにすることが「思考がクリア」になったということである。
　思考がクリアになったことを明らかにするのが「図解」である。
　テキストの場合は、論理の流れがスムーズなので、アンダーラインの箇所もしくは箇条書き（体言止め）部分を、キーワードとしてそのまま四角で囲い矢印でつなぐ。
　テキスト以外の場合はまずキーワードを並べ、キーワードの関係を一旦紙にイラストで描き組立ながらイメージできたら、キーワードを→で結び納得できたらPPTの資料とする。
　なお、矢印で結んでもうまくイメージや自分の言いたいことが伝わらな

い場合には、吹き出し（　　　）を使って図解を補強する。

　うまく図解ができたということは、プレゼンテーションの内容あるいは講義内容が講師自身しっかり理解できているということであり、うまく図解できなかったということはまだ疑問の状態が残っていると考えられる。

　図解すると、理解は→、疑問は≠、反論は←と表せる。

③ （黄色）アンダーライン箇所が多すぎたら、もう一度熟読して、更に重要なこと、伝えたいことを（赤色）アンダーラインで絞り込みそれを図解する。とにかく何が大切か見定め、大胆に割り切るという気持ちが肝要である。そして細かいところはあまり気にせずに（口頭で補強、補足説明すればよい）おおざっぱに全体の流れを見てまとめる。

　また、図が多く輻輳している場合や矢印がない場合は順番（番号）を表示して聞き手の目の誘導をはかるという親切さも必要である。

　以上述べたことを、ＰＰＴにしてみた。

第VIII編　プレゼンテーション用の教材の作り方

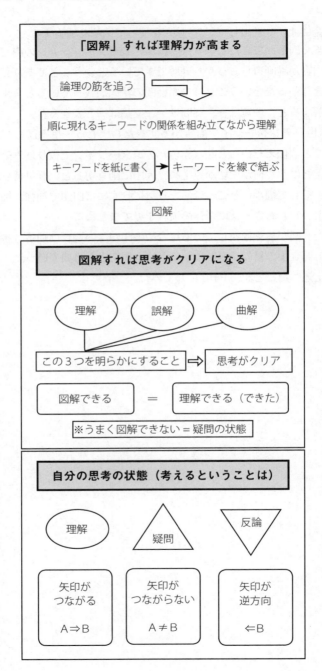

6. 効果的なプレゼンテーション資料の作成

全体の骨格を大まかにつくる

重要部分にアンダーラインを引く
⇩
何が大切かを見定める＝大胆に割り切る
⇩
細かいところを気にせず
おおざっぱに全体の骨格をつくる

□や○囲みと⇨で仕上げをする

物事を説明するとき、たいていの場合は□囲み、○囲みと矢印の要素を組み合わせれば表現できる
矢印は関係を明らかにする

ただし、法令等の正確さを
求められる場合は、図解は不向き

矢印の基本パターン①

⇒ 思考の流れを表す	A ⇒ B ⇒ C
⇔ 対立を表す	Ⓐ ⇔ Ⓑ
⇨ 推測・予測を表す	A ⇨ B

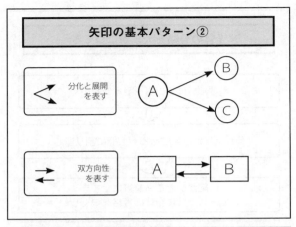
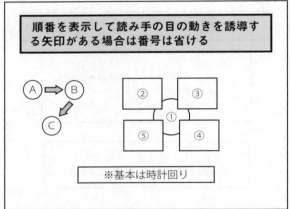

6. 効果的なプレゼンテーション資料の作成

　以上を踏まえて、先程の「職長の安全衛生テキスト」の職長の役割をPPTにすると、次のようになる。一般には、テキストを通読するか、受講者に通読させた後、PPTでおさらい、確認として使用する。

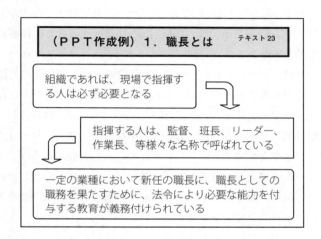

（3）シンプル化する

　PPTソフトで作成すると、イラストや飾り文字などつい多く使ってしまいがちだが、PPTはあくまでもプレゼンテーションの手段、ツールであるので、一目で分かりやすくしないと、邪魔なだけである。しかも、前述したとおり、1枚のスライドにあれもこれも盛り込んで1回で説明しようと欲張っても、字のポイントが小さく、後列の受講者には見えにくく興味を失わせる。配付資料もA4判に2スライドなら割と小さい字でも読めるが、4枚以上のスライドを印刷するとなれば、ルーペが必要となってくる。

　筆者のPPTスライドの例でいえば、「矢印の基本パターン」は（2）の①と②を基本的に使用している。本文の文字のポイント数、囲んだ図形の数で1枚に収めることができる場合であっても、受講者の見やすさから、あえて2枚に分けることもある。

　ともあれ、余計なものはできるだけ省き、情報は十分整理する。簡単で的を射たシンプルなスライドにすることを心掛けよう。

7. チャートの作成について

　前述したように、文章は基本的にチャート方式で加工するのが良いとされている。加工するにあたっては、「体言止め」で行う場合と、体言止めをさらに分類したやり方がある。

　体言止めは、ＰＰＴスライド作成にも利用できる。細分化の方法はいくつかあるが、そのうちストーリーボードというものがあるので簡単に紹介する。

　ストーリーボードは発表（説明）資料の全体を示したフロー図のことである。聞き手が理解しやすいように情報の順番を決めて、ストーリー仕立てにしてある。箇条書きや文章でストーリーを考えることも可能であるが、このボードではボリュームや構成が一目で把握できるので、指導案を作成しない場合などにはお勧めである。ただしテキストを中心に講義する場合や法令を説明するような場合はあまり向いていない。

　ストーリーボード（メッセージマップ）は頂点にメインメッセージ、その下にサブメッセージを配し、さらにその下にセクション、いわゆる資料の章立てをつくっていくやり方である（図表8－10）。

図表8－10　ストーリーボード

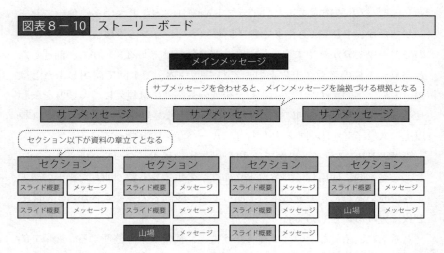

○　メインメッセージとサブメッセージにはそれぞれ主張と根拠が含まれる。そして、いくつかのサブメッセージを合わせると一番上のメインメッセージをきちんと根拠づ

7. チャートの作成について

けるような構成にしてあると、自分のプレゼンが論理破綻していないことをチェックできる。
○ メインメッセージとサブメッセージからなるピラミッド構造がそのまま資料構成になる場合も多いが、この図ではサブメッセージの他にセクション（章立て＝中見出し）をつくっている。メインメッセージを効果的に伝えるには、ねずみ算方式に展開する方法もあれば、この図のようにサブメッセージを個別に説明した後で、メインメッセージに仕上げていく積み上げ方式が適した方法もある。
○ セクションは、各スライドの概要とそこで説明したいメッセージを組み合わせてつくられている。プレゼンを成功させるコツは、要所に「山場」を盛り込むことである。一定時間、同じようなリズムで淡々と話していると、聞いている方はどうしても退屈してしまう。
※ メインメッセージをヘッドライン、サブメッセージをキーメッセージ、セクションをサブポイントとして説明している説もある（「ＴＥＤ驚異のプレゼン」カーマイン・ガロ）が考え方はほぼ同じである。

以下、筆者がブログに書いたものを参考までに掲載する。ブログでは箇条書きであるが、ＰＰＴスライドにチャート方式で記載すると図表８－11のようになる。

図表８－11　チャート方式サンプル

```
┌─────────────────────────────────────────────┐
│           段ボール仮設住宅の建設について              │
└──────────────────┬──────────────────────────┘
           ┌──────┴──────┐
        ┌──┴──┐      ┌──┴──┐
        │メリット│      │デメリット│
        └──┬──┘      └──┬──┘
           ▼              ▼
```

メリット	デメリット
Man：素人のボランティア４人程度で制作できる。	Man：電気工事、プロパン等ガス工事、上下水道配管工事は素人ではできない。
Machine：カッターナイフ等簡単な道具があればよい。基礎コンは不要。砂利整地で可。	Machine：段ボールでの窓枠、玄関ドアがない。蝶番部分が難しい。耐火、耐衝撃に弱点あり。
Media：簡単な組立図でＯＫ。軽いので地方からの搬入、組立が容易。	Media：砂利の上に鋼製角管を置き繋ぎ合わせるのに若干の打合せ等が必要。
Management：１戸３日程度でできる。費用は風呂、トイレ、台所等の備品を入れても50万円以下。リサイクル可	Management：補助金、助成金が支給されるか不明。風対策、積雪対策が別途必要か。

（2016. 5.23 筆者ブログより抜粋）

第Ⅷ編　プレゼンテーション用の教材の作り方

なお、図表8－11にみるとおり、ＰＰＴスライドでチャートを作成すると、どうしても文字のポイント数が小さくなり見にくくなる。レジメや資料にするなら問題は無いが、ＰＰＴにするのはお勧めできない。

また、法令の条文をチャート式で表現することについても、文字のポイント数の他法令の場合は簡略化すると誤解を招いたり、正確性を疑われることになりかねない。したがって、アバウトに伝えてもよい場合以外は、法令の条文はチャート化しない方が良いと思われる。

例えば、安衛法第1条「この法律は、労働基準法（昭和22年法律第49号）と相まって、労働災害の防止のための危害防止基準の確立、責任体制の明確化及び自主的活動の促進の措置を講ずる等その防止に関する総合的計画的な対策を推進することにより職場における労働者の安全と健康を確保するとともに、快適な職場環境の形成を促進することを目的とする。」をチャート式と図解方式でＰＰＴ化すると次のようになる。

図表8－12　チャート式

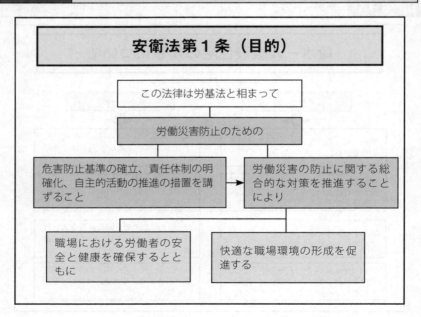

7. チャートの作成について

図表8－13　図解式

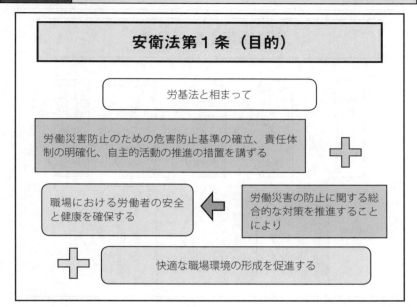

　このように、チャート式は文字のポイントが小さくなることと罫線のつなぎが難しい。一方、図解式の場合はポイントが大きくなるとともに、「＋」や「⇒」で話の流れがつくりやすく、理解しやすいということが分かる。
　しかし、これは法令等の場合であり、それ以外はＴＰＯでどちらかを採用するのがよい。
　なお、大きな矢印を並べるやり方もあるが、これも一般に文字のポイントが小さくなり、「＋」の意味を付け加えられないこと、図形の中にうまく字が収まりにくいということがあり、筆者はあまり利用していない。

図表8-14 大矢印方式

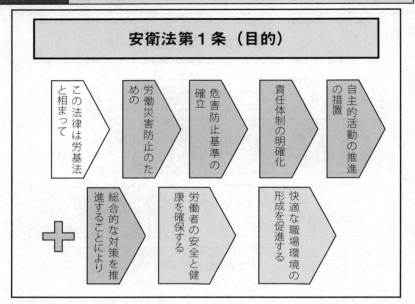

　この方式も、法令や安全衛生教育よりは新商品のプレゼンなどに適していると思われる。
　以上、図解、チャート等の作成の仕方を述べたが、重要なことはあくまでも話し手である講師が主役であり、ＰＰＴスライドはあくまでもそれを補足する脇役であること、脇役であっても受講者から見やすく、分かりやすいものにすることであるということを強調しておきたい。
　最後に、次の文章を引用する。「たいていの人は自分が思うより、はるかにすばらしい力を持っている。みんなを感動させ、刺激を与え、失望した人には希望を、道を失った人には進むべき方向を示すことができる。他の人を教育し、驚かせ、情報を与え、感動させる能力がある。だが自分にそんな能力があると信じなければ、何も始まらない。」『幸運を祈る』ではなく『成功を祈る』といったのは「成功をもたらすのは運ではないからだ。人の心を動かすスピーカーになるのには運はいらない。必要なのはよいお手本、テクニック、情熱、練習だ。そして勇気。自分の情熱を追いかけ、アイデアをシンプルに伝え、自分のハー

7. チャートの作成について

トが歌いだすきっかけについて語る勇気だ。」(カーマイン・ガロ「TED驚異のプレゼン」)

　労働災害をなんとしても減少させる、みんなで可能な限りリスクを少なくしたい、そんな熱いハートで安全衛生教育をしていただきたい。

おわりに

　筆者は31年間労働基準行政で働き、安全衛生講話の「上手な」監督署長という評判を得ていた。その後、2007年に中災防東京安全衛生教育センターの常勤の講師となり、RST講座、各種特別教育講師（インストラクター）養成講座、安全管理者選任時講師養成講座、衛生工学衛生管理者養成講座等々の講義を行うことになったが、受講者のアンケートから、「上手な」という鼻をへし折られるという経験をした。

　これではいけない。何よりもお客様である受講者に失礼になる、ということで「参考・引用文献」にある図書を読み、あちこちで開催されている「公開講座」に参加して、上手な、分かりやすい、親しみのある講師になるべく努力をしてきた。

　4年前に非常勤講師となり若干の時間的余裕もできるようになった。

　まだまだ、匠という境地には至っていないが、まもなく70歳古稀ということで、このあたりで中締めをしなくてはと考えるようになった。

　誰か（正直、誰だったか覚えていない）が、「教えることは自分の遺伝子を誰かに伝えることだ。」といっていた。私も、いろいろな講義の最後の「締め」にこの話を引用させていただいている。

　本書は、プロの講師といわれての9年間の「ノウハウ（遺伝子）」を誰かに伝えなくてはという思いで執筆した。

　ウイリアム・アーサー・ウォード（米国教育者・牧師　1921年～1994年）が名言を残している。

　The mediocre teacher tells. 凡庸な教師は指示をする。

　The good teacher explains. よい教師は説明をする。

　The superior teacher demonstrates. 更に優れた教師は範となる。

　The great teacher inspires. そして偉大な教師は内なる心に火をつける。

　これを踏まえて、私は

　「教えるということは、先人の知識や自分の心の遺伝子を相手に伝え、未来を語り、内なる心に火を付けること。学ぶとは、過去の歴史を知り、先人の英知をモデリングし知恵にまで高めること」

という言葉で締めとさせていただく。

　本書の執筆にあたっては巻末にある参考・引用文献を参照あるいは引用させていただいた。引用文献箇所が明確な場合は可能な限り著者・書籍を記載したが、なにぶん数年前に読書し講義の中に自然に取り込まれてしまったものもあり、すべての引用文献について引用図書、引用箇所が特定できず記載できなかったものもある。また、参考とは文献の考え方を尊重しつつ筆者の意見を付加したり、筆者の言葉に置き換えて記載した箇所である。

　本文の中でも記載してあるが、学ぶということは真似ることである。先人の文献から多くを学び、それをできるだけ知恵に高めるのが大切だと考えて本書を執筆したことを申し上げ、改めて、この場所をお借りして先輩諸兄に対して、引用・参考のお礼を申し上げる。有り難うございました。

参考資料

―指導案の作成―

（　　　　　　説明・講習会）

教科目	

	狙い	目次・記載事項	一番伝えたいこと	
第一段階	動機づけ			
第二段階	教育内容			

364

教育目標	教育対象者	教育時間	指導講師	白﨑淳一郎
		分	作成者	

具体的講義方法(資料説明ポイント)	教 材	教育実施時の注意	時間

※実際に使用する場合は、「指導講師　白﨑 淳一郎」の欄は削除して使用してください。

参考資料

指導案の作成　様式2　：第3段階と第4段階の詳細

第　3　段　階	（　　分）
1. 討議テーマ	2. テーマ選定

3. 討議結果のまとめの様式

| | 作成者 | |

の理由	第 4 段 階 （　　分）	
	職場に戻って期待する点	
	実施事項	具体的手段
	まとめ（本締め）	

参考資料

―標準指導案例―
（平成〇〇年職長教育）

教科目	
作業手順の定め方	作業の正しい道し… に教育・指導できる…

狙い		目次・記載事項	目次ごとの狙い
第一段階	動機づけ	1. 自己紹介 2. 学習のねらい 3. 学習事項 4. 水先案内人の言葉	 正早安楽が手順書の狙いであることを伝える 1～6の項目と目安時間を紹介する 作業手順書を遵守するのがプロである証拠ということを理解させる
第二段階	教育内容	1. 作業手順はなぜ必要か 2、作業手順書とは 3. 作業手順書作成のポイント 　(1)作成の進め方 　(2)作業手順書をつくるときに気をつけること 4. 教育と管理 　(1)新規就業者に対する教育 　(2)ベテラン作業者に対する教育 　(3)管理 5. 非定常作業における作業手順書 　(1)ある程度事前に準備できる非定常作業の場合 　(2)予期しない故障の復旧、補修工事のような場合 6. 職長の責務	作業手順は、「品質」「能率」「原価」「納期」「安全衛生」を作業の中に織り込んで進めていく道具であることを理解させる 作業手順書は作業標準を実際の作業の中で実現するための道しるべであること、併せて3要件と要件を満たすための3条件を理解させる 具体的な流れ(5手順)を理解させる (イ)対象作業は何を基準にすべきか、(ロ)作業分解用紙で分解する要点、(ハ)基本はダラリで検討し、(ニ)最後に急所の決定とその理由を記入するという手順を理解させる 1つの文になることと、手順の数が10個以下になるようにすることが、結局は使いやすい手順書になることを理解させる 基本的な小分類をつくり、それに基づいて教育を実施すれば、手順書の使い方も習得できるし、教える方も個人差が排除され、以後の教育も効果的に実施できることを理解させる 問題があり手順書を変えたいときには、作業分解の時から参画させ、あわせて教育まで担当させ、おだてて使うメリットを理解させる 見直し、改善の必要性を理解させる 小分類を取り出せば、定常作業の手順書が利用できること。また前回の状況を元に作成できることを理解させる どんなに急いでいても、①～④の措置は大事であることを理解させる 中締めとして8項目を強調する

※ テキスト：「職長の安全衛生テキスト」

※トレーナーテキスト：「RST講座　RSTトレナー用テキスト」

教育目標	教育対象者	教育時間	作成者
るべをつくり、職場の全員で守るよう る能力を付与する	新規(予定)職長 15名	110分	白﨑 淳一郎

具体的講義方法(資料説明ポイント)	教 材	教育実施時の注意	時間
			10分
講談師 神田甲陽 方式による	PPT1	親しみをこめて。神田甲陽の説明を忘れないこと	(2分)
PPTで説明	PPT2		(1分)
PPTで説明	PPT3		(2分)
PPTで説明	PPT4	本当のプロは、手順書の遵守だけでなく、改良・改善をすることが求められていることを補足すること	(5分)
テキスト40頁を受講生に通読させる	T40P	最近はエコも重要なので補強する。受講生に必ず「有難うございます」とお礼をいうことを忘れないこと。	35分 (5分)
図2-3-1は4Mの図と同じことを補足説明する			
3要件、3条件は通読する。要件:必要(大切)な条件。条件:直接の原因ではないが、しかしそれを制約するものであることを口頭で補足説明する	T41P	手順書を見直しをする際は、安衛側24条の11により、必ずリスクアセスメントをしなければならないことを補足説明する	(5分)
テキスト42Pの例のほか、「歯磨き」の例を使って、説明をさらに理解させる	T42P、PPT5	まとまり、単位、要素を、大分類～小分類に言いかえることを補足説明する	(5分)
ポイント説明する 対象作業は定常作業、新規作業、新工法、事故・災害のおれのあるものから作ることを口頭説明する	T42P	後で、グループ討議で消火訓練の作業手順を作成してもらうことを予告しておく	(5分)
通読する。ダラリの補足説明はPPTで行う	T44P、PPT6	あくまでも、あるべき論であり、絶対にこうすべきものではないことを、一言申し添えること	(2分)
ポイント説明するが最後の3行は強調しながら通読する。	T45P	OJTの基本は、手順書によるべきであることをテキスト30頁最後の3行を通読し強調する	(2分)
受講生に通読させる ベテラン作業者の扱いで困った例があるか質問する 通読する	T45P T45P	お礼を言うことを忘れないこと 質問の回答がない場合は簡単に切り上げる RAの実施が必要な事を申し添えること	(5分)
前段はポイント説明。①②は通読する	T46P	定期修理などの例がここに該当することを確認させる	(2分)
①～④を通読する。PPTで若干補強する	T46P	急がば回れの格言を申し添える	(2分)
トレーナーテキスト89頁をPPTにし、通読する	PPT7	あらかじめテキストにはないことを申し添える	(2分)

参考資料

指導案の作成　様式2　：第3段階と第4段階の詳細

第　3　段　階	（60分）
1. 討議テーマ 消火器による消火作業の作業手順書の作成	2. テーマ選定 手法の習得：オイルパンで燃焼中 よる消火作業（消火訓練）を、火 火するまでの作業手順書を作成

3. 討議結果のまとめの様式

No.	主 な 手 順（ステップ）	急　　所	理由と条件

（注）成否（品質）、安衛（安全衛生）、やりやすく（能率）

AB
ル
30

消リ
業の
スト
でこ
（特
位
こと

討討
順1
由と

そ○
そ才
分と
分。

	作成者	白﨑淳一郎

	第 4 段 階　（5分）	
の理由	職場に戻って期待する点（宿題）	
	実施事項	具体的手段
中の灯油の消火器に事を発見してから消する	各自、職場の作業手順書が定常作業だけでなく非定常作業も含めて整備されているかどうか確認すること。	対象となる要素作業（小分類）ごとに、リストアップし、1月以内にRSTトレーナーに報告すること
C粉末消火器、オイパン（1m×2m、高さcm）	過去2年間のヒヤリ・ハット報告で作業手順書の見直しが必要な事項を調査する	調査結果ををリストにし、1月以内に安全衛生委員会に報告する
火器本体には消火作り簡単な説明書、イラが記載されているのれを参考にすることに、利き手、逆手の量、持ち方に注意する）	まとめ（本締め）	
進目安時間：主な手5分、急所20分、理：条件10分とする。	まとめとして、テキスト48頁「まとめ」を輪読させる 宿題の確認	一人ひとりにお礼を言う 宿題が理解できたか挙手等で確認する
）後、各班発表5分、に対するコメント2する。講師講評は4	最後に何か質問がないか確認する	質問があれば3Kで受けてから2Kで対応する

参考資料

－実技教育指導案の作成－
（研削といしの取替等の業務に係る特別教育　実技教育）

	教科目	
	自由研削といしのといしの取り付け方法及び試運転の方法	といしの点検、取り付けりできるようにする

指導段階	目次・記載事項	要　点	
動機づけ（準備・導入）	1. 体操	第1と首・腰等の運動	全…
	2. 体調不良者の有無確認	安全衛生のためには体調不良者は見学のみとする旨知らせる	自…
	3. 自己紹介	3名の指導講師の自己紹介を行う	神…
	4. 本日の実技教育のスケジュール	3名ずつ3班に分かれ、各講師の指導の下、準備、提示、実習、確認の4つの手順で順番に行うことを伝える	白…
	5. 自己紹介と保護具等の相互チェック	各班で自己紹介を行った後、お互いに、防振手袋（軍手）、防塵マスク、安全靴、保護帽、作業衣、作業ズボンのチェックを行う	お…
	6. 作業手順書の説明	といしの点検、といしの取り付け、試運転の3つの手順書について、それぞれの教官が交替して説明を行う	1…た…と…方…
	7. 質問、疑問の確認		
提示	1. それぞれの講師が作業手順に従って通常業務どおりに点検、取替、試運転を行ってみせる	3班に分かれて、順次作業を見学。	各…書…明…
	2. もう一度質問、疑問の確認		
休憩			
実習	1. 3班に分かれて、最初は3人で相談しながらやらせる	笛の合図で、一斉にやらせる（3人×3回×3作業）	1…る…る…三…
	2. 今度は各人にやらせる	残りの2人は正しくやっているかチェック。問題があれば指摘する	3…
確認（まとめ）	1. 実習で気が付いた、よかった点、悪かった点を身振り手振りで伝える	バランス（重心）の取り方が難しかったが、これが一番重要であり、この作業での熟練が全ての鍵であることを再度強調する（要点の再確認）	再…や…
	2. 宿題を出す	職場に戻って1週間以内に3回以上取替、試運転を行うよう指示する	報…る…
	3. 最後に質問はないか確認する		

教育目標	教育対象者	教育時間	指導講師	白崎淳一郎 ほか2名
ナ及び試運転が法令作業手順どお	新規自由研削といし学科教育修了者 9名	180分＋X分	作成者	

具体的講義方法（資料等説明ポイント）	教材	教育実施時の注意	時間
員で体操を行う	ラジカセ	すぐ音楽が流れるようチェックを忘れない	(5分)
主申告と体操時の様子で確認する		本人が大丈夫と申告した場合は3教官で協議す	(X分)
田甲陽方式で		手を後ろで組まない。にこやかに。時間厳守。	(5分)
﨑講師がPPTスライドで説明する	PPTスライド		(5分)
互いにチェックシートに基づき点検する	チェックシートをPPTで	ズボンの裾、袖口、防塵マスクの息漏れ、汚れ具合を重点的に行わせること。問題があれば是正させる	(5分)
〇1つの工具やといしの種類、木づちの持ち方、たき方、といしの持ち方、ひびの入っているといしの音、ひびの入っていないといしの音、といしの取り付け（締めつける程度）等の急所を丁寧に説明する	急所と理由の部分をスライドで投影	各講師はそれぞれ15分の持ち時間を使って説明する。他の講師は1人はスライドの操作、1人の講師は説明の補助を行う（説明し忘れ部分も含む）	(45分)
		あれば、3Kで受けてから、2Kで対応する。	(X分)
講師は各班のために合計3回同じ作業を作業手順の沿って行う。急所と理由の箇所は大きな声で説しながら作業する。		受講生に作業手順書と見比べながら確認させる 通常の作業より少しゆっくり目に行う。	(20分)
		あれば、3Kで受けてから、2Kで対応する。	(X分)
		進行が遅れていても必ず休憩を取る	(10分)
〈は手順書を読み上げる、1人は実際に作業をす 1人はその作業を見て問題がないかチェックす これを3人で1巡させる。1作業に1人5分×3人 15分。3作業で45分		指導講師は、問題があれば手を上げて作業止めさせ、理由を考えさせる。正しくできたら褒める（拍手する）。	(45分)
作業を1人で通しで行う。1人15分×3名＝45分		講師は道具の持ち方、姿勢等を主にチェック うまくできたら拍手させる	(45分)
度講師がやってみせるか、上手にできた受講生にらせてみる			(5分)
告はそれぞれの職長を通じて白﨑講師まで提出すこと		宿題が理解できたか挙手で確認する	(1分)
		あれば、3Kで受けてから、2Kで対応する。	(X分)

参考資料

―指導案の作成―

(危険体感訓練　説明・講習会)

教科目	
危険体感訓練	イメージトレーニ験から職場で起災害防止対策ま

狙い		目次・記載事項	一番伝えたいこと
第一段階	動機づけ	1. 自己紹介	簡単に各講師自己紹介する。
		2. 危険体感訓練の目的について	危険感受性を高めつつ危険敢行性は低めることにあるを強調する
		3. 危険体感訓練の日程について	午前は座学、午後は実習とGr討議があることを説明する
		4. 体調の確認について	体調不良、ペースメーカー装着者等は見学でも良いことを伝える
第二段階	教育内容	1. 当工場の労働災害の動向	ロール機械のトラブル時の災害が1位。産業用ロボットのトラブル時の災害が2位でありこれらの災害で4割を占めている実態を説明する。
		2. 危険体感訓練がが必要となった理由	
		①取り巻く環境の変化	災害動向と環境の変化について説明する
		②危険体感訓練の目的と課題	再度目的と課題について説明する
		2. ヒューマンエラーについて	
		①ヒューマンエラーの定義	一生懸命行動するから起こすのだということを理解させる
		②なぜヒューマンという語が冠されているか	システムの中で働いているときの概念であることを理解させる
		③ヒューマンエラーをどう捉えるか	結果と捉えるか原因と捉えるかの違いを理解させる
		④ヒューマンエラーを起こす原因	錯覚を中心に原因の説明を行う
		⑤人間の基本的特性	進化の過程で得たもの、衰えたものを説明する
		⑥脳内の情報処理の仕方について	いろいろな情報処理をする段階でエラーが起こることを理解させる
		⑦エラーは大脳だけで起こすのではない	エラーを起こしやすい背後原因について理解させる
		⑧ヒューマンエラー対策	危険体感訓練も重要な対策であることを理解させる
		（休憩）	
		3. 危険感受性、危険敢行性、危険補償行為について	
		①危険感受性について	危険感受性とは何かについて理解させる
		②危険敢行性について	危険敢行性について何かを理解させる
		③危険補償行為について	補償行為と教育の副作用について理解させる
		④イメージ・トレーニングについて	なぜイメージ・トレーニングが必要かを理解させる
		4. 危険体感訓練のすすめ方	
		①体感機械のコンセプト	どういう趣旨で何を体験するか、ねらいを理解させる
		②体感機械のリスクアセスメントについて	安全装置等のリスクアセスメントの結果を説明する
		③具体的な体感手順について	4台の体験機械の操作方法等を説明する(2回行うこと、簡単なGr討議があることを説明する)
		5. ここまでのまとめと質疑	
		① まとめ(中締め)	もう一度、目的と目標について述べ、イメージすることの重要性について述べる
		②質疑応答	何か質問、意見がないか確認する

教育目標	教育対象者	教育時間	作成者
ングを行い（想像性を高め）、疑似体こりうる災害をイメージし、さらにその:で検討できるようにする。	製造第1課A～Dグループ（7人×4班）	7時間（第1、第2段階3時間、第3、第4段階4時間	白崎淳一郎

具体的講義方法（資料等説明ポイント）	教 材	教育実施時の注意	時間
			20分
各自口頭で（どの体験機械担当かも述べる）	ホワイトボード	親しみを込めて	1分×4人
感受性、敢行性についてPPTで説明しながら	PPT	第2段階でも詳しく述べるので卑近な例を入れて	（10分）
事前に配布してある日程表で説明（アンケートは当日配布）	日程表	アンケートは休憩時間と最後の15分で記載すること	（1分）
日程表の注意事項を再確認する			（1分）
グラフをPPTスライドで説明。事故時の生々しい写真も上映する。（全社平均、全国平均とも比較する。発生時間、曜日も含める）	PPTスライド10枚	あまり悲惨な写真は上映しない。慌てていたというヒューマンエラーも説明する。	160分（30分）
			10分
会社の状況を踏まえてPPTで説明する	PPT2枚	ジェネレーションギャップのことも振れること	（3分）
まず目的と目標の違いを発問する	PPT3枚	お礼を言う。課題が目標ともつながることを意識させる	（7分）
			55分
日本ヒューマンファクター研究所の定義で説明	PPT1枚	怠け者はヒューマンエラーではなくミスであることを強調	（2分）
陶芸の匠が失敗したのをヒューマンエラーというか発問する	PPT1枚	答えてくれた受講生にお礼を言う	（3分）
なぜ結果と捉えなければならないかの発問をする	PPT3枚	同上	（10分）
できるだけ分かりやすい例で説明する	PPT5枚		（10分）
動物との違いも含めて説明する	PPT2枚		（5分）
各処理毎に具体的なイメージを与えるよう説明する	PPT5枚		（10分）
4Mを使って説明する	PPT3枚		（5分）
なぜなぜ5回やKYも簡単に触れる	PPT5枚	教育は原則として対策としていないことを強調する	（10分）
			15分
			25分
人によって異なるが訓練によって若干変わりうる事を説明	PPT2枚		（5分）
体験しイメージすることで変わりうる事を説明	PPT2枚		（5分）
そのためには、体験とイメージが重要であることを説明	PPT3枚		（5分）
一番重要なので丁寧に説明する	PPT3枚		（10分）
			20分
写真で。DVDがあればそれを上映する。	写真、DVD	担当講師も併せて紹介する。	（5分）
	PPT5枚	イネーブル装置、ホールドツーランについても説明する	（5分）
体感手順書を配布してそれで説明	手順書	注意事項もアンダーラインを引かせる	（5分）
2回の質問事項はPPTで説明	PPT2枚	1人1問を回答しイメージを述べることを念押しする	（5分）
			15分
輪読させる	PPT2枚	お礼を言う	（2分）
質問があれば3Kで受けてから2Kで対応する		質問が無いか少なかったら、再度時間まで担当講師から使用する機械と体験の仕方を説明する	（13分）

指導案の作成　様式2　：第3段階と第4段階の詳細

第　3　段　階	（ 45 分）
1．討議テーマ	2．テーマ選定
各班は体験した機械1台を対象に、自分の現場で同じような機械・装置等があるかを議論し、その機械について体験したことを踏まえ現場の機械・装置等についてリスクアセスメントを実施すること。	体験から自職場の機械を想定しリスクア 険源の特定は危険感受性を高め、リス 下につながる教育となるから

3．討議結果のまとめの様式

リスクアセスメント様式を使用すること。(リスクアセスメントの検討は30分。それに対する講評は15分とする)

　　　（注）体感訓練については、体感手順書による（2時間）

	作成者	白﨑淳一郎

の理由	第 4 段 階 （ 5 分）	
	職場に戻って期待する点	
アセスメントを行うことは、危クの見積は危険感受性の低	実施事項	具体的手段
	アンケート5番、6番に記載した事項について職場会議に諮り具体的に何を何時までにどのようにやるかを討議しなさい	討議結果を職場長を通じて、安全衛生委員会に2ヶ月以内に報告しなさい（なお、これは安全衛生委員会決定事項です）
	まとめ（本締め）	
	宿題の確認	理解できたか挙手させる
	何か質問はないか確認する	質問があれば3Kで受けてから2Kで対応する
	体感訓練の終了を宣言する閉校式があれば閉校式を行う	
	最後に、アンケートの記載を求め、記載後退席しても良い旨伝える	

参考資料

危険体感訓練アンケート（例）

| 受講年月日 | 年　　月　　日 | 所属課 | | 氏名 | |

1. あなたが体感訓練して感じたことを、具体的に記入して下さい。

2. あなたの周りに今回体験したような危険源はありますか？（具体的に）

3. その危険源に対して、危険だと思っていましたか？

4. 体感訓練を受けて、危険性に関して態度、認識は変わりましたか？

5. 体感したような危険に対して、今後あなたはどのように行動しますか？

6. 危険予知、ヒヤリ・ハット、リスクアセスメントに今後どう取り組みますか？

7・危険体感訓練等に関して、意見・提案等があれば何でも述べて下さい。

参考・引用文献

- 安全衛生教育について　平成23年3月　東京安全衛生教育センター
- 企業内の安全衛生教育のすすめ方　平成13年7月　東京安全衛生教育センター
- 安全衛生教育技術コーステキスト　第1分冊：安全教育の理念、第2分冊：教育必要点の把握と動機づけ、第3分冊：階層別教育のありかた、第4分冊：目的・目標の明確化、第5分冊：実行計画の策定、第6分冊：教育手段の概要、第7分冊：教育の準備、実施、第8分冊：教育実施後の評価　東京安全衛生教育センター
- 教育手段としての討議法　平成12年10月　東京安全衛生教育センター
- 安全衛生教育のすすめ方　平成22年7月　大阪安全衛生教育センター
- 指導案の作成　平成23年3月　東京安全衛生教育センター
- RST講座　RSTトレーナー用テキスト　第Ⅱ編　教え方　平成　東京安全衛生教育センター
- 教育手段としての討議法　平成12年10月　東京安全衛生教育センター
- 安全衛生教育のすすめ方　昭和52年10月　野原石松　（社）日本労務研究会
- 社内教育入門　平成6年4月　山田雄一　日本経済新聞社
- 教育研修ファシリテーター　平成22年10月　堀公俊,加留部貴行　日本経済新聞出版社
- 教育技術入門　平成21年12月　向山洋一　明治図書出版
- 行動科学を使ってできる人が育つ！教える技術　平成23年6月　石田淳　かんき出版
- 新訂版プレゼンテーション概論　平成26年3月　大島武 編著　樹林房
- 研修開発入門―会社で「教える」、競争優位を「つくる」　平成26年4月　中原淳　ダイヤモンド社
- できる人の教え方　平成19年7月　安河内哲也　中経出版
- 「できる人」の話し方＆コミュニケーション術　平成17年3月　箱田忠昭　フォレスト出版
- 人を10分ひきつける話す力　平成17年8月　斉藤孝　大和書房
- 研修・セミナー講師を頼まれたら読む本　平成22年3月　松本幸夫　同文館出版
- あなたも名講師になれる パートⅡ 上手な講義の仕方　平成13年6月　岸恒男　日本経団連出版
- はじめて講師を頼まれたら読む本　平成21年8月　大谷由里子　中経出版
- 教え上手　平成21年12月　有田和正　サンマーク出版
- プレゼンテーション・マインド「相手の聞きたいこと」を話せ！　平成18年2月　大島武　マキノ出版
- 相手がわかるように教える技術　平成18年10月　戸田昭直　中経出版
- 相手に「伝わる」話し方　平成14年8月　池上彰　講談社
- 伝える力　平成19年4月　池上彰　ＰＨＰ研究所
- 「話し方」「伝え方」ほど人生を左右する武器はない！　平成23年1月　櫻井弘　三笠書房
- 世界のエリートが学んできた「自分で考える力」の授業　平成25年8月　狩野みき　日本実業出版社

引用文献

- 頭がいい人が使う話し方のコツ　平成19年5月　神岡真司，日本心理パワー研究所　日本文芸社
- 人材育成の進め方　平成17年5月　桐村晋次　日本経済新聞社
- 頭がよくなる「図解思考」の技術　平成22年1月　永田豊志　中経出版
- 図で考える人は仕事ができる（実践編）　平成15年8月　久恒啓一　日本経済新聞社
- プレゼンに勝つ図解の技術　平成19年12月　飯田英明　日本経済新聞出版社
- 図解力の基本　平成22年6月　山田雅夫　日本実業出版社
- 分かりやすい図解コミュニケーション術　平成18年1月　藤沢晃治　講談社
- ＯＪＴと職場経営　平成7年6月　大貫章　産能大出版部
- ＯＪＴの実際　寺沢弘忠　平成17年2月　日本経済新聞社
- これだけ！ＯＪＴ　平成22年12月　中尾ゆうすけ　すばる舎
- ＯＪＴのすべてがわかる本。　平成5年6月　加藤孝一　総合法令出版
- コーチング入門　平成18年2月　本間正人，松瀬理保　日本経済新聞社
- セルフ・コーチング入門　平成19年9月　本間正人，松瀬理保　日本経済新聞社
- コーチングの技術　平成15年3月　菅原裕子　講談社
- コーチング術で部下と良い関係を築く　平成19年12月　パティ・マクナス　ファーストプレス
- ほめる技術、しかる作法　平成19年10月　伊東　明　ＰＨＰ研究所
- コーチング一日一話　平成18年4月　本間正人，青木安輝，髙原惠子，小野仁美　ＰＨＰ研究所
- 上手なコーチングが面白いほど身につく本　平成21年7月　山崎和久　中経出版
- コーチングを学べ！　平成18年8月　伊藤守　ディスカヴァー・トゥエンティワン
- コーチ論　平成14年12月　織田淳太郎　光文社
- ケーススタディで学ぶ「コーチング」に強くなる本　平成13年11月　本間正人　ＰＨＰ研究所
- 今すぐ使える！コーチング　平成18年6月　播摩早苗　ＰＨＰ研究所
- あなたを活かすコーチング　平成14年10月　吉田典生　永岡書店
- 上司の一言コーチング（実務入門）　平成19年3月　福島弘　日本能率協会マネジメントセンター
- パフォーマンス・コーチング　平成16年5月　石川洋　日本実業出版社
- 目からウロコのコーチング　平成16年6月　播摩早苗　ＰＨＰ研究所
- コーチングの手法と実践がよ～くわかる本　平成20年8月　谷口祥子　秀和システム
- 新入社員育成に何が必要か、育成者をどのように育てるのか／産業訓練57巻7号　平成23年7月　永合佐千子　日本産業訓練協会
- 自分の部下を"プロ集団"に変えるコーチング心理戦　平成15年2月　杉澤修一　青春出版社
- ＳＥのためのコーチング技術　平成16年8月　桜井一紀（監修）　オーム社
- セールスコーチングの進め方・活かし方　平成11年12月　野口吉昭　かんき出版
- WHYから始めよ！　平成24年1月　サイモン・シネック　栗木さつき（訳）　日本経済新聞出版社
- ＴＥＤ　驚異のプレゼン　カーマイン・ガロ　土方奈美（訳）　日経ＢＰ社
- ヒューマン・ファクターを探る　平成2年10月　黒田勲　中央労働災害防止協会

- 高速追従走行時の危険補償行動の評価　昭和 627 年 11 月　田中聖人　土木計画学研究
- 安全教育における擬似的な危険体験の効果と課題　平成 17 年 11 月　中村隆宏　全登協ニュース
- 危険体感教育テキスト＜講師用＞　危険体感教育指導員養成講習　平成 23 年度　(社)日本労働安全衛生コンサルタント会
- 危険体感教育テキスト＜受講者用＞　危険体感教育指導員養成講習　平成 23 年度　(社)日本労働安全衛生コンサルタント会

【著者紹介】

白﨑　淳一郎　Junichirou Shirasaki
一般社団法人白﨑労務安全メンタル管理センター　代表理事

　1947年北海道函館生まれ。1975年福島県で労働基準監督官として採用後、福島県相馬、東京八王子・上野・足立労働基準監督署長、東京産業保健推進センター副所長など務める。2007年より中央労働災害防止協会東京安全教育センターの講師としてRSTをはじめ、多くの講座で講師を担当していた。

〔学会等〕日本労働法学会、日本産業精神保健学会、日本産業カウンセラー学会、関東心理相談員会　等
〔著書等〕「派遣労働」、「働くものの権利15章」、「産業『空洞化』と雇用・失業問題」（以上、共著　学習の友社）／「安全衛生3分間スピーチ⑦」（共著　中央労働災害防止協会）／「産業用ロボットQ＆A100問」（労働新聞社）／「作業内容別　安全衛生法令の基本」―月刊誌『安全と健康』（中央労働災害防止協会）2008年1月号～2009年12月号／「安全・衛生作業のための資格と教育」―月刊誌『安全衛生のひろば』（中央労働災害防止協会）2013年1月号～2014年12月号　他

効果的な安全衛生教育　―指導・講義のコツ―

著　者　　白﨑　淳一郎

2016年10月27日　　初版
2020年 7月 3日　　初版2刷

発行所　株式会社労働新聞社
　　　　〒173-0022　東京都板橋区仲町29－9
　　　　TEL：03（3956）3151　　FAX：03（3956）1611
　　　　E-mail：pub@rodo.co.jp
　　　　https://www.rodo.co.jp/　（書籍の最新情報を公開しております）

表　紙　尾﨑　篤史（株式会社ワード）
印　刷　株式会社ビーワイエス

禁無断転載／乱丁・落丁はお取替え致します。
ISBN978-4-89761-628-5

私たちは、働くルールに関する情報を発信し、経済社会の発展と豊かな職業生活の実現に貢献します。

労働新聞社の定期刊行物・書籍の御案内

人事・労務・経営、安全衛生の情報発信で時代をリードする

「産業界で何が起こっているか？」労働に関する知識取得にベストの参考資料が掲載されています。

週刊　労働新聞

※タブロイド判・16ページ
※月4回発行
※年間購読料　42,000円+税

- 安全衛生関係も含む労働行政・労使の最新の動向を迅速に報道
- 労働諸法規の実務解説を掲載
- 個別企業の労務諸制度や改善事例を紹介
- 職場に役立つ最新労働判例を掲載
- 読者から直接寄せられる法律相談のページを設定

安全・衛生・教育・保険の総合実務誌

安全スタッフ

※B5判・58ページ
※月2回（毎月1日・15日発行）
※年間購読料　42,000円+税

- 法律・規則の改正、行政の指導方針、研究活動、業界団体の動きなどをニュースとしていち早く報道
- 毎号の特集では、他誌では得られない企業の活動事例を編集部取材で掲載するほか、災害防止のノウハウ、法律解説、各種指針・研究報告など実務に欠かせない情報を提供
- 「実務相談室」では読者から寄せられた質問（安全・衛生、人事・労務全般、社会・労働保険、交通事故等に関するお問い合わせ）に担当者が直接お答え
- デジタル版で、過去の記事を項目別に検索可能・データベースとしての機能を搭載

職長の能力向上のために 第2版

職長に必要な基礎知識の再確認およびリスクアセスメントの進め方、ヒューマンエラー防止活動、また、職長としての悩み・困ったことを解決した各種優良事例を紹介したうえで、職長が部下の作業員をどのように指導・教育したらよいのかについて、わかりやすく解説しています。
ベテラン職長に対してのフォローアップ教育と能力向上のためのテキストとしてご活用ください。

【書籍】
※B5判・216ページ
※本体価格　1500円+税

上記の定期刊行物のほか、「出版物」も多数
労働新聞社　ホームページ　https://www.rodo.co.jp/

労働新聞社

〒173-0022　東京都板橋区仲町29-9　TEL 03-3956-3151　FAX 03-3956-1611